L'ARMÉE DE CHALONS

SON MOUVEMENT VERS METZ

(1870)

Par A. G***
ANCIEN ÉLÈVE DE L'ÉCOLE POLYTECHNIQUE

PARIS
LIBRAIRIE MILITAIRE DE L. BAUDOIN ET Cie
LIBRAIRES-ÉDITEURS
30, Rue et Passage Dauphine, 30.

1885

L'ARMÉE DE CHALONS

SON MOUVEMENT VERS METZ

(1870)

Extrait du **Journal des Sciences militaires.**

(Années 1884-1885).

Paris. — Imprimerie L. Baudoin et Cie, rue Christine, 2

L'ARMÉE

DE

CHALONS

SON MOUVEMENT

VERS

METZ

(1870)

Par A. G***

ANCIEN ÉLÈVE DE L'ÉCOLE POLYTECHNIQUE

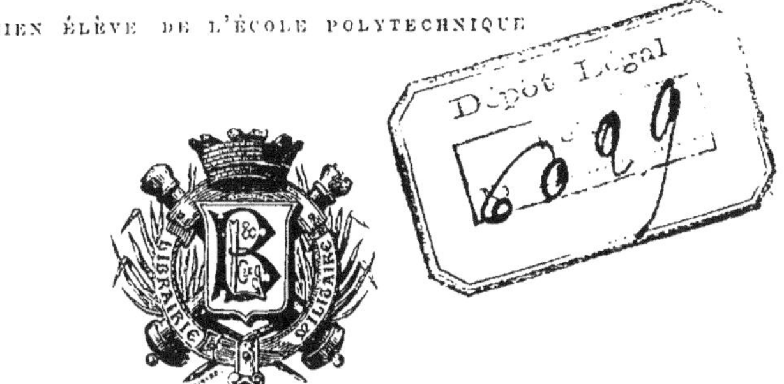

PARIS

LIBRAIRIE MILITAIRE DE L. BAUDOIN ET Cie

LIBRAIRES-ÉDITEURS

30, Rue et Passage Dauphine, 30.

1885

INTRODUCTION

La catastrophe de Sedan est certainement l'événement le plus saillant de la guerre de 1870. Aussi nombre d'écrivains ont-ils, depuis dix ans, porté leur attention sur la campagne de quelques jours où l'armée française, en manœuvrant dans le but de dégager Metz, loin de réussir, ne trouva dans une série de faux mouvements que sa propre perte.

Je ne sais, cependant, si l'on s'est bien rendu compte des vraies causes de ce désastre, et des raisons multiples qui y ont conduit notre malheureuse armée.

Il me semble que, dans a plupart des ouvrages français, les faits ne sont pas toujours présentés sous leur vrai jour, et sont même quelquefois dénaturés.

L'ouvrage du grand état-major allemand porte, au contraire, partout la trace de la plus scrupuleuse exactitude; et c'est encore là qu'on a le plus de chance de se renseigner, même en ce qui concerne les opérations des Français, du moins pour la première période de la guerre.

Mais en reconnaissant les grandes qualités de cet important ouvrage, je dirai qu'étant écrit plus spécialement au point de vue allemand, on n'y trouve pas toujours la trace de la suite des idées qui ont successivement dominé dans l'esprit des chefs de l'armée française. De là une obscurité qui subsiste, non pas sur les faits considérés isolément, mais sur leur enchaînement.

Or, l'histoire d'un événement politique ou militaire n'est vraiment faite que lorsque l'on voit bien comment les événements se tiennent en même temps qu'ils se suivent.

Si l'on n'y trouve qu'incohérence, c'est qu'on ne les a pas bien compris et qu'on n'a pas saisi les mobiles auxquels ont obéi ceux qui les ont dirigés. On peut être certain que cette incohérence n'est qu'apparente, car l'esprit de logique conserve toujours ses droits, alors même qu'on l'applique aux conceptions les plus fausses; et lorsque cette liaison, qui a certainement existé dans l'esprit des chefs d'État ou d'armée, ne ressort pas du récit, on peut assurer que le travail de l'historien est incomplet ou inexact.

Ainsi, l'idée dominante, même dans le public militaire, au sujet des opérations de l'armée de Châlons, est que cette armée a quitté Reims dans l'intention de marcher sur Metz. Or, dè sa seconde marche, on la voit s'arrêter plusieurs fois sur l'Aisne et dans l'Argonne, faisant au plus dix kilomètres par jour, quelquefois restant sur place; tandis qu'il est manifeste que pour réussir dans la tâche présumée de l'armée, la première condition à remplir était de marcher vite, aussi vite que le permettaient les forces des hommes. Eh bien! *à priori*, on peut dire qu'une pareille contradiction entre la conception et l'exécution n'est pas possible.

Et, en effet, l'étude attentive des événements, et aussi des discussions qui les ont précédés, montre d'abord qu'en quittant Reims, le maréchal de Mac-Mahon n'avait nullement l'intention d'aller à Metz, mais seulement de faciliter la retraite de Bazaine qu'il croit sorti et en marche sur Montmédy; dès lors rien de plus logique que cet arrêt sur l'Argonne, qui permettait à l'armée de Châlons d'accomplir sa tâche, tout en lui laissant les moyens de se retirer sur l'Oise, à la condition de ne pas s'attarder trop longtemps. Voilà un premier point qu'il importe d'éclaircir, et c'est celui que nous commencerons par traiter.

Nous verrons ensuite que, plus tard, le mouvement sur Metz fut véritablement décidé, et en précisant le moment de cette résolution désastreuse, nous chercherons à établir équitablement les responsabilités. Enfin, nous nous demanderons, à titre d'étude stratégique, si l'idée de dégager Metz par un pareil mouvement était vraiment si vicieuse par elle-même, et à quelles conditions elle était réalisable.

Mais avant d'aborder ce sujet, nous allons résumer très sommairement les opérations du début de la guerre, afin de bien nous rendre compte de la situation des armées en présence au moment où celle de Châlons, étant constituée, se trouve en mesure de commencer les opérations.

Déclarée sans raison sérieuse, engagée sans préparation suffisante, conduite sans vues précises ni suivies, la guerre de 1870 avait débuté pour l'armée française par deux graves échecs. Le même jour, 6 août, deux de nos corps d'armée avaient été battus par l'ennemi.

La défaite du 1er corps à Wœrth avait livré aux Allemands, avec la route de Strasbourg, la possession de l'Alsace; celle du 2e à Forbach leur avait ouvert l'entrée de la Lorraine.

A la nouvelle de ces deux défaites, la première pensée de l'empereur Napoléon III fut de se retirer avec toutes ses forces jusqu'au camp de Châlons. Le 6e corps, sous les ordres du maréchal Canrobert, qui, en vue d'une offensive générale, avait été appelé du camp sur la frontière, avait déjà ses têtes de colonne en chemin de fer à Bar-le-Duc. Il dut retourner à son point de départ, où les corps 1, 2 et 5 devaient le rejoindre au plus vite. Les corps 3, 4, et la garde, sous les ordres du maréchal Bazaine, devaient se replier plus lentement, mais en se dirigeant sur le même point par Metz et Verdun. Le 7e corps seul devait rester dans les Vosges et aux environs de Belfort.

Des avis venus de Paris firent changer ces premières résolutions. Le ministère, appuyé par l'Impératrice, fit observer qu'une retraite aussi allongée froisserait l'opinion publique, et que les deux échecs sérieux, mais partiels, que nous avions éprouvés ne l'exigeaient pas. L'état-major français prit le parti de s'arrêter sur la Moselle.

Le maréchal de Mac-Mahon, qui, en repassant précipitamment les Vosges avec le 1er corps, avait entraîné à sa suite le 5e, sous les ordres du général de Failly, reçut l'ordre de s'arrêter à Nancy, et le maréchal Canrobert avec son corps d'armée, fut rappelé de nouveau sur la Moselle. Les mouvements de la gauche n'étaient pas changés, sauf que le 2e corps y était retenu.

Ces troupes se retirèrent sur Metz sous les ordres du maréchal Bazaine.

On avait à ce moment l'intention de livrer une grande bataille, dans le but d'empêcher l'ennemi d'entrer au cœur de notre pays. Mais, profitant de ses deux victoires, celui-ci s'avançait avec des forces bien supérieures aux nôtres. A la suite de la retraite précipitée du maréchal de Mac-Mahon, les troupes prussiennes de la IIIe armée, commandée par le prince royal, s'étaient rendues maîtresses de tous les défilés des Vosges, depuis Bitche jusqu'à Saverne.

Elles pénétrèrent en Lorraine sans nouveau combat et y donnèrent la main aux autres masses allemandes, qui, à la suite de la bataille de Forbach, avaient franchi la Sarre, de Sarrebruck à Sarralbe. Elles inondèrent tout le pays, en avant d'elles, de leur cavalerie nombreuse et hardie. Dès le 10, les communications directes entre le maréchal de Mac-Mahon et le grand état-major français étaient rompues. Le maréchal, craignant en marchant sur Nancy de se heurter aux troupes prussiennes, prit le parti de se diriger plus au sud. Passant par Bayon, Haroué, Vicherey, il arriva le 14 à Neufchâteau avec le 1er corps, qui s'y embarqua en partie pour gagner le camp de Châlons ; le reste du corps continua jusqu'à Joinville et Saint-Dizier pour être dirigé ensuite sur le même point par la voie ferrée. Le 5e corps suivait à peu de distance, dans le but de se rendre également au camp de Châlons.

Pendant ce temps la gauche s'était repliée sur Metz. Elle y arrivait le 11 et y fut rejointe par la plus grande partie du corps du maréchal Canrobert.

Cependant ce corps n'y put arriver tout entier. Le 12, la cavalerie prussienne était déjà à Nancy, Frouard et Pont-à-Mousson. Le chemin de fer fut coupé et le 6e corps fut privé de trois régiments de sa seconde division (Bisson), de la moitié de son artillerie divisionnaire, de toute son artillerie de réserve et de sa cavalerie. Ces troupes se rallièrent au camp de Châlons.

Ainsi, par la retraite trop rapide du maréchal de Mac-Mahon, notre droite se trouvait dégarnie, et en même temps la ligne de la Moselle était forcée au sud de Metz.

En présence de cette nouvelle situation, l'Empereur revint à l'idée de ramener toutes les troupes françaises au camp de Châlons. Il tenait encore à garder la direction supérieure des opérations; mais cédant à l'opinion publique, il donna le 12 le commandement en chef de l'armée au maréchal Bazaine. L'ancien état-major général de l'armée française fut dissous. Son chef, le maréchal Lebœuf, resta quelques jours sans emploi ; le général Jarras, sous-chef d'état-major, devint chef d'état-major du maréchal Bazaine, et le général Lebrun, second sous-chef d'état-major, fut appelé quelques jours plus tard au commandement du 12e corps, en formation à Châlons.

Le maréchal Bazaine entra en fonctions le 13, après avoir reçu l'ordre de se porter par Verdun sur le camp de Châlons; toutefois, l'armée ne commença le passage de la Moselle que le 14 vers 6 heures du matin. Le 2e corps tenait la tête et arriva le jour même à Gravelotte. Le 6e corps et la garde devaient suivre, puis les 3e et 4e corps.

Pendant ce temps, les armées prussiennes réunies sur le versant occidental des Vosges exécutaient une grande conversion autour de Metz. La IIIe armée, celle du prince royal, qui formait l'aile marchante, s'avançait sur la Seille et la Meurthe, et le 14 elle atteignait Lunéville et Marsal.

Le même jour, la IIe armée, qui formait le centre, sous les ordres du prince Frédéric-Charles, atteignait Nomény, près de la Seille, et poussait même ses avant-gardes jusqu'à Pont-à-Mousson sur la Moselle. Enfin, la Ire armée, commandée par le général Steinmetz, constituait le pivot de la conversion. Elle marchait lentement de la Nied à la Seille en s'approchant de Metz, lorsque ses têtes de colonne se heurtèrent le même jour, 14, contre l'arrière-garde de l'armée française. Les 3e et 4e corps français, déjà en marche pour passer la Moselle, firent demi-tour afin de résister à l'attaque prussienne. La bataille de Borny s'ensuivit. On sait que nos troupes se maintinrent jusqu'au soir sur leurs positions, infligeant à l'ennemi plus de pertes qu'elles n'en éprouvèrent elles-mêmes.

Elles se remirent en marche pendant la nuit et se trouvaient le 15 au matin sur la rive gauche de la Moselle.

L'Empereur ressentait de plus en plus la nécessité d'activer le mouvement de retraite. Il en causa de nouveau avec le maréchal Bazaine dans la matinée du 16 août. Celui-ci ne contesta pas les avantages du mouvement sur Verdun; toutefois, il exprima la crainte de compromettre son armée en l'exécutant, et il fut entendu entre lui et l'Empereur qu'on ne se priverait de l'appui de Metz que si l'on était certain d'atteindre la Meuse sans danger. Après cet échange de vues, l'Empereur se mit en route sur Verdun par Conflans et Étain, escorté par une brigade de chasseurs d'Afrique; et comme à ce moment l'ennemi n'était nullement menaçant, il partit avec la conviction que l'armée allait bientôt le suivre. Malheureusement la marche des troupes, gênée par une file interminable de voitures, ne se fit qu'avec une grande lenteur. Le 16 au matin, le 2e corps, le 6e et la garde se trouvaient seuls sur le plateau de Gravelotte.

Le premier de ces corps, qui formait la tête de colonne, se disposait à marcher sur Verdun par Mars-la-Tour, mais déjà l'ennemi nous avait précédés sur la route que nous voulions suivre.

Le plan prussien était simple. Sachant, d'une part, que notre droite s'était éloignée du théâtre des opérations, tandis que notre gauche, encore à Metz, voulait quitter cette place pour marcher sur Verdun, l'ennemi se proposa d'arrêter ce dernier mouvement, et de refouler l'armée de Bazaine dans la place, afin d'empêcher la réunion de toutes les forces françaises. La bataille de Borny, en retardant notre retraite, avait favorisé cette opération. Pendant que la Ire armée prussienne restait vis-à-vis de Metz, sur la rive droite de la Moselle, la IIe passait cette rivière et se portait, sans perdre de temps, au débouché de l'armée française. Dès la soirée du 15 le contact était établi, et, le lendemain matin, les 5e et 6e divisions de cavalerie prussienne, qui précédaient le gros des troupes, s'avancèrent sur le chemin que devait suivre l'armée française. Les troupes françaises, d'abord surprises, se déployèrent et la bataille de Rezonville s'engagea. On sait encore que toutes les attaques des Prussiens échouèrent comme à Borny, et que même les 3e et 4e corps, venant se déployer à notre droite, refoulèrent la gauche ennemie. Cependant le prince Frédéric-Charles restait maître le soir de la route de Verdun par Mars-la-Tour. Mais deux autres chemins restaient en notre pouvoir plus au nord. Au lieu de s'en servir, le maréchal Bazaine replia son armée sur Metz, pendant la journée du 17, et l'établit face à l'ouest dans de fortes positions défensives. *Cette faute est la plus grave de celles qui ont été commises pendant cette guerre, et la véritable origine de tous nos malheurs.* C'est dans ces positions que nous fûmes attaqués le 18 par presque toutes les troupes réunies de la Ire et de la IIe armée prussienne. Après une lutte acharnée, notre droite, sous les ordres du maréchal Canrobert, fut forcée à la retraite, et le lendemain toute l'armée se replia sous le canon de la place. Ainsi le premier but des Prussiens était atteint. Notre principale armée était rejetée dans Metz. Laissant autour de la place les troupes nécessaires pour fermer les issues, l'ennemi allait maintenant avec le reste se porter dans la direction de Paris. Pendant les batailles livrées autour de Metz par les Ire et IIe armées, la IIIe s'était déjà avancée dans cette direction ; le 17 elle atteignit la Moselle; sa cavalerie était déjà sur la Meuse. Elle attendit dans cette position le résultat de la bataille de Gravelotte, et le 19 continua son mouvement.

Un nouvel acte de ce grand drame allait commencer, le principal de toute la guerre; — c'est celui-là que nous nous proposons d'étudier dans quelques détails et de juger dans son ensemble.

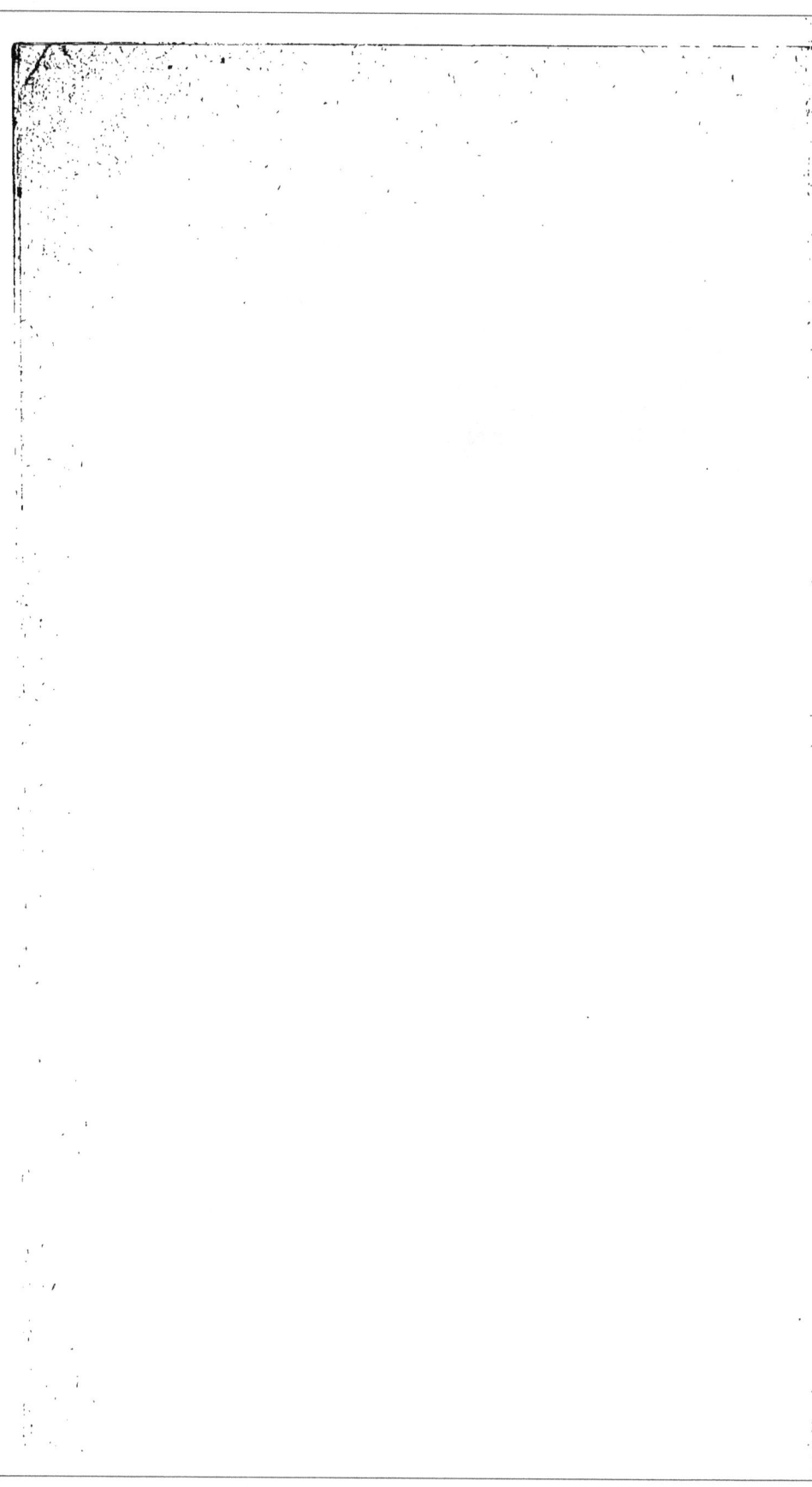

L'ARMÉE DE CHALONS.

SON MOUVEMENT VERS METZ.

(1870.)

I.

L'ARMÉE DE CHALONS AU CAMP ET A REIMS.

L'empereur Napoléon III avait quitté Gravelotte dans la matinée du 16 août; il arriva le soir du même jour au camp de Châlons.

D'assez nombreuses troupes s'y trouvaient déjà réunies.

C'était d'abord celles du 6e corps qui n'avaient pu arriver jusqu'à Metz, c'est-à-dire 3 régiments d'infanterie (14, 20, 30), une division de cavalerie de 6 régiments, 5 batteries divisionnaires dont une de mitrailleuses, et l'artillerie de réserve, comprenant 6 batteries.

Venaient ensuite :

La division d'infanterie de marine qui, dans le mouvement sur la Moselle, avait dû suivre le 6e corps; elle avait avec elle 3 batteries d'artillerie de marine, dont une de mitrailleuses; une nouvelle division d'infanterie de ligne organisée sur la frontière espagnole et amenée au camp de Châlons; elle avait également 3 batteries d'artillerie, dont une de mitrailleuses; une division de régiments de marche, formée de quatrièmes bataillons de ligne et d'un bataillon de chasseurs, avec 3 batteries d'artillerie;

Enfin la division de garde mobile de Paris.

L'infanterie de marine, les 4 régiments de marche et la garde mobile avaient dû d'abord former un nouveau corps désigné par le nº 12, sous le commandement du général Trochu. Ce corps était à peu près constitué et avait déjà une réserve d'artillerie de 7 batteries. Mais la scission forcée du 6e corps allait amener une nouvelle organisation de ces troupes.

Les corps 1, 5 et 7, qui ne faisaient pas partie de l'armée de Metz, devaient aussi se concentrer au camp de Châlons; le 1er corps y était déjà arrivé en partie, entraînant avec lui la 1re division du 7e, qui après avoir partagé sa défaite à Wœrth l'avait suivi dans son mouvement de retraite; le 5e allait arriver dans quelques jours, et enfin les 2 dernières divisions du 7e, actuellement à Belfort et à Lyon, venaient de recevoir l'ordre du Ministre de la guerre de s'y embarquer, et de se rendre au camp de Châlons en passant par Paris.

Toutes ces troupes devaient former une nouvelle armée sous les ordres du maréchal de Mac-Mahon, subordonné du reste au commandement supérieur du maréchal Bazaine, généralissime des forces françaises. Le maréchal de Mac-Mahon arriva lui-même au camp dans la nuit du 16 au 17.

Pour déterminer avec précision l'emploi que l'on allait faire de cette nouvelle armée, un conseil de guerre fut réuni le 17 au matin. L'Empereur et le prince Napoléon, partis ensemble de Gravelotte, le maréchal de Mac-Mahon, le général Trochu et le général Schmitz, son chef d'état-major, le général Berthaut, commandant la garde mobile, assistaient à ce conseil de guerre.

Pour l'Empereur il n'y avait pas le moindre doute sur le premier but à atteindre par l'armée de Châlons. C'était de se joindre à celle de Metz. Ayant fait la veille le trajet de Gravelotte à Verdun sans rencontrer le moindre obstacle, ne connaissant pas la bataille du 16 ni ses résultats, il ne doutait pas que Bazaine n'eût été en mesure de suivre ses traces, et il avait toute raison de croire que déjà il se trouvait à proximité de Verdun. Il fallait donc d'abord marcher vers lui en facilitant sa retraite, si l'ennemi cherchait à la ralentir, sauf à voir ensuite ce que l'on ferait de toutes les forces françaises réunies en une seule masse.

Tel n'était pas l'avis du général Trochu; il ne contestait pas l'opportunité de la jonction des deux armées, il comptait même qu'elle allait se faire sans difficulté, puisque rien ne paraissait s'opposer à la retraite du maréchal Bazaine; mais il soutenait que c'était sous les murs de Paris que toutes les forces de la France devaient se réunir pour soutenir le choc des Prussiens, que par conséquent il n'y avait pas lieu de se porter d'abord sur la Meuse pour revenir ensuite en arrière, que puisqu'on était au camp de Châlons on pouvait bien y attendre l'armée de Metz, et même qu'il n'y avait aucun inconvénient à la précéder sur Paris.

Pour juger des vues des deux interlocuteurs, il faut bien remarquer que ni l'un ni l'autre ne supposent un instant que Bazaine soit sérieusement gêné dans son mouvement de retraite, et qu'il ait besoin d'être dégagé. Ils admettent tous les deux que la jonction se fera sans difficulté; seulement, tandis que le premier la voudrait sur la Meuse afin de rapprocher de la frontière le théâtre de la lutte, le second la désirerait vers Paris, car ce n'est que là qu'il voudrait lutter à outrance contre l'envahisseur.

Les opinions de l'un et de l'autre étaient sans doute soutenables. Cependant, dans l'hypothèse admise par chacun d'eux, nous n'hésitons pas à nous ranger à l'avis de l'Empereur.

En réalité, le 17 août on n'avait encore perdu aucune grande bataille, et la réunion de nos deux armées allait donner une force de près de 300,000 hommes pour défendre le pays contre l'invasion. Dans ces conditions, commencer par abandonner sans combat tout le terrain depuis la frontière jusqu'à Paris n'était nullement nécessaire. Pourquoi céder à l'ennemi les richesses d'un pays qu'on pouvait encore lui disputer ?

Quel allait être l'effet moral d'une pareille détermination ? N'était-ce pas s'avouer vaincu avant d'avoir combattu ? Il est vrai que si l'on avait 300,000 hommes, l'ennemi allait s'avancer avec près de 500,000 hommes. Mais sans jouer son va-tout dans une seule bataille, on pouvait, par d'habiles manœuvres, menacer ses flancs, tomber sur ses corps avancés; en un mot, retarder sa marche en défendant le terrain pied à pied. « Il n'y aurait pas d'art de la guerre, dit Gouvion-Saint-Cyr, si une armée, parce qu'elle est inférieure en nombre, devait toujours céder le terrain sans offrir de résistance nulle part. » C'était déjà bien assez d'avoir reculé jusqu'au camp de Châlons sans avoir essayé de profiter de tous les moyens de défense qu'on aurait pu trouver sur la Moselle et sur la Meuse. Aller encore plus loin sans y avoir été forcé par une défaite était un parti à la fois honteux en lui-même, et désastreux par ses résultats matériels et moraux.

Cependant, dans le fait, ce furent les idées du général Trochu qui triomphèrent dans le conseil de guerre du camp de Châlons.

Le prince Napoléon, à son tour, prit la parole et parla à peu près dans le même sens que ce général.

En somme, il fut convenu à la suite de cette conférence que le général Trochu retournerait à Paris de sa personne, avec le titre de gouverneur de la capitale, que dans une proclamation il annoncerait à la population sa nomination à ce poste, ainsi que le retour de l'Empereur, venant reprendre les rênes du gouvernement.

Quant à l'armée, elle devait achever de se concentrer et de se réorganiser au camp de Châlons, et ensuite se retirer sur Paris, soit après avoir fait sa jonction avec Bazaine, soit en le précédant de quelques jours.

Il est hors de doute que telle était l'idée du général Trochu, que le retour sur Paris s'appliquait aux deux armées, dont la jonction paraissait certaine. Mais il faut remarquer qu'en prenant une pareille détermination on empiétait sur les droits du général en chef; et puisque l'on comptait sur son arrivée prochaine, il eût été au moins convenable de tenir compte de sa propre opinion.

Cette conduite était d'autant plus naturelle, que le 17 août une partie des troupes qui devaient constituer la nouvelle armée n'était pas encore rendue au camp, et que par conséquent on allait être forcé d'attendre plusieurs jours. avant d'être en mesure d'agir. Cependant le général Trochu repartit pour Paris le même jour, se croyant bientôt suivi de toute l'armée, et emmenant déjà avec lui la garde mobile; le commandant de cette troupe, le général Berthaut, avait en effet exprimé l'avis qu'elle n'était pas assez solide pour tenir la campagne, et qu'il valait mieux la ramener de suite derrière les murs de la capitale.

Quant au maréchal de Mac-Mahon, il télégraphia de suite à Bazaine pour lui faire connaître ce qui venait d'être décidé, et lui demander ses ordres.

Il envoya en même temps un officier d'ordonnance sur la route de Verdun pour communiquer directement avec lui. Enfin, il fit partir un de ses aides de camp pour Paris afin de faire connaître au Gouvernement les décisions qui venaient d'être prises.

Le Ministre de la guerre, comte de Palikao, en même temps chef du cabinet, apprit le soir du 17 les résolutions du conseil de guerre; mais déjà pour lui les circonstances n'étaient plus celles que le conseil avait supposées. Le Ministre avait appris en effet, dans la journée du 17, par une dépêche de Bazaine, qu'une bataille avait été livrée le 16 sur la route de Metz à Verdun. Le maréchal Bazaine disait avoir conservé ses positions, mais n'annonçait pas la continuation de son mouvement de retraite. D'un autre côté, l'idée de ramener l'armée jusque sous les murs de Paris n'avait jamais été admise, ni par le Ministre, ni par l'entourage de l'Impératrice.

Dès le 16 le comte de Palikao avait songé à pousser en avant l'armée de Châlons dès qu'elle serait prête.

La nouvelle de la bataille livrée par le maréchal Bazaine ne fit que le confirmer dans cette opinion. Aussi télégraphia-t-il le soir même du 17 à l'Empereur que, d'accord avec l'Impératrice, il le suppliait de ne pas ramener l'armée sous Paris, et surtout de ne pas y revenir de sa personne, que le mouvement du maréchal Bazaine était pour le moment interrompu, et qu'il fallait tout faire pour l'aider dans les nouvelles entreprises qu'il n'allait pas manquer de tenter. Quand l'Empereur reçut cette communication du Ministre de la guerre, il avait lui-même eu connaissance de la bataille de Rezonville par une dépêche du général Coffinières, gouverneur de la place de Metz. « Dites-moi la vérité sur votre situation, demanda-t-il de suite à Bazaine, afin de régler ma conduite ici. » Le maréchal avait répondu lui-même avant d'avoir reçu la question. Il informait l'Empereur de son mouvement du 17 août, par lequel il prenait position en avant de Metz, de Saint-Privat à Rozérieulles. Il ajoutait que ce mouvement en arrière avait été provoqué par la nécessité de s'approvisionner en vivres et en munitions, qu'il pensait pouvoir se mettre en marche le surlendemain en prenant la route du nord; mais cette dépêche avait été reçue à Paris, et non directement par l'Empereur.

Pour compléter les renseignements que le maréchal croyait devoir lui donner, il envoya de plus à l'Empereur, le 17, un de ses aides de camp, le commandant Magnan. Cet officier prit le chemin de fer de Thionville et arriva par Montmédy et Mézières au camp, où il remit à l'Empereur, dans la matinée du 18, la dépêche dont il était porteur. Elle contenait de nouveaux développements sur la bataille du 16 et sur les projets ultérieurs du maréchal; le commandant Magnan était du reste en mesure d'ajouter tous les éclaircissements désirables. Il insista sur cette considération que si le mouvement du maréchal par le nord était dans son intention, la réussite n'était pas cependant certaine; qu'il comptait bien ne s'engager dans cette voie qu'à la condition de ne pas se compromettre; que s'il partait, ce serait par le nord, mais que peut-être l'ennemi lui barrerait cette route, comme il lui avait barré la route directe de Verdun.

Ces dispositions étaient en accord avec celles qui avaient été arrêtées précédemment entre l'Empereur et le maréchal Bazaine; aussi l'Empereur leur donna sa complète approbation, et chargea le commandant Magnan de retourner à Metz pour en informer le général en chef. Avant de partir, le commandant vit aussi le maréchal de Mac-Mahon, et lui communiqua les mêmes renseignements qu'à l'Empereur. Le duc de Magenta se montra disposé à faire la campagne sous les ordres de Bazaine; mais il fit observer que le camp de Châlons était une mauvaise position militaire, que l'armée sous ses ordres ne pourrait y attendre en sécurité l'armée de Metz, mais qu'on pourrait sans doute opérer la jonction un peu plus loin, sur les hauteurs qui se trouvent entre Reims et Soissons. Muni de ces instructions, le commandant Magnan partit à 2 heures de l'après-midi pour retourner à Metz.

Ainsi le Ministre, dès le 17 au soir, l'Empereur et le maréchal de Mac-Mahon, dans la matinée du 18, étaient parfaitement fixés sur les résultats de la bataille du 16 et sur les intentions de Bazaine.

Il était clair pour tout le monde que la discussion du conseil de guerre du 17 avait reposé sur des données inexactes. On avait cru la jonction des deux armées certaine et prochaine; on savait maintenant qu'elle était au moins momentanément empêchée, et le maréchal Bazaine était loin d'affirmer qu'elle pourrait être tentée avec succès.

Les circonstances étaient changées; il y avait lieu de prendre de nouvelles déterminations.

Pour le Ministre, il n'y avait pas de doute : si Bazaine était en marche, il fallait l'aider dans sa retraite; s'il était rejeté sur

Metz, il fallait essayer de le débloquer. Dans tous les cas, il fallait se porter en avant dans la direction de Verdun; telle était du moins son opinion le 17 et le 18; mais son projet n'était pas immédiatement réalisable, puisque les troupes qui devaient constituer l'armée de Châlons n'étaient pas encore complètement réunies, et que celles des 5e et 7e corps étaient en route. Par la force des choses, on resta donc au camp de Châlons pendant les journées du 17, du 18 et du 19, sans s'arrêter à aucun parti d'une manière définitive. Il n'y avait, du reste, à cela aucun inconvénient, car l'ennemi était encore loin et ne signalait sa présence que par les pointes hardies de quelques coureurs. Cependant, dès le 18, ces courses inquiétant déjà le maréchal de Mac-Mahon; il avait dit au commandant Magnan qu'il ne se trouvait pas en sécurité au camp de Châlons, et il semblait arrêté à l'idée de se replier dans la direction de Reims, pensant que de la nouvelle position qu'il allait prendre il pourrait encore rétrograder sur Paris, s'il le jugeait utile, et qu'en même temps il pourrait aider le maréchal Bazaine si celui-ci, réalisant ses intentions, débouchait de la Meuse vers Sedan ou Mézières.

Quant à l'Empereur, il était devenu incapable de prendre une résolution. Devant les observations du Ministre et celles de l'Impératrice, qui avait dit qu'il ne rentrerait pas vivant aux Tuileries, il s'était résigné à rester avec l'armée, attendant les événements, mais ne se résolvant à aucun parti.

Le prince Napoléon n'était plus là pour le soutenir de sa réelle énergie. Quand l'Empereur contremanda son départ pour Paris, dans la journée du 19, son cousin était déjà parti en mission pour Florence, en quête d'une alliance fort douteuse, et que la parenté du roi d'Italie ne devait pas suffire à entraîner. Aussi l'Empereur se rallia-t-il volontiers à l'opinion du maréchal de Mac-Mahon. Celui-ci, du reste, fut confirmé dans ses vues premières par une dépêche qu'il reçut de Bazaine dans la journée du 19. Elle était datée du 18, 10 heures du matin, et répondait à une demande d'ordres que le maréchal de Mac-Mahon avait adressée au général en chef, le 16 août, pendant son mouvement de retraite des Vosges sur le camp. « Je reçois votre dépêche du 16 août ce matin seulement, disait Bazaine; je présume que le Ministre vous aura donné des ordres, vos opérations étant tout à fait en dehors de ma zone d'action, et je craindrais de vous indiquer une fausse direction. »

Il est clair que quand Bazaine écrivait cette dépêche, il ne songeait plus à une jonction immédiate, il ne parlait même plus de son mouvement par le nord. Avant de l'avoir reçue, le maréchal de Mac-Mahon avait déjà télégraphié à Metz que si le prince royal arrivait en forces sur lui, il prendrait position entre Épernay et Reims, de manière à se relier à Bazaine ou à marcher sur Paris, si les circonstances l'y forçaient. La dépêche reçue de Metz n'était pas de nature à modifier ces intentions. Le maréchal s'y arrêta tout à fait quand il apprit, le 19, qu'une nouvelle bataille venait d'être livrée autour de Metz. Il n'en connaissait ni les détails ni les résultats d'une manière exacte; mais voyant le général en chef aux prises avec l'ennemi, ne pouvant du reste agir immédiatement pour le dégager, pouvant être lui-même attaqué par le prince royal dans quelques jours, il ne songea qu'à s'établir, au moins provisoirement, dans une bonne position qui, en même temps, ne rendît pas impossible une marche vers l'est, si on la croyait utile plus tard. Aussi toute l'armée de Châlons étant réunie le 20, le maréchal prit le parti de la porter dès le lendemain dans la direction de Reims.

Quelle était au juste cette armée, la dernière que la France fût en mesure de mettre immédiatement sur pied? quels étaient son effectif, sa constitution, son moral et ses chefs?

L'armée de Châlons comprenait 4 corps d'armée, désignés sous les n°s 1, 5, 7 et 12.

Le 1er corps avait, au début de la guerre, 4 divisions d'infanterie, 1 division de cavalerie de 7 régiments, et 20 batteries, dont 4 à cheval. Son effectif était d'environ 40,000 hommes, mais il avait fait des pertes sérieuses à Wissembourg et à Wœrth. Un régiment, le 87e, était resté à Strasbourg; aussi, en se retirant à travers les Vosges, ce corps ne comprenait-il guère plus de 20,000 hommes et la valeur de 13 batteries; la brigade de cuirassiers de sa division de cavalerie avait tellement souffert, que les deux régiments qui la composaient avaient dû être fondus en un seul. Depuis son arrivée au camp, le 1er corps avait reçu un assez grand nombre de jeunes soldats, envoyés par les dépôts de ses régiments; de plus, on lui adjoignit 2 régiments de marche, qui furent versés dans les 2e et 4e divisions. Ces renforts le reportèrent à peu près à son effectif primitif de 40,000 hommes, dont beaucoup avaient une instruction insuffisante. Les régiments de marche, notamment, étaient remplis de recrues de la classe de 1869, médiocrement encadrées; l'arrivée de ces troupes organisées à la hâte, en élevant l'effectif de l'armée, n'accrut pas sa force d'une manière sensible.

A la tête du 1er corps, le général Ducrot avait remplacé le maréchal de Mac-Mahon. C'était un officier instruit et très brave soldat; il passait pour avoir le commandement assez dur, mais aussi exigeant pour lui-même que pour les autres, il était toujours prêt à payer de sa personne; nul n'était plus propre à conduire au feu de jeunes troupes. C'était un des rares généraux qui, depuis plusieurs années, avaient étudié les préparatifs militaires des Allemands. Avant l'ouverture des hostilités, il savait que nous aurions affaire à un adversaire redoutable; mais malgré nos premiers échecs, son âme fortement trempée l'empêchait de désespérer de l'issue de la lutte. Il était capable, dans les moments les plus difficiles, de montrer autant de sagacité que d'énergie, et l'on peut dire que si l'armée française eût compté beaucoup de chefs comme lui, elle aurait évité les grands désastres qui l'attendaient.

Le 5e corps, au commencement des hostilités, comprenait 3 divisions d'infanterie et 1 division de cavalerie de 4 régiments, avec 15 batteries, dont 2 à cheval. Réuni dans les environs de Bitche et de Sarreguemines, il aurait pu participer à la bataille de Wœrth s'il eût été prévenu assez tôt. Une division arriva seulement vers 5 heures du soir à Niederbronn, alors que la bataille était perdue; elle parvint encore à protéger quelque peu la retraite, et puis se retira elle-même à travers les Vosges avec le reste du corps d'armée. Cependant la 1re brigade de la 2e division, qui se trouvait à Sarreguemines avec un régiment de cavalerie et une batterie, prit une autre direction. Craignant d'être arrêtées à droite par les Prussiens, ces troupes, sous les ordres du général Lapasset, se mirent en marche sur Metz avec le 2e corps, et ne rejoignirent plus le 5e. Ainsi réduit à environ 25,000 hommes, ce corps suivit le 1er dans sa retraite jusqu'au camp de Châlons. Il avait à sa tête le général de Failly, connu surtout pour avoir commandé les troupes françaises à Mentana; on le rendait généralement responsable de la défaite de Wœrth, et quoique ce jugement fût totalement injuste, c'en était assez pour ôter la confiance à des troupes qui se trouvaient sous les ordres d'un chef qu'elles ne croyaient pas capable de les conduire.

Le 7e corps avait, d'après l'organisation primitive de l'armée, 3 divisions d'infanterie et 1 de cavalerie de 5 régiments, avec 15 batteries, dont 2 à cheval. Mais une de ses brigades de cavalerie, de 2 régiments, était restée à Lyon et ne devait jamais arriver; de plus, sa 1re division avait rejoint le 1er corps la veille de la bataille de Wœrth, et, après la défaite, l'avait suivi pendant sa retraite. Cette division avait reçu aussi quelques renforts au camp de Châlons. La 2e division, organisée à Belfort, s'était portée dans les journées du 4 et du 5 août près de Mulhouse, avec 3 régiments de cavalerie et l'artillerie de réserve. C'est là que ces troupes apprirent, dans la matinée du 7, la défaite de Wœrth. Elles se mirent en retraite sur Belfort avec une précipitation qui, sur la nouvelle absolument fausse que les Prussiens débouchaient par Huningue, se changea en une véritable panique. Après s'être remis à Belfort pendant quelques jours, ces troupes furent embarquées dans la journée du 17 pour le camp de Châlons, où la 3e division, organisée à Lyon, fut également dirigée par les voies ferrées. Le 7e corps allait donc, pour la première fois, être réuni autour de Reims; privé d'une de ses brigades de cavalerie, affaibli par les pertes de sa 1re division, il devait présenter un effectif d'environ 28,000 hommes. Son chef, le général Douay, s'était distingué au Mexique. C'était un homme de bien, très consciencieux, mais de facultés médiocres; doué de peu d'initiative, il était cependant très capable d'exécuter convenablement des ordres bien donnés.

Le 12e corps comprenait des éléments très divers. Sa première division était celle qui avait été organisée à Toulouse au moment de la déclaration de la guerre; la seconde avait 3 régiments du 6e corps, qui n'avaient pu arriver à Metz, et de plus 2 régiments de marche organisés comme ceux du 1er corps; la troisième se composait des 4 régiments d'infanterie de marine. Le 12e corps avait aussi la division de cavalerie primitivement destinée au 6e corps; toutefois la brigade Tilliard fut distraite de cette division pour former une division de réserve avec les chasseurs d'Afrique; mais elle devait être remplacée par une autre brigade de cavalerie légère tirée du sud-ouest de la France.

En fait d'artillerie, le 12e corps avait, en dehors des 16 batteries qui lui avaient été primitivement attribuées, 11 batteries du 6e corps, qui n'avaient pu arriver à Metz; 14 de ces batteries avaient été réparties dans les 3 divisions; avec le reste on forma une double réserve d'artillerie de 6 à 7 batteries, qui porta le nombre des batteries de ce corps d'armée à 27. Avec toutes ces troupes, ce corps, le dernier organisé, avait un effectif d'environ 45,000 hommes. Il était commandé par le général Lebrun, d'abord sous-chef d'état-major du général Lebœuf, esprit assez distingué, mais peu connu des troupes et ayant peu l'habitude de les conduire.

En dehors de ces 4 corps d'armée, il y avait 2 divisions de cavalerie de réserve : l'une de 4 régiments de cuirassiers, fortement éprouvés à Wœrth, sous les ordres du général Bonnemains; l'autre de 5 régiments, dont 3 de chasseurs d'Afrique, sous les ordres du général Margueritte; 2 batteries à cheval étaient adjointes à la première de ces divisions, une seule à la seconde; toutes ces troupes formaient une armée d'environ 140,000 hommes. A sa tête se trouvait le maréchal de Mac-Mahon; brillant divisionnaire à Malakoff, heureux chef de corps à Magenta, portant par son nom le souvenir de cette victoire, il avait, par sa vaillance et son habitude de conduire les troupes, toutes les qualités d'un excellent chef de corps d'armée; mais il ne possédait ni la sagacité ni les connaissances nécessaires à un général en chef; il avait auprès de lui un chef d'état-major improvisé, qui n'avait ni les facultés ni l'autorité suffisantes pour le suppléer dans sa tâche.

De plus, la confiance du maréchal avait été fortement ébranlée par la défaite de Wœrth; il devait en résulter, sous prétexte de prudence, bien des hésitations et surtout des défaillances de caractère que l'armée devait chèrement payer.

En somme, l'armée de Châlons contenait, à part les régiments de marche dont on aurait pu se débarrasser, beaucoup de bons éléments; mais elle avait besoin, surtout quelques corps, d'un peu de temps pour achever de s'organiser. Bien des détails demandaient à être corrigés et améliorés. Ainsi, des cadres de batteries ayant perdu leur matériel à Wœrth restèrent à l'armée sans pouvoir rendre aucun service, alors qu'on avait tant besoin de cadres pour les nouvelles formations. D'une manière générale, il est certain aussi que les troupes et leurs chefs ne se connaissaient pas assez. Quant à ces derniers, on peut dire que si bon nombre d'entre eux avaient l'énergie et l'entrain nécessaires à la conduite des troupes, presque tous manquaient de l'expérience de la grande guerre, et surtout des études sérieuses qui, dans une certaine mesure, permettent de suppléer à l'expérience.

Telle était l'armée de Châlons. Elle quitta le camp le 22 août pour prendre la direction de Reims. Mais au moment de son départ les corps n'étaient même pas constitués, les divisions étaient isolées et quelques-unes d'entre elles n'avaient pas leur artillerie. Elles ne devaient se rejoindre que pendant la marche ou à la fin de l'étape. N'eût-il pas beaucoup mieux valu rester quelques jours de plus au camp de Châlons pour réunir les troupes destinées à combattre ensemble, donner de la consistance aux corps d'armée? On les aurait déployés en ordre de combat, montrant à chacun que l'on était réuni, nombreux, capable d'une résistance sérieuse. Il eût été bon de stimuler le moral d'une partie de ces troupes; et alors même que l'on était disposé à se retirer, rien n'était meilleur pour cet objet que de les habituer à prendre des dispositions de combat. D'ailleurs, sans connaître avec une exactitude complète les mouvements et les positions des différents corps allemands, le maréchal de Mac-Mahon était cependant assez suffisamment renseigné à ce sujet pour savoir qu'il ne pouvait être attaqué avant plusieurs jours par des forces supérieures. Il avait appris, en effet, dans la soirée du 20, qu'à la suite de la bataille du 18, Bazaine avait été rejeté dans Metz et qu'il y était entouré par une armée de 200,000 hommes; qu'en même temps une autre armée d'environ 80,000 hommes s'avançait de Metz sur Verdun, pendant que le prince royal, avec 150,000 hommes, se dirigeait par Bar-le-Duc sur la Marne. Les têtes de colonne de cette dernière armée avaient déjà atteint Saint-Dizier; mais le gros était encore fort en arrière. L'armée de Châlons avait donc plusieurs jours de répit; le mieux était par conséquent de rester au camp, qui, aménagé depuis longtemps pour le séjour des troupes, était plus propre qu'aucun autre endroit à faciliter leur campement et leur repos.

Du reste, pour compléter ces renseignements et être en

mesure d'agir en raison de la situation, et non d'après des hypothèses, le maréchal disposait d'une nombreuse cavalerie. En lançant en avant cette cavalerie, il lui eût été facile de refouler les avant-gardes allemandes, et il aurait appris facilement que le 20 août le gros des troupes prussiennes venait à peine de passer la Meuse.

Et, en effet, l'armée du prince royal avait bien continué de marcher vers l'ouest pendant les batailles livrées autour de Metz; mais à la suite de ces batailles, elle avait dû attendre sur la Meuse l'arrivée des corps qui devaient venir de Metz pour marcher avec elle dans la direction de Paris.

Les jours précédents, les corps de la IIIe armée avaient passé a Meurthe et la Moselle au-dessus de Toul; le 18 au soir ils occupaient les positions suivantes : à droite, le 2e corps bavarois au sud de Toul; au centre, le 5e prussien à Blenod; et à gauche, le 11e à Colombey; en arrière, la division vurtembergeoise à Ochey, le 1er corps bavarois à Pont-Saint-Vincent. C'étaient tous les corps qui avaient combattu à la bataille de Wœrth. Mais depuis cette bataille le prince royal avait reçu un nouveau corps, le 6e, qui avait suivi de près son mouvement en avant; le 18, ce corps se trouvait à Bayon-sur-Moselle. Le prince royal avait ainsi légèrement dévié de la grande route de Paris, en obliquant au sud. Il avait pris cette direction croyant y suivre le général de Failly; mais bientôt sa cavalerie, formée des 2e et 4e divisions de réserve, lui avait appris que ce général se dirigeait sur le camp de Châlons, et dès le 19 il marchait directement vers l'ouest.

Le 2e corps bavarois, qui avait laissé la 7e brigade devant Toul, passait la Meuse et atteignait Void; le 5e corps s'avançait jusque dans le voisinage de Vaucouleurs, les Wurtembergeois et le 11e corps jusqu'à Savigny; le 1er corps bavarois et le 6e prussien étaient en seconde ligne à Colombey et Vezelise. Dès le 20 la 4e division de cavalerie poussait son avant-garde sur la Marne, à Saint-Dizier. Le 2e bavarois atteignait l'Ornain, à Ligny, les autres corps plus haut sur cette rivière ou sur la Meuse.

C'est dans ces positions que le prince royal reçut la nouvelle de la formation d'une nouvelle armée qui devait marcher avec lui sur Paris, avec l'ordre d'attendre que cette armée fût arrivée à sa hauteur avant de continuer sa marche en avant; la cavalerie seule devait toujours lancer au loin des patrouilles, afin d'éclairer le pays, et de rétablir, autant que possible, le contact avec l'armée française.

Quant à cette nouvelle armée, elle devait se composer de 3 corps d'armée : le 4e, le 12e et la garde prussienne, et comprendre 4 divisions de cavalerie : la 5e et la 6e division prussienne, la cavalerie saxonne et celle de la garde. Cette IVe armée avait pour chef le prince royal de Saxe, qui cédait le commandement du 12e corps au prince Georges de Saxe. Par suite de ses mouvements antérieurs, le 4e corps était déjà à hauteur de la IIIe armée et n'avait cessé d'être en relation avec elle. Il avait formé la gauche de la IIe armée pendant le mouvement de celle-ci autour de Metz; mais au lieu de remonter avec elle vers le nord, il avait continué dans la direction de l'ouest, après avoir passé la Moselle à Marbace. Dès le 17 il était à hauteur de Toul, formant ainsi une pointe très avancée en avant de toutes les troupes prussiennes. Il s'y était arrêté avec l'ordre de surveiller la place, s'était remis en marche le 20 et atteignait à cette date Commercy, sur la Meuse.

Les deux autres corps, le 12e et la garde, avaient assisté à la bataille de Gravelotte et y avaient même joué les principaux rôles. Après un jour de repos, ces deux corps s'étaient mis en marche, et le 20 la garde atteignait Mars-la-Tour, le 12e corps Conflans; la cavalerie les précédait; le 21 la 5e division arrivait à Étain, la 6e à Fresnes, la cavalerie saxonne à Hennemont; le 22 la cavalerie de la garde passait la Meuse à Saint-Mihiel et se liait au 4e corps; mais le prince de Saxe n'avait son quartier général qu'à Jeandelize, à 10 lieues de Verdun et y restait encore le lendemain. Le prince royal de Prusse était donc forcé d'attendre plusieurs jours dans ses positions avancées. Cependant il était dans les vues de l'état-major prussien que l'aile gauche de l'armée allemande, c'est-à-dire la IIIe armée, conservât toujours une avance d'une marche sur l'aile droite, afin, pensait-on, de pouvoir attaquer l'ennemi de front et de flanc s'il faisait mine de résister, et de le couper de la capitale en le refoulant dans la direction du nord; mais le 20, le 21 et le 22 l'avance était encore trop grande et le mouvement ne devait recommencer que le 23.

Si donc le maréchal de Mac-Mahon s'était servi de sa cavalerie pour s'éclairer, il aurait appris que le 20 l'ennemi arrivait sur l'Ornain, à Ligny, c'est-à-dire à trois bonnes journées du camp de Châlons, et s'il eût renouvelé ses reconnaissances tous les jours, il aurait su que le 22 il se trouvait encore à peu près dans les mêmes positions. Certes, on ne peut pas prétendre, à la guerre, connaître tous les mouvements de l'ennemi; mais quand celui-ci est encore éloigné, il est au moins facile de s'en assurer. Il suffit pour cela de conserver toujours le contact; or, on l'avait perdu depuis longtemps, et l'on ne faisait rien pour le saisir de nouveau. Si l'on avait voulu en savoir davantage, il aurait fallu se battre avec la cavalerie prussienne. Mais pourquoi la nôtre n'en aurait-elle pas été capable? Au lieu de la destiner à être lancée sur une infanterie victorieuse, on aurait pu l'employer à un meilleur rôle, le seul qu'elle fût vraiment capable de remplir avec succès, en raison des progrès obtenus dans les armes à feu. Du reste, comme on possédait encore le chemin de fer de Châlons jusqu'au delà de Vitry, on pouvait soutenir cette cavalerie avec une brigade d'infanterie et quelques batteries à cheval parfaitement suffisantes pour la recueillir si elle eût été refoulée par la cavalerie adverse, et ne courant aucun risque pour elles-mêmes, puisque nos bataillons auraient eu la voie ferrée à leur disposition pour revenir au camp. On ne fit au contraire, de notre côté, aucun effort pour savoir où se trouvait l'ennemi.

Mais ce que l'on savait au juste, c'est que son attaque ne pouvait être imminente, puisqu'on ne le voyait nulle part autour de soi, dans la région voisine de nos campements.

Rien ne nous forçait donc à nous retirer d'une manière aussi précipitée, si ce n'est une sorte de crainte puérile qui avait succédé sans transition à la présomption des premiers jours, et qui avait envahi toutes les têtes sans leur laisser la faculté de discerner les événements, qui faisait croire que l'on ne serait en sûreté que derrière des murs, en laissant cependant encore à un grand nombre le courage aveugle, qualité de métier en quelque sorte, qui conduit les gens à se faire tuer sans rendre le moindre service.

Toutefois, la détermination du maréchal de Mac-Mahon ne fut pas admise sans opposition. Dans l'esprit du maréchal lui-même, la marche sur Reims n'impliquait aucun plan définitif.

C'était une sorte de position d'attente qu'il voulait prendre, et il voulait la choisir telle que l'on pût ensuite soit se porter sur Paris, soit tendre la main au maréchal Bazaine si celui-ci allongeait la sienne, soit même accepter la bataille si l'ennemi la présentait dans des conditions avantageuses pour nous. L'Empereur, comme nous l'avons dit, s'était rallié à cette manière de voir; mais il n'en était pas de même du ministre de la guerre, ni surtout du parti qui régnait aux Tuileries. Pour le comte de Palikao, les batailles du 16 et du 18 livrées autour de Metz n'avaient rien changé à l'usage qu'il fallait faire de l'armée de Châlons. Il admettait bien qu'à la suite de ces batailles le maréchal avait été rejeté dans la place, et qu'il y avait peu de chance de l'en voir sortir de lui-même; mais la jonction des deux armées n'en était pas moins désirable; seulement, au lieu de la faire sur la Meuse, comme on l'avait cru possible le 17, on la ferait à Metz même, après avoir débloqué l'armée qui s'y trouvait. Dans ce but, le ministre avait établi un plan qui, en quatre ou cinq jours, devait porter l'armée sur Verdun. Le vice fondamental de ce plan était de ne pas tenir compte de l'armée du prince royal. Il était clair que si nous ne trouvions personne sur la route de Metz la jonction avait bien des chances de se faire; mais comment pouvait-on croire qu'il en serait ainsi, et supposer que le prince royal ne connaîtrait pas notre mouvement avant notre arrivée sur Verdun? et alors il se retournait contre nous, nous suivait sur la Moselle, et, au lieu de prendre le prince Frédéric-Charles entre nos deux armées, c'était la nôtre qui était prise entre les deux masses ennemies.

A coup sûr, la jonction était fort désirable, l'idée de la faire en débloquant Metz n'était pas irréalisable; à nos yeux même, ce devait être le but final de toutes les opérations de l'armée de Châlons; mais pour que cette jonction fût profitable, il fallait qu'en même temps les deux masses ennemies restassent séparées. Or, le 20 août, c'est à peine si elles cessaient d'être réunies. Il fallait donc attendre que le prince royal fût plus avancé sur la route de Paris, avant de courir sur Metz par une marche rapide. De plus, quand le moment d'exécuter cette opération serait venu, non seulement il fallait marcher à tire-d'aile, mais ce n'était pas la route directe qu'on devait suivre, car on était sûr de s'y heurter à l'armée même qu'il fallait éviter pour réussir. Il fallait au contraire se dérober à lui et lui laissser libre la route de Paris pendant que l'on courait sur Metz. Et alors, si le prince royal se laissait tromper, on peut dire que c'était le salut de la France, car les deux armées françaises auraient eu raison du prince Frédéric-Charles, et, réunies sur les communications du prince royal, elles auraient ruiné ses approvisionnements, détruit tous ses détachements, et en ne les supposant pas assez fortes pour l'empêcher de rentrer en Allemagne, on aurait obtenu au moins le résultat de débloquer nos places de la frontière et surtout Strasbourg; de plus, de toutes les manières d'arrêter la marche des Allemands sur Paris, c'eût été à coup sûr la meilleure.

Nous pensons donc que l'idée première du ministre de la guerre était juste, qu'il était bien naturel de la concevoir, mais qu'il y avait bien des manières de la mettre en pratique, et que celle que proposait le général de Palikao, non seulement n'offrait aucune chance de réussite, mais que de plus elle exposait l'armée à de graves désastres. Aussi ne parvint-il pas à changer la résolution du maréchal de Mac-Mahon. Nous devons le reconnaître, le parti auquel le maréchal s'arrêta n'était pas dépourvu de sagesse; nous ne lui reprochons que de l'avoir pris trop tôt; mais après tout, s'il avait le cachet d'une prudence exagérée, au moins il n'offrait pas de bien graves inconvénients et ne préjugeait rien de la marche à suivre pour les opérations ultérieures.

Les quatre corps quittèrent donc le camp le 21 août, sauf quelques troupes, surtout du 7e corps, qui, dans la prévision du mouvement qui allait se faire, avaient débarqué à Reims même. Il faut bien le dire, la marche fut assez désordonnée. L'armée se composait d'environ 140,000 hommes; mais, suivant un usage fâcheux dont on ne se départit jamais pendant cette malheureuse campagne, tout le monde reçut l'ordre de partir à la même heure. Les colonnes se rencontraient constamment à des croisés de route, et les unes étaient obligées de s'arrêter plusieurs heures pour laisser défiler les autres devant elles. De plus, l'étape était longue et les troupes y arrivèrent très fatiguées. Le 21 au soir elles se trouvaient presque toutes sur la rive gauche de la Vesle et du canal de la Marne à l'Aisne : à droite, le 7e corps à Sillery; ensuite le 1er à Cormontreuil; le 5e à Ormes et à Champigny; le 12e seul était sur la rive droite de la Nesle à la Neuvilette, sur la route de Laon. Le maréchal de Mac-Mahon n'avait pas absolument rejeté l'idée de se porter au secours de Bazaine, mais ne recevant aucune nouvelle du commandant de l'armée de Metz, il était plutôt disposé à se replier sur Paris. Il ne se dit peut-être pas que le désordre et la fatigue des troupes tenaient bien plus aux défectuosités du commandement qu'à la mauvaise qualité des soldats; mais en constatant ces résultats d'une première marche, il se sentait de moins en moins disposé à soutenir le choc de l'ennemi.

Cependant, comme celui-ci n'était pas pressant, il prit le parti de passer la journée du 22 dans les positions qu'il venait d'atteindre. Il comptait le 23 se remettre en route dans la direction de la capitale, à moins que des nouvelles de Bazaine ne vinssent l'engager à faire le contraire. C'est dans ces dispositions qu'il arriva le soir du 21 à son quartier général établi à Courcelles, près de celui de l'Empereur. Le maréchal se rendit auprès de Napoléon III qui déjà l'avait fait demander. Il trouva chez l'Empereur M. Rouher, l'ancien ministre, et à ce moment président du Sénat. M. Rouher était venu à l'armée plaider la cause de l'Impératrice qui était aussi celle des ministres. Il fallait absolument, disait-il, que l'armée de Châlons se portât sur Metz. Le maréchal, qui en somme était assez bien renseigné, ne fut point du tout de cet avis. Il affirma fort nettement qu'à moins de recevoir de Bazaine les instructions qu'il lui avait demandées, et l'ordre de marcher devant lui, il continuerait le 23 sa marche sur Paris. L'Empereur ne fit aucune objection, et M. Rouher fut obligé de se rendre. Il repartit dans la nuit pour Paris, après qu'il fut entendu que l'Empereur, se basant sur la rupture forcée des communications avec Bazaine, donnerait publiquement au maréchal de Mac-Mahon le commandement en chef de toutes les troupes qui allaient se réunir sous les murs de la capitale, et que le maréchal répondrait par une lettre également publique, où, reconnaissant la nécessité de la retraite, il essayerait de relever les courages en montrant Paris comme la barrière solide qui devait arrêter l'invasion allemande.

Le lendemain 22, le maréchal fit étudier les dispositions à prendre pour réaliser ce projet. Les ordres de mouvement allaient être lancés, lorsque dans l'après-midi on reçut de Bazaine une dépêche qu'en raison de son importance nous allons reproduire tout entière :

Metz, 19 août. — Bazaine à Mac-Mahon.

« L'armée s'est battue hier toute la journée sur les positions « de Saint-Privat-la-Montagne à Rozérieulles et les a conser- « vées. Les 4e et 6e corps ont fait vers neuf heures du soir un « changement de front, l'aile droite en arrière, pour parer à un « mouvement tournant par la droite que des masses ennemies « tentaient d'opérer à l'aide de l'obscurité. Ce matin, j'ai fait des- « cendre de leur position les 2e et 3e corps, et l'armée est de « nouveau groupée sur la rive gauche de la Moselle, de Longe- « ville au Sansonnet, formant une ligne courbe qui s'étend par le « Ban-Saint-Martin, derrière les forts de Saint-Quentin et de « Plappeville. Les troupes sont fatiguées de ces combats inces- « sants qui ne leur permettent pas les soins matériels, et il est « indispensable de les laisser reposer 2 ou 3 jours. Le roi de « Prusse était ce matin à Rezonville avec M. de Moltke, et tout « indique que l'armée prussienne va tâter la place de Metz. Je « compte toujours prendre la direction du nord, et me rabattre « ensuite par Montmédy sur la route de Sainte-Menehould à « Châlons, si elle n'est pas trop fortement occupée.

« Dans le cas contraire, je continuerai sur Sedan et même sur « Mézières, pour gagner Châlons. »

La lecture de cette dépêche renversa les projets du maréchal de Mac-Mahon. Il ne voulut même pas prendre le temps de préparer le mouvement qu'il allait exécuter. Croyant Bazaine déjà sur la route de Montmédy, il résolut de partir dès le lendemain pour aller au-devant de lui.

Il fit part de sa nouvelle résolution au ministre de la guerre et au maréchal Bazaine :

22 août. — Réponse de Mac-Mahon à Bazaine.

« Reçu votre dépêche du 19 à Reims; me porte dans la direc- « tion de Montmédy; serai après-demain sur l'Aisne, *d'où j'agirai* « *selon les circonstances pour vous venir en aide* [1]. »

Nous ne savons que trop quels résultats obtint le maréchal en s'engageant dans cette direction; mais nous tenons à dire les résultats, et non les conséquences; car, à coup sûr, l'idée de se

---

[1] Cette dépêche fut expédiée sur Metz par Thionville et par Verdun.

porter vers le nord-est n'impliquait pas par elle-même une catastrophe comme celle de Sedan. Ce désastre fut amené par une série de fautes d'exécution chaque jour répétées et qu'il sera aisé de mettre en relief. Mais n'anticipons pas sur les événements. Restons au 22 août au soir, et demandons-nous si vraiment la dépêche que le maréchal reçut dans cette journée était suffisante pour renverser ses premiers projets. En lisant cette dépêche avec attention, et surtout en la comparant aux précédentes que Bazaine avait expédiées, on y voit bien que Bazaine a toujours l'intention de se mettre en route par le nord, quand il le pourra; mais rien ne prouve qu'il soit déjà en mesure de le faire, et surtout qu'il soit en route.

Il y eut donc interprétation défectueuse de cette dépêche; et puisque c'est la seule cause du changement d'opinion du maréchal, c'est la seule cause déterminante du mouvement qu'il allait entreprendre.

Une fois cette résolution prise, on ne peut nier que la direction choisie par le maréchal de Mac-Mahon ne fût celle qui convînt le mieux à la situation. « Je me porte sur l'Aisne, fit-il dire au maréchal Bazaine; » et c'était bien en effet sur Vouziers et Rethel qu'il fallait se diriger pour aider la retraite de l'armée de Metz, qui ne pouvait se faire que par Montmédy et Mézières. Cette position avait encore l'avantage de permettre à l'armée de Châlons de regagner facilement l'Oise, si, au bout de quelques jours, on apprenait qu'en réalité Bazaine n'était pas sorti.

Le parti que prit le maréchal de Mac-Mahon était donc conforme à ce qu'il supposait de la situation.

En résumant cette période préparatoire, que l'on peut appeler aussi la période de discussion, et qui en même temps correspond à l'organisation et à la concentration de l'armée de Châlons, on voit qu'elle comprend trois phases.

Dans la première, on croit la jonction avec Bazaine certaine et proche; on n'est pas absolument fixé sur ce que l'on fera après la réunion des deux armées; mais on est plutôt disposé à les replier toutes les deux sur Paris.

Dans la seconde phase, qui commence le 19, on sait que la jonction est empêchée, et qu'à la suite de deux batailles Bazaine a été rejeté sur Metz; après bien des discussions, des hésitations et l'attente de nouvelles, on se décide à se replier sur Paris.

Dans la troisième, on croit sans raison que Bazaine va partir, que déjà peut-être il est en route, et l'on prend le parti d'aller au-devant de lui pour faciliter sa retraite.

Nous le répétons, la marche que l'on allait exécuter n'impliquait pas la catastrophe où devait s'engloutir l'armée française ; mais pour ceux qui voudraient en faire remonter les causes à l'origine du mouvement, nous tenons à faire observer que c'est le maréchal de Mac-Mahon qui lui-même en a pris l'initiative, et qui par conséquent doit en être responsable.

Mais qu'on n'oublie pas, en même temps, si l'on veut bien juger la suite des opérations, que le maréchal, en quittant Reims, ne se proposait nullement d'aller à Metz, mais seulement de tendre la main à Bazaine qu'il croyait en marche. Nous verrons, du reste, que ce ne fut que plus tard qu'il a été poussé définitivement dans cette direction, presque contre son gré, et que s'il s'était refusé formellement à continuer sa marche vers l'est, il aurait facilement évité le désastre de son armée.

En somme, trois points nous paraissent bien établis :

1° C'est complètement de son gré que le maréchal de Mac-Mahon a dirigé son armée de Reims sur l'Aisne et sur l'Argonne.

2° En quittant Reims pour prendre la direction du nord-est, le maréchal croit Bazaine sorti de Metz et en marche sur Montmédy.

3° En conséquence, le maréchal n'a nullement l'intention d'aller à Metz, mais seulement de dégager son collègue en facilitant sa retraite.

Il est nécessaire de bien admettre ces trois points; sans quoi il serait difficile de rien comprendre aux mouvements des jours suivants.

II.

L'ARMÉE DE CHALONS, SUR L'AISNE ET DANS L'ARGONNE.

L'armée de Châlons quitta les environs de Reims, le 23 dans la matinée, pour se porter sur la Suippe. La pluie tombait par torrents, et le ciel ne commença à s'éclaircir que vers midi.

Les troupes ne connaissaient pas les projets du général en chef; mais on se disait que l'on marchait à l'ennemi, et l'on ne manquait pas de bonnes dispositions; la marche se fit sans trop de difficultés, quoiqu'une partie des chemins fussent en assez mauvais état. Le soir, l'armée se trouvait, sur la Suippe, dans le même ordre que sur la Vesle.

A droite, à Saint-Martin-l'Heureux, le 7e corps, qui laissa une division à Prosne pour couvrir son flanc droit; ensuite le 1er corps à Bétheniville, le 5e à Pont-Faverger; enfin à gauche le 12e à Heutrégiville.

La division de cavalerie Margueritte poussait ses reconnaissances jusque près de Vouziers; la division Bonnemains restait à droite, vers Auberive-sur-Suippe.

Cette marche fut, en somme, assez bien exécutée. Mais le départ précipité de l'armée dans une direction opposée à celle que l'on croyait suivre la veille, n'avait pas permis de préparer les subsistances de l'armée. Et comme on allait traverser un pays offrant peu de ressources, le lendemain le maréchal fit appuyer une partie de son armée sur Rethel, pendant que le reste continuait à marcher dans la direction de Vouziers et du Chêne-Populeux. C'est déjà un indice que l'on n'avait nullement l'intention d'aller à Metz, autrement ce mouvement eût été une faute que la question des vivres n'eût pas suffi à excuser. En effet, la gauche de l'armée, qui aurait eu le plus long chemin à parcourir, agrandissait encore son trajet en se dirigeant sur Rethel, tandis que la droite, qui devait suivre la route la plus courte et qui continuait sa marche directe, allait être obligée de marquer le pas pendant plusieurs jours pour attendre que l'aile gauche fût arrivée à sa hauteur. C'eût été un temps d'arrêt sans avantage et présentant de graves inconvénients, car il n'empêchait pas l'ennemi de s'apercevoir de notre départ du camp de Châlons, tandis qu'il nous ôtait l'avantage que l'on pouvait obtenir en lui dérobant quelques marches. Dans l'hypothèse de la marche sur Metz, il valait bien mieux, si l'on était obligé de s'arrêter par suite de la difficulté des subsistances, le faire sur la Suippe, encore tout près de Reims, de manière à achever ses préparatifs, sans mettre l'ennemi en éveil, tandis qu'en le faisant sur l'Aisne, on risquait d'attirer son attention avant d'être soi-même en mesure de poursuivre la marche. Avec les intentions du maréchal, le mouvement tel qu'il fut exécuté n'offrait au contraire aucun inconvénient. Comme on supposait que Bazaine pouvait arriver d'un jour à l'autre, l'important était avant tout de se rapprocher de lui, de manière à être prêt à le secourir au premier signal, sauf à s'arrêter ensuite en attendant de nouvelles dépêches. C'est en effet d'après ces idées que le maréchal de Mac-Mahon dirigea son armée le 24 et les jours suivants.

Le 24 au soir elle occupait les positions suivantes : les corps 5 et 12 près de Rethel, le 1er à Juniville sur la Retourne, le 7e à Contreuves, à 8 kilomètres de Vouziers.

En comparant ces positions à celles de la veille, on voit qu'en dehors du crochet exécuté par la gauche, la marche des corps de droite n'est pas très accélérée; le 1er corps, notamment, en se portant de Bétheniville à Juniville, ne fait pas plus de 12 kilomètres. Ce n'est pas ainsi qu'il eût fallu marcher si l'on avait voulu se diriger sur Metz; avec les vues du maréchal, la lenteur de cette marche n'a rien de déraisonnable.

Elle était, du reste, une conséquence du mouvement de la gauche sur Rethel, et n'offrait pas d'inconvénient. On devait se dire en effet que si l'armée de Metz était en route, on aurait bientôt de ses nouvelles, et que pour lui venir en aide quand le moment serait arrivé, il était suffisant de marcher à sa rencontre sans trop de hâte, autant qu'il était nécessaire, pour sa propre sûreté, de s'avancer avec prudence; et l'on s'explique très bien que le maréchal ait attendu, pour demander à ses troupes tout l'effort dont elles étaient capables, d'être lui-même mieux fixé sur les mouvements de Bazaine.

Or, ni le 23 ni le 24 le maréchal ne reçut personnellement aucune dépêche de son collègue. Aussi se contenta-t-il, pour le jour suivant, de porter sa droite jusqu'à l'Aisne, tandis que ses deux corps de gauche restaient à Rethel; le 1er se dirigea de Juniville sur Attigny, le 7e sur Vouziers; les cuirassiers de la division Bonnemains restaient aussi pendant cette journée à Rethel, pendant que la cavalerie du général Margueritte, portée la veille sur les défilés de Grand-Pré et de la Croix-aux-Bois, était dirigée sur le Chêne-Populeux.

On voit encore par les mouvements de cette cavalerie que le maréchal cherchait surtout à avoir des renseignements sur ce qui se passait dans la direction de Montmédy; tandis que s'il eût voulu aller à Metz, il aurait cherché à s'éclairer surtout du côté des Prussiens, c'est-à-dire sur son flanc droit. Ce mouvement de la cavalerie, qui est considéré comme une grosse faute par ceux qui ne songent qu'au mouvement sur Metz, s'explique encore très bien, au contraire, lorsqu'on envisage les faits sous leur vrai jour.

Du reste, pendant ces journées du 23, du 24 et du 25 août, on n'entendait pas parler des Prussiens plus que de Bazaine; mais il ne devait pas en être de même le jour suivant. Pour cette journée du 26, le 5ᵉ corps dut se porter au Chêne-Populeux, le 12ᵉ sur Tourteron; le 1ᵉʳ doit faire seulement quelques kilomètres, d'Attigny à Semuy et Voncq, pendant que le 7ᵉ restera autour de Vouziers, en faisant occuper les défilés de Grand-Pré et de la Croix. Le général Douay, qui jusqu'à ce jour avait eu devant lui la cavalerie Margueritte, se trouvant découvert par le mouvement de cette cavalerie sur le Chêne, distribua sur son front, pour s'éclairer, les trois régiments de cavalerie de son corps d'armée; le 7ᵉ lanciers resta sur la gauche de l'Aisne pour surveiller la direction de Sainte-Menehould, tandis que le 4ᵉ hussards fut porté sur Grand-Pré, et le 4ᵉ lanciers au delà de la Croix-aux-Bois, sur la route de Buzancy; la brigade Bordas, de la division Dumont, fut dirigée à la suite de ces deux derniers régiments pour les soutenir. Le 4ᵉ hussards, en poussant des reconnaissances sur la route de Grand-Pré à Varennes, y rencontra la cavalerie ennemie.

D'où venait cette cavalerie et comment se trouvait-elle si près de nos avant-postes?

Pour s'en rendre compte il faut remonter un peu plus haut, et voir ce qui s'était passé depuis plusieurs jours du côté des Allemands. Nous avons laissé l'armée du prince royal établie entre la Meuse et l'Ornain, de Void à Ligny, et attendant dans cette position l'arrivée en ligne de deux des corps de l'armée du prince de Saxe; les deux armées devaient continuer leur mouvement en avant le 23 août, de manière à occuper le 26 un front s'étendant de Vitry à Sainte-Menehould.

Dans ce but, la 5ᵉ division de cavalerie atteignait la Meuse le 23, en aval de Verdun; la cavalerie saxonne, Dieue, en amont de cette place; la 6ᵉ division, Génicourt; la cavalerie de la garde pousse au delà de Saint-Mihiel jusquà Fresnes-au-Mont.

Le IVᵉ corps se porte au delà de Commercy, la garde près de Saint-Mihiel, le XIIᵉ corps dans la direction de Verdun, par les deux routes de Fresnes et d'Étain, dans l'intention de tenter le lendemain un coup de main sur cette place.

En avant du front de la IIIe armée, le gros de la 4e division de cavalerie arrive à Saint-Dizier; ses coureurs vont dans toutes les directions jusqu'à Sermaize, Perthes et Éclaron; deux escadrons vont même jusqu'aux portes de Châlons, traversent la ville sans rencontrer de troupes françaises, et apprennent des habitants que le camp ne devait plus être occupé que par des gardes mobiles. De pareils bruits étaient venus en même temps au grand quartier général, qui s'était transporté le 23 de Pont-à-Mousson à Commercy. Le roi s'y trouvait. Ordre fut donné à la cavalerie de la IIIe armée de courir jusqu'à Épernay, par les deux rives de la Marne, pour chercher les traces de l'armée française. En même temps, le IIe corps bavarois se portait entre Ligny et Bar-le-Duc, le VIe corps et les Wurtembergeois à Stainville sur le Saulx, le XIe à Moustiers; le Ier corps bavarois et le VIe corps prussien suivaient à peu de distance.

Le lendemain 24, le XIIe corps exécutait la tentative projetée contre Verdun. Une brigade bavaroise avait fait le 23 une tentative semblable sur Toul; le feu de l'artillerie de campagne n'était pas suffisant pour amener la reddition de ces deux places. Après s'en être convaincus, les Allemands renoncèrent pour le moment à les attaquer. Les deux divisions du XIIe corps continuèrent leur mouvement vers l'ouest et passèrent la Meuse, la 23e à Bras, la 24e à Dieue; sa cavalerie pousse jusqu'à Nixéville sur la route de Varennes. La garde atteint l'aire à Pierrefitte et Chaumont, sa cavalerie Vaubécourt; la 5e division de cavalerie se porte d'Esnes sur Dombasle, la 6e division à Foucaucourt, le IVe corps à Génicourt.

Du côté de la IIIe armée, la 4e division de cavalerie pousse ses reconnaissances jusqu'au camp de Châlons, et constate qu'il est complètement abandonné par les Français; le IIe corps bavarois gagne Bar-le-Duc, le Ve corps et les Wurtembergeois descendent le Saulx jusqu'à Couvranges et Saudrupt. Le XIe corps arrive près de Saint-Dizier. En seconde ligne, le Ier corps bavarois suit par Ligny jusqu'à Tronville, le VIe corps jusqu'à Joinville sur la Marne. En avant de ce dernier, la 2e division de cavalerie marche sur Vassy et Doulevent.

D'après le rapport de la cavalerie, on savait au grand quartier général allemand que le camp de Châlons était évacué, mais on n'avait pas ressaisi le contact de l'armée française. On songeait à une marche de cette armée vers Metz, mais on n'y croyait pas. On était plus disposé à admettre que l'armée de Châlons s'était repliée sur Reims. On savait que l'Empereur y avait séjourné, et le 24 dans l'après-midi on put lire un journal qui affirmait qu'en effet le maréchal de Mac-Mahon s'y trouvait avec 150,000 hommes environ.

A la suite de ces renseignements, l'état-major prussien résolut de diriger les deux armées du prince de Prusse et du prince de Saxe sur Reims, avec toute la rapidité possible. Aussi le prince royal se décida à amener dès le lendemain la IIIe armée sur la ligne Vitry—Sainte-Menehould. Le prince de Saxe, de son côté, envoyait le 25, par Dun, un régiment de cavalerie détruire un pont de chemin de fer près de Montmédy ; le gros de sa cavalerie atteignait Sainte-Menehould et Clermont, d'où elle envoyait des patrouilles dans la direction de Varennes sans rencontrer de troupes françaises. La 6e division, qui marchait plus au sud, rencontra un bataillon de gardes mobiles qui sortait de Vitry, et le prit tout entier après un combat de courte durée, qui toutefois coûta la vie au chef des uhlans, le major de Friesen. Quant au gros de l'armée, le 25 août le XIIe corps atteint Dombasle et Jubécourt, la garde Triaucourt, près de l'Aisne ; le IVe corps, Laheycourt.

La IIIe armée continuait son mouvement en avant, tout en appuyant à droite. La cavalerie pousse jusqu'aux portes de Reims, le IIe corps bavarois arrive à Charmont, le Ve corps à Heiltz-le-Maurapt, le XIe corps à Perthes et Faremont, la division wurtembergeoise à Sermaize, le Ier corps bavarois à Bar-le-Duc, le VIe corps à Vassy. L'armée allemande était dans ces positions, lorsqu'on reçut un télégramme de Paris, daté du 23, et venu par la voie de Londres, ainsi conçu : « Mac-Mahon cherche à faire sa jonction avec Bazaine. »

L'état-major allemand crut difficilement au mouvement de Mac-Mahon, et il expédia pour le lendemain des instructions dans le but de continuer la marche vers le nord-ouest, mais en recommandant d'exercer une grande surveillance à l'extrême droite.

D'après ces instructions, le XIIe corps devait se porter à Vienne, la garde à Sainte-Menehould, le IVe corps à Villers-en-Argonne, la cavalerie au loin jusqu'à Vouziers et Buzancy. La IIIe armée devait s'avancer jusqu'à Givry-en-Argonne et Changy. En attendant de nouveaux renseignements, M. de Moltke établissait un plan pour le cas où le maréchal de Mac-Mahon serait déjà au-delà de l'Aisne; il se proposait de l'arrêter sur la rive droite de la Meuse, aux environs de Damvillers.

Dans la soirée du 25, d'autres renseignements[1] arrivèrent, de nature à confirmer le mouvement de l'armée française, et de nouveaux ordres furent donnés pour le lendemain.

Le XIIe corps dut se porter sur Varennes, la garde et le IVe corps se rapprocher de la route de Verdun à cette ville; les deux corps bavarois devaient suivre dans la même direction. Les corps prussiens de la IIIe armée devaient exécuter dans la matinée les mouvements déjà prescrits, sauf ensuite à appuyer sur Sainte-Menehould, s'il y avait lieu.

Le prince de Saxe, qui avait l'autorisation d'attendre jusqu'à midi, s'il le jugeait convenable, mit au contraire ses troupes en mouvement dès le matin du 26. Il distribua sa cavalerie sur toutes les routes : la cavalerie saxonne sur Banthéville, la 5e division sur Grand-Pré, la 6e dans la direction de Reims.

Mais quand ces ordres furent reçus, la cavalerie avait déjà mis en partie à exécution ceux qui avaient été donnés dans la journée du 25 : la division saxonne, qui s'était dirigée vers Autry, se rabattit dans la nouvelle direction qui lui était indiquée; mais une patrouille d'éclaireurs ayant continué sur Grand-Pré, se heurta près de Fléville contre un escadron français devant lequel elle se replia sur Éxermont.

C'était la cavalerie du 7e corps, envoyée en reconnaissance par le général Douay. Bientôt après un escadron de la garde saxonne, envoyé dans la même direction, put parvenir jusqu'à Grand-Pré, où il vit des troupes françaises de toutes armes.

---

[1] Les Allemands notamment purent lire dans des journaux venus de Paris des discours prononcés au Corps législatif, où l'on disait qu'on ne pouvait pas abandonner Bazaine. Est-il croyable qu'en pleine guerre on ait pu discuter les plans de campagne au sein du Parlement! Les Allemands reçurent aussi dans la soirée du 25, un nouveau télégramme de Londres qui annonçait, d'après le journal *le Temps* du 23, que Mac-Mahon marchait au secours de Bazaine. Nous ne savons quel est le plus coupable du ministre qui a divulgué un secret qu'il aurait dû garder pour lui seul, ou du journal qui, pour satisfaire la curiosité de ses lecteurs, n'a pas hésité à donner à ce secret une si regrettable publicité.

En même temps le gros de la division, arrivé à Banthéville, envoyait des reconnaissances sur Dun, Beaumont et Buzancy. Sur ce dernier point seulement il trouvait des troupes d'infanterie et de cavalerie françaises.

Pendant ce temps, la 5e division de cavalerie prussienne, d'abord en marche de Sainte-Menehould sur Vouziers, se rabattait dans la direction de Grand-Pré.

Pendant que le gros de la division s'arrêtait à Autry et Moncheutin, les patrouilles envoyées jusque près du bourg purent également y voir les troupes françaises, et même essuyèrent le feu des tirailleurs. C'était, comme à Buzancy, les bataillons de la brigade Bordas, que le général Douay avait envoyés pour soutenir sa cavalerie.

Ces troupes étaient largement en mesure de tenir tête à l'ennemi, qui ne disposait d'aucune infanterie pour appuyer ses escadrons. Mais le général Bordas en jugea autrement. Voyant l'ennemi à la fois sur la route de Varennes, sur celle d'Autry et sur celle de Stenay, ce général évacua Grand-Pré et Buzancy, et rendit compte au général Douay qu'il était menacé par des forces supérieures. Il est vrai que bientôt le général Bordas, ayant appris qu'il n'avait devant lui que de la cavalerie, fit demi-tour et vint réoccuper sans résistance Grand-Pré, où il prit même presque en entier un détachement de cavalerie de la 5e division prussienne qui y entrait sans méfiance, croyant déjà la localité occupée par des troupes allemandes. Toutefois le général Bordas ne s'y maintint pas, et sur l'ordre de son divisionnaire, le général Dumont, que le général Douay avait envoyé avec sa 2e brigade pour recueillir la 1re, celle-ci se remit en marche à la pointe du jour du 27 pour revenir sur Vouziers, sans même emmener les prisonniers qu'elle avait faits, et qui purent ainsi rejoindre leur régiment[1].

Enfin, la 6e division de cavalerie prussienne avait envoyé des reconnaissances sur Vouziers, où elle découvrait encore les troupes françaises, en se liant avec un escadron de la 5e division

---

[1] Ces petits faits montrent bien de quel mauvais esprit était animés nos chefs, et comment, étant incapables de profiter des meilleures occasions, nous devions toujours finir par être battus, même daas des conditions très favorables.

qui avait continué dans cette direction. Le régiment de lanciers français établi sur la rive gauche de l'Aisne vit, de son côté, une partie de ces troupes en poussant des reconnaissances dans la direction de Monthois.

Ainsi, dans cette journée du 26, le contact était établi entre les deux armées sur les deux rives de l'Aisne.

En recevant tous ces renseignements, le général Douay, pendant qu'il envoyait le général Dumont au secours du général Bordas, établit le gros de ses troupes de Longwé à Falaise, laissant seulement sur la rive gauche une brigade de la 2e division avec 2 batteries de 4, et le régiment de lanciers. Il en rendit compte au maréchal de Mac-Mahon, lui signalant notamment la présence des Allemands à Grand-Pré, qu'il ne savait pas réoccupé par le général Bordas.

Pendant que le 7e corps se trouvait ainsi en présence de la cavalerie allemande, les autres corps des deux armées atteignaient sans incident les points qui leur avaient été assignés.

Du côté de l'armée française, le 5e corps est au Chêne-Populeux, ayant devant lui la cavalerie Margueritte, vers Oches; le 1er corps, avec la cavalerie Bonnemains, à Semuy et Voncq; le 12e, à Tourteron, où se trouve aussi le quartier général. C'est là que, dans la soirée, le maréchal de Mac-Mahon reçut le rapport du général Douay, qui lui représentait une attaque des Allemands comme imminente. Le maréchal prit aussitôt le parti de soutenir le 7e corps avec toute son armée. Dans ce but, il donna l'ordre au 1er corps de se porter le lendemain directement sur Vouziers, à l'appui du 7e corps; au 5e, de marcher du Chêne sur Buzancy, et au 12e, de se diriger, à la suite du 5e, par le Chêne sur Châtillon. Dès le matin du 27, ces troupes se mirent en marche pour exécuter ces mouvements.

Du côté des Allemands, le XIIe corps, dans la journée du 26, avait atteint Varennes; les deux autres corps de l'armée de la Meuse s'étaient portés, la garde sur Dombasle, le IVe corps sur Fleury.

A la IIIe armée, tandis que la cavalerie poussait au loin des reconnaissances sur les deux rives de la Marne, d'une part jusqu'à Épernay et Reims, et d'autre part jusque vers Méry sur la Seine, les deux corps bavarois ne se mettant en marche que l'après-midi, atteignent pendant la nuit : le Ier, Érize-la-Petite;

le IIe, Triaucourt; le Ve corps et les Wurtembergeois restent sur leurs positions de Heitz-le-Maurupt et Sermaize; le XIe corps se porte de Perthes à Heitz-l'Évêque. Le VIe corps passe sur la droite de la Marne, en se portant de Vassy à Thiéblemont.

Le grand quartier général allemand s'était transporté de Bar-le-Duc à Clermont-en-Argonne, où s'établit aussi le quartier général du prince royal de Saxe. C'est là qu'il reçut les rapports de la cavalerie, qui lui apprirent que des troupes françaises occupaient l'Argonne, ce qui était conforme aux renseignements qui annonçaient le mouvement de l'armée de Châlons vers Metz; mais en même temps ces rapports faisaient savoir avec certitude que les Français n'avaient pas encore atteint la Meuse à Dun.

D'après ces renseignements, le grand quartier général persista dans son projet de concentration sur Damvillers. En conséquence, il prescrivit au prince de Saxe de continuer dans cette direction, en faisant occuper Dun et Stenay; aux Bavarois, de se porter sur Nixéville et Dombasle, et aux autre corps de la IIIe armée de prendre la direction de Sainte-Menehould. Par ces dernières dispositions, on prévoyait déjà le cas où la droite des forces allemandes étant suffisante pour arrêter la marche des Français sur Metz, on pourrait employer la gauche à leur couper la retraite sur Paris ou le Nord.

En même temps on invitait le prince Frédéric-Charles à diriger, pour le 28, deux corps de l'armée d'investissement de Metz sur Damvillers et Mangiennes, en l'autorisant à abandonner au besoin le blocus sur la rive droite de la Moselle, afin d'être tout à fait en mesure de s'opposer à toute sortie de l'armée de Bazaine dans la direction de l'ouest.

Par suite de ces ordres, développés par le prince de Saxe et le prince royal de Prusse, chacun en ce qui le concernait, l'armée de la Meuse se mit en marche dès le matin du 27, flanquée sur sa gauche par toute sa cavalerie. La 6e division se porta sur Vouziers; la 5e, sur Grand-Pré et Buzancy; la cavalerie de la garde, sur Sommerance; la cavalerie saxonne sur Landres et Rémonville. Protégé par cette cavalerie, le XIIe corps (saxon) prit la direction de Dun, pendant que la garde se portait sur Montfaucon et que le IVe corps gagnait Germonville, à l'ouest de Verdun, près de la route de Varennes. La cavalerie saxonne, en arrivant à Rémonville, poussa une avant-garde sur Buzancy. Elle rencontra un régiment de cavalerie du 5e corps français, partie à cheval, partie à pied, aux débouchés de la ville. Plusieurs escadrons saxons, bientôt amenés sur ce point, ayant pris l'offensive, un violent combat s'engagea entre les deux troupes.

La fusillade des chasseurs français qui avaient mis pied à terre empêcha les Saxons d'entrer dans la ville; mais bientôt attaqués par une batterie à cheval, les Français évacuent Buzancy en se retirant sur l'infanterie du 5e corps, qui se trouvait en arrière. Ce corps tout entier, en effet, était à Bar, conformément aux ordres reçus, la nuit précédente, du maréchal de Mac-Mahon; mais loin de soutenir sa cavalerie, le général de Failly, après l'avoir recueillie, se mettait en retraite sur Châtillon et Brieulles. Disposant de 25,000 hommes, il se retirait n'ayant devant lui que quelques escadrons, comme la veille les troupes du 7e corps avaient évacué Grand-Pré. Du reste, en refusant un combat qui ne pouvait être qu'avantageux pour nos armes, le général de Failly ne faisait qu'exécuter les nouveaux ordres qu'il venait de recevoir du maréchal de Mac-Mahon.

Celui-ci, en effet, avait appris dans la matinée que Grand-Pré n'avait pas été occupé la veille par les Allemands, et que ceux-ci ne s'étaient montrés en force nulle part sur le front du 7e corps. Dès lors, non seulement il arrêta ses troupes en marche pour soutenir ce corps, mais il leur fit rebrousser chemin vers le nord-ouest. Le 1er corps revint à Voncq; le 12e, qui avait déjà atteint Châtillon, sur le Chêne; le 7e corps resta autour de Vouziers, la cavalerie Bonnemains à Attigny. Le 5e corps, de son côté, avait déjà atteint Buzancy, ayant la division Margueritte à sa gauche, à Beaumont, lorsqu'il reçut également l'ordre de se replier sur Châtillon. C'est pour cela que le général de Failly, au lieu d'engager ses troupes, se mit en retraite devant la cavalerie saxonne. En somme, c'était un parti regrettable, car disposant de 25,000 hommes, il aurait eu facilement raison de cette cavalerie, et en la suivant sur Banthéville, il aurait obtenu le précieux avantage de voir défiler le XIIe corps sur Dun, peut-être de l'arrêter dans sa marche, et, dans tous les cas, d'avoir des renseignements précieux sur les mouvements des Allemands. Il nous semble que quelles que fussent les idées du maréchal, il ne pouvait jamais y avoir avantage à éviter le combat, car seule une rencontre pouvait éclaircir une situation passablement obscure, et qui, si nous restions immobiles sans renseignements, pouvait devenir rapidement des plus dangereuse.

Dans tous les cas, ce qui résulte encore des ordres du maréchal, dans la soirée du 26 et dans la matinée du 27, c'est une fois de plus la preuve qu'il n'avait nullement l'intention d'aller à Metz. Quand il croit Grand-Pré occupé par les Allemands, il porte son armée en avant, et quand il apprend que Grand-Pré est inoccupé, il la met en retraite. Il est bien évident que s'il eût voulu poursuivre sur la Meuse, c'était le cas de marcher pendant que la route était encore ouverte. En se retirant, au contraire, le maréchal prouve que par le mouvement en avant de la matinée, il n'avait pour but que de dégager le 7e corps, qu'il croyait compromis, et dès qu'il apprend que ce corps n'est pas menacé, il s'empresse de reprendre sa position d'attente, par un mouvement rétrograde qui lui permettra de se mettre définitivement en retraite quand il le croira nécessaire.

Mais il est certain que le 27 il n'y avait encore aucun péril pour l'armée française, et que le 5e corps ayant l'occasion de s'engager avec avantage, il est regrettable qu'il n'en ait pas profité. Quoique l'engagement de Buzancy n'ait pas eu une bien grande importance, il était cependant le plus considérable de la journée ; la nombreuse cavalerie allemande se contentait encore de nous observer. Une patrouille saxonne se heurta cependant vers Beaumont à la division Margueritte, et fut poursuivie par des cavaliers français jusque près de Buzancy. Dans la soirée, le gros de la division vint occuper les environs de Nouart, pendant que la 5e division s'établissait de Buzancy à Grand-Pré. En même temps la 6e division reste à Monthois, observant toute la région au sud de Vouziers.

Pendant ce temps, le XIIe corps marchant de Varennes par Banthéville atteignait Dun ; son avant-garde, continuant par la rive droite de la Meuse, entrait sans résistance à Stenay vers 3 heures de l'après-midi. La garde et le IVe corps occupaient les positions qui leur avaient été indiquées à Montfaucon et à Germonville, et faisaient jeter des ponts sur la Meuse à Vacherauville, à Charny et près de Dannevoux.

Les corps bavarois gagnaient en même temps Nixéville et

Dombasle. Le Ve corps atteint les environs de Sainte-Menehould; le XIe, La Neuville et Givry; les Wurtembergeois, Vieil-Dampierre, et le VIe corps, Charmont. La 4e division de cavalerie, de Suippes observait la direction de Reims, pendant que la 2e se rapprochait de la Marne aux environs de Vitry.

D'après les renseignements reçus dans la journée, le grand quartier général allemand modifia ses projets de concentration des jours précédents. On ne s'y rendait pas bien compte des mouvements rétrogrades de l'armée française, évacuant Grand-Pré et Buzancy pour marcher vers l'ouest. On n'y voyait qu'un arrêt de l'armée française dans son mouvement vers Metz, ne sachant pas que jusqu'à présent son chef n'avait nullement l'intention de la conduire si loin. Dans tous les cas, on savait qu'elle était encore au moins à une bonne marche de la Meuse, et comme par les mouvements des jours précédents les corps allemands avaient fait des progrès importants vers le nord, qu'en même temps on savait les ponts de Dun et de Stenay occupés par les Saxons, on concevait l'espoir d'empêcher les Français de passer le fleuve et de les atteindre sur la rive gauche.

En conséquence, on abandonnait l'idée de la concentration sur Damvillers, et on annonçait au prince Frédéric-Charles, à Metz, que l'on pouvait se passer de son concours. En même temps, le XIIe corps recevait l'ordre de rester à Dun et Stenay, pendant que le gros des forces allemandes continuerait vers le nord. La garde dut se diriger le 28 sur Bantheville, le IVe corps sur Montfaucon, les deux corps bavarois sur Varennes et Vienne, pendant que les corps de gauche atteindraient à la gauche de l'Aisne les environs de Laval et de Malmy, sur la Tourbe.

En somme, le gros des forces allemandes était encore, le soir du 27, à deux bonnes journées de marche des Français; mais déjà ses mouvements devenaient menaçants et pouvaient amener le désastre de notre armée, soit qu'elle restât dans ses positions, soit qu'elle voulût continuer son mouvement sur la Meuse. Dans les deux cas, elle risquait d'être attaquée de front et de flanc par des forces supérieures, et acculée sans ressources à la frontière belge. C'est ce que le maréchal de Mac-Mahon comprit parfaitement. D'un côté, il se savait depuis deux jours en contact avec la cavalerie allemande, et, par conséquent, pouvait redouter l'imminence d'une attaque préparée à loisir sous le couvert de cette cavalerie; d'autre part, n'ayant plus reçu de nouvelles de Bazaine depuis son départ de Reims, il n'avait aucune raison de croire que l'armée de Metz fût sortie de la place, et en route sur Montmédy.

Dans ces conditions, les motifs mêmes de la marche de l'armée de Châlons n'existaient plus, et il importait de songer à sa propre sécurité. Aussi, dans cette même soirée du 27, le maréchal avait-il pris la résolution de se retirer dans la direction de Mézières. A cet effet, il dirige le 1er corps sur Mazerny, le 12e sur Vendresse, le 5e sur Poix, le 7e sur Chagny, au nord du Chêne. Les ordres sont si pressants que l'armée se met en mouvement au milieu de la nuit. La marche fut difficile et mal ordonnée comme d'habitude; les colonnes se rencontraient constamment à des croisés de route, et une pluie froide et pénétrante rendait encore le mouvement plus pénible.

Cependant, dans la matinée, l'armée française avait évacué toutes ses positions. Le 7e corps, qui était le plus rapproché de l'ennemi, était réuni vers le milieu de la journée à Quatre-Champs. Bientôt on s'arrête; on apprend que la retraite n'ira pas plus loin, et même, l'après-midi, on reçoit l'ordre de se reporter en avant du côté de la Meuse. Quelle pouvait être la cause de ce va-et-vient qui, plus encore que les jours précédents, fatiguait les troupes sans amener aucun résultat? Quelles raisons avaient changé si subitement la résolution du maréchal?

C'est ici qu'il importe de s'arrêter et de faire tous ses efforts pour voir clair; car la véritable cause première de la catastrophe de l'armée française réside dans ce changement de détermination. Or, il ne peut y avoir de doute sur les motifs qui l'ont amené. Il provenait de l'intervention du ministre de la guerre, appuyé par tout le conseil des ministres. Le maréchal, en effet, dès qu'il avait pris la résolution de se retirer vers le nord-ouest, en avait immédiatement rendu compte au ministre. Mais cette détermination renversait tout les projets du Gouvernement. Sans perdre de temps, le général de Palikao, ministre de la guerre, répondit au maréchal: « Si vous abandonnez Bazaine, une révolution éclatera à Paris, et vous-même vous aurez sur les bras toutes les forces de l'ennemi.

« Paris saura se protéger contre les adversaires du dehors, les travaux de défense sont terminés. Il me paraît d'extrême urgence que vous fassiez promptement votre jonction avec Bazaine. Chacun sent ici la nécessité de délivrer Bazaine, et c'est avec la plus fiévreuse anxiété que l'on suit vos opérations. »

Le ministre affirmait ensuite que le maréchal n'avait autour de lui que de la cavalerie, et qu'en marchant sur Metz il avait toutes les chances de réussir, parce qu'il avait une avance de 36 à 48 heures sur l'armée du prince royal de Prusse.

Cette dépêche suffit à changer la résolution du maréchal et à lui faire reprendre la direction de Montmédy [1]. Son parti était déjà pris, lorsqu'au télégramme du général de Palikao en succéda un autre du conseil des ministres, qui sommait le maréchal de marcher au secours de Bazaine. Aussi, dans la matinée, envoya-t-il de nouveaux ordres pour reporter ses troupes en avant. Celles-ci, comme nous l'avons vu, étaient en marche depuis plusieurs heures lorsque ces ordres leur parvinrent.

Il fallut faire demi-tour, et après avoir marché toute la journée on se retrouva le soir du 28 à quelques kilomètres des positions que l'on occupait la veille : le 7e corps à Boult-aux-Bois ; le 5e à Belval, au nord de Busancy ; le 12e à La Besace ; le 1er au Chêne-Populeux.

En réalité, le maréchal de Mac-Mahon, en cédant aux injonctions venues de Paris, courait à sa perte ; car dans le télégramme du ministre, il n'y avait qu'une chose qui fût vraie, c'est qu'une révolution était à craindre à Paris. Quant au danger auquel le maréchal s'exposerait pour lui-même en se retirant, nous savons qu'il était illusoire.

L'armée française n'avait pas même besoin d'obliquer vers le nord pour s'y soustraire ; en essayant de descendre l'Aisne par Rethel, rien ne l'eût empêché de revenir sur l'Oise.

En mettant même quelque habileté dans sa retraite, elle avait des chances d'obtenir quelques succès partiels, car les

---

[1] On voit donc qu'en quelques jours le maréchal de Mac-Mahon a changé quatre fois de détermination. Le 22, il veut revenir sur Paris ; le 23, il marche sur l'Aisne ; le 27, il commence sa retraite vers l'ouest ; le 28, il se remet en marche sur la Meuse. Que de fatigues inutiles pour les troupes ! N'est-il pas certain qu'une armée ainsi dirigée était vouée forcément à un désastre.

Allemands, en constatant ce mouvement rétrograde, n'auraient pas manqué, en nous suivant avec le gros de leurs forces, d'essayer de nous déborder avec les corps les plus rapprochés de l'Aisne. C'eût été le moment de repasser cette rivière avec l'armée française entre Attigny et Rethel, et de tomber avec des forces supérieures sur ces corps avancés de l'ennemi. On pouvait espérer, dans ces conditions, leur infliger un grave échec, sauf à continuer la retraite le lendemain. Pour se donner plus de chances dans une pareille opération, on pouvait essayer de dissimuler à l'ennemi la première marche en arrière. Or, rien n'eût été plus facile, tout en commençant le 28 notre mouvement rétrograde, de lui faire croire que, dans cette journée encore, nous continuions à marcher sur la Meuse. Il eût fallu pour cela diriger deux divisions du 7e corps sur Voncq, et de porter au contraire sa troisième division, formant l'arrière-garde, par Quatre-Champs sur le Chêne, c'est-à-dire dans la direction du nord. En même temps, on aurait fait décrire au 5e corps un demi-cercle de Châtillon à Stone par Sommauthe, en laissant une forte arrière-garde sur ce dernier point et en dirigeant les chasseurs d'Afrique sur Beaumont, avec l'ordre de pousser des pointes sur Stenay. En voyant tous ces mouvements, l'ennemi aurait cru, sans doute, qu'en réalité nous nous proposions toujours d'atteindre la Meuse. En conséquence, il aurait encore pris ses dispositions pour la journée du 29 dans le but de l'empêcher, et quand, dans cette journée, il aurait eu connaissance de nos véritables intentions, il n'eût plus eu que très peu de forces à porter dans la direction de Rethel. De notre côté, le 5e corps se serait remis en marche le 29 avant le jour, mais cette fois pour participer réellement au mouvement de retraite de toute l'armée. Le 30, trois de nos corps sur quatre auraient été en mesure de repasser l'Aisne et d'attaquer avec avantage les corps que l'ennemi aurait pu porter sur la rive gauche de cette rivière.

C'est par de pareils mouvements qu'une armée inférieure en nombre peut espérer tromper ses adversaires et remporter de réels succès, en défendant le terrain pied à pied, sans jamais jouer son va-tout dans une bataille décisive. Dans tous les cas quoi que fissent les Allemands, l'armée de Châlons, le 28, était parfaitement en mesure d'exécuter sa retraite sans courir le moindre danger. C'était de ce côté qu'elle avait deux jours d'avance sur le prince royal, tandis qu'en se dirigeant sur Metz, non seulement elle n'avait pas d'avance, mais, à supposer qu'elle ait pu en prendre en ne s'arrêtant pas les jours précédents, à partir du 27, au contraire, il était presque certain qu'elle serait prévenue dans cette direction par des forces considérables. Il importe de remarquer, pour bien juger la situation, qu'à ce moment il n'est plus question de la sortie de Bazaine. On admet, du côté du maréchal, comme de celui du ministre de la guerre, qu'il n'est pas en retraite; il ne s'agit plus, comme c'était l'intention du maréchal en quittant Reims, d'aller au-devant de l'armée de Metz, mais bien de la dégager. A cet égard, le maréchal de Mac-Mahon n'avait reçu depuis le commencement de son mouvement aucun renseignement positif; mais on peut dire que le silence même était un renseignement suffisant; car il était bien clair que si Bazaine eût été en marche sur Montmédy, il n'aurait pas manqué de le faire savoir par des dépêches répétées qui, certainement, seraient parvenues à leur destination, au moins par la Belgique.

Mais si le chef de l'armée de Châlons n'avait, pour ainsi dire, que des raisons négatives au sujet de Bazaine, il en était tout autrement dans son entourage aussi bien qu'à Paris. C'est qu'en effet, non seulement le maréchal Bazaine n'avait pas écrit qu'il était en marche, mais, dans la journée du 20 août, il avait envoyé au ministre, à l'Empereur et au maréchal de Mac-Mahon, des dépêches qui laissaient parfaitement entendre que s'il était toujours dans l'intention de marcher vers le nord, il n'était cependant pas encore à cette date sur le point de se mettre en mouvement. Le ministre et l'Empereur avaient reçu les dépêches qui leur étaient destinées, mais celles qui étaient adressées au maréchal de Mac-Mahon ne lui étaient pas parvenues.

« J'ai dû prendre position près de Metz, disait Bazaine dans cette dépêche, pour donner du repos aux soldats et les ravitailler en vivres et munitions. L'ennemi grossit toujours autour de moi et je suivrai très probablement pour vous rejoindre la ligne des places du Nord, *si je puis toutefois l'entreprendre sans compromettre l'armée.* »

Le procès Bazaine a donné des renseignements certains sur ce que cette dépêche était devenue. On la suit depuis Metz jusqu'à Longwy, où, le 22, elle est remise à deux agents envoyés par le quartier général de l'armée de Châlons. Ceux-ci, le même jour, transmettent cette dépêche à un officier supérieur, chargé du service des renseignements, et en reçoivent immédiatement un accusé de réception avec l'ordre de revenir à l'armée. Les agents rejoignent, en effet, le quartier général à Rethel le 25, et remettent l'original de la dépêche au même officier supérieur dans la matinée du 26. Mais celui-ci, le 26 comme le 22, se garde de communiquer au maréchal cette dépêche qui, le 22 surtout, l'intéressait tant; car à ce moment elle eût suffi, sans doute, à empêcher le mouvement de l'armée de Châlons dans la direction de Montmédy. D'autre part, le ministre, dans ses relations avec le maréchal, ne parle nullement des dépêches qu'il a reçues de Metz. Il y avait donc dans l'entourage de l'Empereur et dans celui de l'Impératrice, tout un parti qui était résolu à pousser le maréchal de Mac-Mahon sur Metz, sans vouloir s'inquiéter des dangers d'une pareille marche.

Voilà, croyons-nous, ce que l'on doit conclure de toutes les dispositions relatées dans le procès Bazaine, et c'est ce qui a empêché le maréchal de Mac-Mahon de recevoir la dépêche qui lui était adressée.

Mais la suppression de cette dépêche a-t-elle eu une véritable influence sur les mouvements de l'armée de Châlons ? Le maréchal a déclaré que, consciencieusement, s'il l'avait reçue, il est probable qu'elle ne l'eût pas empêché de continuer sa marche sur la Meuse, sauf à voir ce qu'il aurait fait ensuite. On doit observer que le maréchal dit qu'il aurait *continué*, parce qu'il y a deux époques d'arrivée pour cette dépêche, le 22 et le 26, et en parlant de continuer, il parle de l'effet qu'aurait pu produire la dépêche, non pas le 22, mais le 26, puisque le 22 il n'était pas encore parti; et il est bien possible qu'en arrivant le 22 elle eût, sinon arrêté, du moins retardé le départ de l'armée. Mais il faut bien remarquer qu'en se portant sur l'Aisne et l'Argonne, et en y restant le 25, le 26, le 27, l'armée française ne courait aucun danger.

Ce n'est qu'à partir du 28 que le maréchal court à sa perte; mais à ce moment il sait à quoi s'en tenir sur la situation de l'armée de Metz, aussi bien que si la dépêche lui était parvenue. Il sait que Bazaine n'est pas en marche; aussi ne s'agit-il plus de l'attendre, mais bien d'aller le joindre sur la Moselle.

Ce qui montre bien du reste que le 27 le maréchal de Mac-Mahon était parfaitement fixé sur la situation de l'armée de Metz, c'est l'impression que lui produisit une autre dépêche qu'il reçut le 29 à Raucourt.

Celle-ci, envoyée le 27 de Thionville par le colonel Turnier, était ainsi conçue : « Le colonel Turnier fait savoir qu'il reçoit de Metz, pour être communiquée à l'armée française, s'il est possible, la dépêche suivante de Bazaine :

« Nos communications sont coupées, mais faiblement ; nous pourrons percer quand nous voudrons ; nous vous attendons. » Cette dépêche a été remise successivement à l'Empereur et au maréchal le 29 août ; or, le messager qui la leur a communiquée, un M. Hulme, de Mouzon, a déclaré dans sa déposition qu'en en prenant connaissance le maréchal n'en avait paru nullement frappé. Il est vrai que le maréchal, encore dans cette circonstance, affirme n'avoir pas reçu cette dépêche.

Mais tandis qu'il est certain que la précédente a été interceptée, il est au contraire hors de doute que celle-ci lui est parvenue ; les dépositions de nombreux témoins s'accordent en effet pour confirmer celle de M. Hulme, qui, malgré la dénégation du maréchal, a persisté dans son dire.

Pour appuyer son assertion, celui-ci a fait observer que, au Chêne-Populeux, c'est-à-dire à son quartier général du 27, il avait pris la décision de se porter sur Metz. « Si j'avais reçu la dépêche dont il s'agit, dit-il, comme elle était dans le sens de mes opérations, elle m'aurait certainement frappé. »

Mais il nous semble que cette manière de raisonner manque absolument de rigueur ; on peut dire, au contraire, que si le maréchal n'en a pas été frappé, c'est justement parce qu'elle était dans le sens de ses opérations. Elle ne lui apprenait rien qu'il ne sût déjà, et c'est ce qui explique comment il a pu la recevoir sans y attacher d'importance, et sans en garder le souvenir.

Mais ce qui est clair, dans tous les cas, c'est que, arrivée ou non à sa destination, cette dépêche n'a eu aucune influence sur les mouvements de l'armée de Châlons ; et il est clair aussi que la suppression de la dépêche du 20 août, tout en étant un fait grave en lui-même, n'en a pas eu davantage sur les résolutions du maréchal, et, par conséquent, qu'elle ne peut être comptée parmi les causes de la catastrophe de Sedan.

Pour trouver cette vraie cause, il faut rechercher les raisons qui ont poussé le maréchal sur Montmédy, alors qu'il voulait se mettre en retraite. Or, il est bien certain que ce changement de direction n'a été motivé que par les ordres venus de Paris dans la nuit du 27 au 28. Si l'on admet que le ministre de la guerre était le vrai chef de l'armée, qu'il avait le droit de donner des ordres au maréchal, et que celui-ci ne devait être considéré que comme un agent d'exécution, on doit admettre en même temps que c'est sur le ministre de la guerre, ou plutôt sur le ministère, que doit tomber la responsabilité de cette erreur grave qui seule a conduit l'armée française au milieu du danger. Mais ce point de vue n'est pas celui auquel on doit se mettre. Dans toutes les armées bien organisées, le ministre de la guerre ne doit être le chef effectif de l'armée qu'en temps de paix. En temps de guerre son rôle change : il n'a pas qualité pour diriger les mouvements des troupes ; il n'en est plus que le pourvoyeur. C'était la fonction du ministre de la guerre sous le premier Empire, et le ministre de la Prusse n'en avait pas d'autre pendant les guerres de 1866 et 1870. Jamais l'idée n'est venue au général de Roon de faire un plan de campagne, ni surtout de vouloir diriger les armées allemandes une fois la guerre engagée. Après avoir surveillé la mobilisation, son rôle était d'approvisionner les armées actives en hommes, chevaux, matériel et vivres, et d'assurer en même temps la défense des places fortes. Le point de vue contraire est des plus mauvais ni ne peut amener que des désastres. On en a vu deux fois la preuve en 1870 : d'abord par l'intervention du général de Palikao, qui a eu pour conséquence la catastrophe de Sedan ; ensuite par celle de M. Freycinet sur la Loire, qui a amené le désastre d'Orléans. Il importe aujourd'hui plus que jamais d'être fixé sur ce point, et il ne peut y avoir de doute sur les règles à suivre. En temps de guerre il faut un généralissime, qui doit avoir deux subordonnés : le ministre, pour assurer l'alimentation de l'armée en hommes, matériel et vivres, d'après les vues du généralissime ; et un major général pour transmettre et développer les ordres relatifs aux opérations. Autrement dit, ce dernier est chargé de faire exécuter les mouvements conçus par le général en chef, tandis que le ministre a pour charge le service à l'arrière. Avec notre organisation du temps de paix, le ministre peut au moment de la guerre devenir le généralisssime; mais alors il faut qu'il abandonne ses fonctions antérieures, car, nous le répétons, une fois les opérations commencées le ministre n'est plus qu'un pourvoyeur; il doit être au courant des vues du généralissime, mais il n'est pas dans son rôle de les inspirer.

Si l'on admet cette manière de voir, on doit rendre le maréchal de Mac-Mahon responsable de la détermination prise le 28, aussi bien que le ministre; toutefois il y a cette différence que c'est ce dernier qui a poussé l'armée dans la voie où elle allait se perdre, tandis que le maréchal s'est seulement laissé entraîner, et qu'il n'est coupable que de ne pas avoir résisté. Pouvait-il le faire, d'après les idées admises dans notre pays? A notre avis, il n'y a pas de doute à ce sujet; la question a été traitée par Napoléon et résolue de la manière la plus nette. Pour lui, un général en chef n'est jamais tenu d'exécuter une opération qu'il croit mauvaise. Tous les grands capitaines, aussi bien que les grands critiques, sont de l'avis de Napoléon. Si le maréchal croyait la continuation de son mouvement vers l'est dangereuse, il devait se refuser à exécuter ce mouvement; et si le ministre croyait au contraire l'opération praticable, il n'avait qu'à venir prendre lui-même le commandement de l'armée, ce qu'il pouvait faire en 24 heures, et à assumer la responsabilité de l'exécution, aussi bien que celle de la conception. On dira peut-être que si le maréchal n'a pas résisté, ce n'est pas parce qu'il ne se croyait pas le droit de le faire, mais bien parce qu'il s'est laissé persuader par le général de Palikao. S'il en est ainsi, nous répondrons qu'en entrant dans les vues du ministre, il n'a fait qu'assumer une plus grande part de responsabilité dans le désastre final. Son erreur, si tant est que des erreurs sur la situation des armées en présence aient eu plus d'influence que des considérations politiques, est même moins excusable que celle du ministre; car ce dernier était à cinquante lieues du théâtre des opérations, tandis que le maréchal était à l'armée, et devait savoir à quoi s'en tenir sur les dangers qui le menaçaient. Et comment ne s'en serait-il pas rendu compte? Est-ce que depuis trois jours son armée n'était pas en contact avec la nombreuse cavalerie de l'ennemi? Il était dès lors évident que les Allemands étaient depuis longtemps prévenus de nos mouvements, et par conséquent qu'ils avaient pris leurs mesures pour s'y opposer.

N'était-il pas manifeste qu'en continuant la marche sur la Meuse nous risquions d'être accablés par des forces supérieures, et d'être acculés à la frontière belge après avoir subi une défaite ? Et n'était-ce pas en présence de ce danger et pour s'y dérober que le maréchal avait, dans la soirée du 27, donné des ordres de retraite qu'on avait commencé à exécuter pendant la nuit et pendant la matinée du 28 ? Rien n'aurait donc dû amener le maréchal à changer de résolution ; et si quelques hommes plus dévoués à la dynastie qu'à la France voulaient risquer de perdre l'armée sous prétexte de sauver l'Empire, il ne tenait qu'à lui, en se retirant, de leur laisser supporter tout le poids de leur coupable entreprise. Il est, du reste, hors de doute que devant une opposition formelle du maréchal, le parti de la cour eût bien été obligé de céder. Malheureusement le duc de Magenta en jugea autrement, et quelque périlleuse que dut lui paraître l'opération qu'on lui conseillait, il consentit à la mettre à exécution ; et l'on doit reconnaître qu'en le faisant il assumait une part de responsabilité dans les événements des jours suivants.

En examinant les causes de la capitulation de Sedan, on ne peut faire une discussion complète sans se demander si Bazaine doit aussi être considéré comme un des auteurs de cette catastrophe.

La question se décompose en deux : Bazaine a-t-il par ses dépêches provoqué le mouvement de l'armée de Châlons sur Montmédy, et a-t-il ensuite, par son inaction, contribué à la perte de l'armée pendant qu'elle exécutait son mouvement ? Nous avons examiné la première question dans ce qui précède, et pour y répondre avec précision il nous suffit de résumer les observations que nous avons présentées à ce sujet.

Bazaine, après la bataille du 18, a envoyé trois dépêches à son collègue : l'une le 19 août, la seconde le 20, la troisième à une date incertaine ; mais on sait que cette dernière dépêche est partie de Thionville le 27 par l'entremise du colonel Turnier.

La première de ces dépêches est arrivée à Reims le 22, et c'est elle qui a déterminé le mouvement du maréchal de Mac-Mahon sur l'Aisne.

A notre avis, ce n'est que par une fausse interprétation de cette dépêche que le maréchal a pu croire Bazaine en route, et qu'il se porte en avant pour lui tendre la main. Mais même en admettant qu'elle ait dû déterminer le mouvement de l'armée de Châlons, ce n'est pas une raison pour le considérer comme une des causes du désastre de cette armée. Tant que le maréchal est resté, en effet, sous l'influence de cette dépêche, son armée n'a couru aucun danger. Il va seulement au-devant de Bazaine, il est loin des Allemands, et quand il apprend que l'interprétation qu'il avait donnée à cette dépêche est erronée, il prend le parti de se retirer. Pour être juste, on doit donc reconnaître que cette dépêche n'est pour rien dans le malheur de l'armée française. Ce qui l'a perdue, nous l'avons montré, c'est le parti que prit le maréchal le 28, sous la pression du ministre de la guerre et du ministère tout entier. Or, les autres dépêches de Bazaine sont-elles pour quelque chose dans cette détermination? Il est clair que non. Ce n'est pas la seconde, puisque le maréchal ne l'a jamais reçue; et ce n'est pas non plus la troisième, puisque quand le maréchal en a eu connaissance son parti était pris depuis deux jours. Quant à cette dernière dépêche, il est probable qu'elle est partie de Metz le 26, après la conférence où les généraux se sont trouvés d'accord pour décider que l'armée devait rester à Metz. C'est ce qui explique comment Bazaine n'y parle plus de son intention de marcher par Montmédy, et pourquoi il se contente de dire qu'il attend l'armée de Châlons, qu'il sait en marche. Cette hypothèse que nous présentons explique aussi comment cette dépêche, partie de Metz le 26, a pu être transmise de Thionville le 27, ce qui est certain[1]. Cette dernière dépêche, du reste, n'était

---

[1] En cherchant à approfondir les mobiles des déterminations de nos chefs, on peut se demander comment il se fait que dans la dernière dépêche dont nous parlons, Bazaine dit qu'il attend à Metz l'armée de Châlons, tandis que dans toutes les précédentes il parle de son projet de sortir par le nord-ouest. Or, il nous semble que la cause de ce changement de résolution est très nette. Elle réside dans ce fait que dans l'intervalle de la 2e et de la 3e dépêche Bazaine a appris la marche de Mac-Mahon sur l'Aisne. On sait en effet qu'avant de quitter Reims le maréchal essaya de faire connaître ses projets à Bazaine par Thionville et par Verdun. Bazaine a nié avoir reçu ces dépêches, mais il est hors de doute au contraire que l'une d'elles au moins est arrivée à Metz le 23. C'est ce qui explique comment, à partir de ce jour, Bazaine attend Mac-Mahon, au lieu d'essayer de sortir. On trouvera peut-être qu'au contraire ce devait être pour Bazaine une raison de plus pour sortir, afin de ne pas laisser l'armée de Châlons seule aux prises avec toutes les forces allemandes. Mais il faut bien se rendre compte des idées qui, depuis le 18, existent dans l'esprit de Bazaine. Dans toutes ses dépêches, tout en manifestant le désir de revenir sur

pas faite pour induire en erreur le maréchal de Mac-Mahon : loin de lui laisser entendre que l'armée de Metz est en marche, ou sur le point de s'y mettre, elle lui apprend au contraire qu'on l'attend. Nous sommes donc en droit de dire, pour être impartial, que les dépêches envoyées par Bazaine n'ont eu aucune influence sur les opérations du maréchal de Mac-Mahon, qu'aucune d'elles n'a contenu des renseignements erronés sur la situation de l'armée de Metz, et que la troisième seule renfermait une invitation à se porter sur la Moselle; mais que quand elle est arrivée à l'armée de Châlons le parti du maréchal de se diriger sur Metz était déjà pris depuis deux jours.

Examinons maintenant la seconde question. L'attitude de Bazaine, son inaction du 18 au 31 a-t-elle eu quelque influence sur la catastrophe de Sedan? Pour répondre à cette question, nous la traiterons d'une manière inverse, en nous demandant ce que Bazaine pouvait faire, et s'il avait le moyen d'empêcher le dé-

---

la Meuse par le nord, il exprime toujours la crainte de se compromettre en exécutant ce mouvement. C'est là une idée qui le domine, et nous sommes de ceux qui pensent que si cette crainte était chimérique avant la bataille du 16, et même le lendemain, elle était très justifiée après la bataille du 18. Dès lors il est très compréhensible que Bazaine, attendant l'armée de Châlons, ne cherche plus à s'éloigner, mais que seulement il se tienne prêt à agir dès que cette armée sera a proximité de Metz. L'avis de ses chefs de corps, exprimé le 26, le confirma dans cette résolution, et il est très probable que c'est après avoir reçu cet avis qu'il a expédié la 3ᵉ dépêche dont nous parlons. Mais si à ce moment Bazaine est résolu à ne plus s'éloigner de Metz, on demandera encore quel était le but de sa tentative du 26 ; à quoi nous répondrons que c'était simplement de retenir autour de la place le plus de forces possibles.

Bazaine a dit au contraire que le 30 il avait l'intention de forcer le passage ; mais, comme il a nié avoir reçu les dépêches lui annonçant la marche de l'armée de Châlons, on peut admettre qu'en même temps il a caché les véritables résolutions qu'elles lui ont inspirées.

Ce n'est que par de sérieux efforts que l'on peut démêler la vérité au milieu d'une situation aussi compliquée, et il ne suffit pas, pour l'expliquer, de prononcer les mots de trahison et d'ineptie sans rien faire pour les justifier.

Or, par ce que nous venons de dire, il nous semble que la question est passablement éclaircie. Jusqu'au 23, Bazaine a l'intention de partir, quand il le croira possible. Les jours suivants, il prend le parti d'attendre l'armée de Châlons, parce qu'il sait qu'elle est en route, et qu'il ne se doute pas que son chef, croyant lui-même que l'armée de Metz est en marche sur Montmédy, s'est arrêté sur l'Aisne pour l'attendre. Les deux chefs de nos armées, du 23 au 27, se sont donc trouvés dans cette singulière situation de s'attendre réciproquement l'un sur l'Aisne, l'autre sur la Moselle, chacun d'eux croyant l'autre en mouvement, tandis qu'ils étaient tous les deux à peu près immobiles.

sastre de l'armée de Châlons. D'abord l'armée de Metz pouvait-elle sortir? Nous répondons sans hésiter : Par la rive gauche de la Moselle, non ; par la rive droite, oui.

Il ne peut y avoir de doute à ce sujet; car, puisque toutes les forces allemandes se trouvaient sur la rive gauche, en essayant de percer de ce côté, Bazaine eût eu devant lui toute les troupes qui avaient pris part à la bataille du 18, moins 2 corps d'armée, c'est-à-dire qu'il se fût trouvé en présence de forces supérieures qui sûrement lui auraient barré le passage. C'est pour la même raison que nous prétendons, au contraire, que Bazaine pouvait certainement sortir par la rive droite; de ce côté il n'eût rencontré qu'un seul corps d'armée appuyé d'une division de landwehr.

Il nous paraît hors de doute qu'il eût été possible de leur passer sur le corps. Mais après, où serait-on allé? Aurait-on marché sur Montmédy par Thionville, ou sur Lunéville par Château-Salins? Dans le premier cas, on était encore prévenu au débouché de Thionville vers Audun-le-Roman, ou vers Longuyon, par le gros des forces du prince Frédéric-Charles, qui pour arriver sur ces positions avait beaucoup moins de chemin à faire que l'armée française. Bazaine eût donc encore été arrêté de ce côté aussi bien qu'au débouché de Metz. On peut même ajouter que par ce mouvement, loin de sauver l'armée du maréchal de Mac-Mahon, il n'aurait pu que compromettre la sienne[1]. Il est manifeste, en effet, qu'une fois en présence des forces allemandes, s'il n'eût pris le parti de se retirer par le chemin qu'il avait suivi pour sortir de Metz, il risquait, lui aussi, d'être acculé à la frontière belge et obligé de déposer les armes. Il est vrai que par cette tentative le maréchal retenait les forces qu'il avait devant lui et les empêchait de marcher contre l'armée de Châlons; mais comme, en réalité, aucune partie de ces forces n'a été engagée contre cette armée, il ne modifiait en rien la situation des armées en présence sur la Meuse.

Quant à la sortie par Château-Salins, nous reconnaissons qu'elle était possible, et même à peu près assurée, si on eût

---

[1] Pour soutenir que Bazaine pouvait, après le 18 août, s'éloigner le matin et gagner Montmédy, il faut, ou bien n'avoir jamais regardé la carte, ou bien n'avoir aucune idée de la situation des armées en présence.

voulu la tenter avant le 1er septembre. Elle eût sans doute sauvé l'armée de Metz, mais il est clair que ce mouvement n'aurait eu aucune influence sur le sort de l'armée de Châlons. Nous devons donc conclure que l'inaction du maréchal n'a pas eu plus d'influence que ses dépêches sur le désastre de l'armée française, et par conséquent qu'il n'est pas juste d'en rendre Bazaine tant soit peu responsable. Il nous semble que les torts réels du chef de l'armée de Metz sont assez graves, sans qu'il soit nécessaire, pour le condamner, de lui en imputer auxquels il est complètement étranger. En exprimant nos conclusions, nous n'avons, en effet, nullement l'intention d'absoudre Bazaine dans l'ensemble de sa conduite. Il a eu d'abord le premier tort, et peut-être le plus grave, de se replier sur Metz après la bataille du 16, au lieu de marcher sur la Meuse, alors que rien ne l'empêchait d'atteindre ce fleuve. Il a eu le tort, ensuite, de ne pas faire des efforts plus sérieux pour s'éloigner de la place en combinant ses opérations d'une manière plus suivie avec l'armée de Châlons. Ce qu'il faut lui reprocher, à notre avis, ce n'est pas, tant s'en faut, d'avoir entraîné la perte de cette armée par les dépêches qu'il lui a envoyées, mais au contraire de ne pas lui avoir donné des instructions plus précises, ayant toujours pour but final la jonction des deux armées. C'était une opération difficile; mais comme le salut de la France dépendait de son succès, il fallait y tendre par tous les moyens et en y mettant le temps nécessaire. Or, nous croyons encore que c'était par le sud que l'armée de Metz devait sortir; et comme, par suite de la présence de l'armée de Châlons, les Allemands avaient le gros de leurs forces à gauche de la Moselle, Bazaine était à peu près certain de réussir s'il eût donné rendez-vous à son collègue du côté des Vosges.

Pour atteindre ce but, le mouvement préalable de l'armée de Châlons sur l'Argonne, qui en se prolongeant a perdu cette armée, eût au contraire amené les résultats les plus heureux, s'il n'eût été qu'une feinte préméditée. Il aurait, en effet, dans tous les cas, attiré les forces allemandes vers le nord, aussi bien en ne durant que quelques jours qu'en cherchant à se prolonger sur Montmédy; et alors l'armée française, en se dérobant, aurait pu être en partie embarquée et ramenée par Paris vers Langres, d'où elle aurait essayé de se joindre à Bazaine entre Épinal et Lunéville; tandis que les forces allemandes, en marchant à sa suite, n'auraient bientôt plus trouvé que le vide devant elles. C'était là une des solutions les plus praticables, et même, à notre avis, celle qui avait le plus de chances de ramener rapidement les Allemands sur la frontière. Ce que nous reprochons à Bazaine après sa retraite sur Metz, c'est de n'avoir voulu rien tenter de semblable tant que l'armée de Châlons existait. Quant à sa situation après le 1er septembre, il nous semble qu'elle était tout autre. Les Allemands n'ayant plus affaire qu'à l'armée de Metz avaient, après Sedan, tous les moyens de l'investir d'une manière rigoureuse, et nous pensons que cette armée ne pouvait plus attendre son salut que d'une armée de secours. A partir de ce moment, il nous semble que Bazaine s'est surtout laissé diriger par des considérations politiques ; mais nous croyons, en même temps, que c'est surtout son attitude pendant la dernière quinzaine d'août qui l'a perdu, et que, durant cette période, ce ne sont que des fautes militaires qui ont amené ce résultat. Nous ne savons au juste dans quelle mesure ses agissements pendant les mois de septembre et d'octobre pourraient lui mériter la qualité de traître, mais ce que nous n'hésitons pas à dire, c'est que ses opérations pendant la période précédente ont montré qu'il était avant tout un chef incapable, comme presque tous ceux que l'armée française avait alors à sa tête. C'est donc par son incapacité surtout qu'à notre avis il a perdu son armée ; mais, à quelque point de vue qu'on se mette, on ne peut le rendre responsable du désastre de celle de Châlons. Je sais que le rapporteur du conseil de guerre chargé de faire une enquête sur Bazaine est arrivé, à ce sujet, à des conclusions contraires ; il est cependant manifeste que ces conclusions n'ont aucun rapport avec la réalité. Sur cette question l'on peut dire que le rapport dont nous parlons n'est qu'un roman passionné, dont le succès était assuré parce qu'il répondait parfaitement aux sentiments de la nation, mais qui, pour un juge non prévenu, n'a rien de commun avec l'impartiale histoire.

Du reste, si le juge d'instruction a accru les charges qui pesaient sur Bazaine, on peut remarquer que les juges du conseil de guerre ont établi sa culpabilité d'une manière plus équitable, et que, dans les considérants du jugement, il n'est nullement question de l'influence de Bazaine sur la capitulation de Sedan. C'était assez, pour le condamner, de pouvoir montrer qu'il avait perdu sa propre armée par ses intrigues autant que par ses fautes, et sur ce point tous les Français doivent être d'accord, sauf peut-être ceux qui sont dévoués sans réserve à la dynastie impériale; car si Bazaine, après Sedan, n'a rien fait pour combiner ses efforts avec ceux du gouvernement de la Défense nationale, c'est surtout parce qu'il mettait la cause de l'empire au-dessus de celle de la France. Mais ce n'est pas une raison pour le rendre responsable d'un désastre auquel il est absolument étranger.

Les causes de ce désastre sont diverses, et jusqu'à présent nous n'en n'avons encore signalé que la première. Elle réside dans la détermination prise, le 28 août, de continuer à marcher dans la direction de Montmédy. Si le maréchal de Mac-Mahon, au lieu de prendre cette résolution, eût persisté à se retirer, non seulement son armée eût échappé à l'ennemi, mais elle n'aurait même jamais été en danger. Il n'y en avait aucun dans les mouvements des jours précédents, non plus que dans l'idée qui les avait provoqués. Ce n'est que le 28 que l'armée s'engage dans une voie périlleuse, et qu'elle s'y enfonce toujours davantage pendant les journées suivantes; aussi peut-on dire, si l'on veut nous passer cette expression, de cette résolution du 28 que c'est le commencement de la fin.

Ce n'est pas qu'il fût absolument impossible, les jours suivants, d'échapper au danger.

Nous croyons que le 29, le 30, et même après la bataille de Beaumont, l'armée pouvait encore se tirer d'affaire. Mais elle ne pouvait y réussir qu'à la condition d'abandonner la route de Metz, pour revenir sur celle de l'Oise, c'est-à-dire à la condition de renoncer à l'idée même qui avait amené le maréchal, le 28 août, à changer de détermination.

C'est donc, nous le répétons, cette idée qui est la vraie cause première du désastre de l'armée française, et pour être impartial, il nous semble que l'on doit penser que le ministre et le maréchal s'en partagent la responsabilité, le premier pour l'avoir conçue et le second pour l'avoir adoptée, alors qu'il avait tant de bonnes raisons de la repousser, en refusant d'en tenter la réalisation.

III.

BEAUMONT.

A la guerre comme en politique, les fautes se payent d'autant plus chèrement qu'elles sont plus graves ; mais il y a cette différence qu'en politique l'échéance, quoique assurée, est parfois lointaine, tandis qu'à la guerre elle est presque toujours immédiate. Or, soit qu'il n'ait pas osé résister, soit qu'il se soit laissé convaincre, il est certain que le maréchal de Mac-Mahon, en prenant, le 28 août, le parti de continuer à marcher sur Montmédy, au lieu de se replier vers l'ouest, commettait une faute capitale don les conséquences ne devaient pas se faire attendre.

Et en effet, pendant que l'armée française, par suite des hésitations de son chef, éprouvait les plus grandes fatigues en marches et contre-marches inutiles, les Allemands, au contraire, conduits vers un but bien défini, y tendaient par tous les moyens et s'en approchaient chaque jour davantage.

Le 25 au soir, leurs corps les plus avancés se trouvaient, à droite, en avant de Verdun ; à gauche, à peu de distance de Vitry-le-Gros, aux environs de Bar-le-Duc ; le 28, c'est-à-dire après trois jours de marche, la grande conversion vers le nord que devaient exécuter les forces allemandes était à peu près terminée. La droite occupait Dun et Stenay, et la gauche se trouvait en avant de Sainte-Menehould, sur la route de Vouziers.

De sorte qu'au moment même où le maréchal de Mac-Mahon, abandonnant toute idée de retraite, prenait définitivement le parti de continuer son mouvement dans la direction de Montmédy, une partie des forces allemandes ne se trouvait plus qu'à une bonne journée de marche de l'armée française. La cavalerie couvrait toujours ses mouvements ; le soir du 28, la division de cavalerie saxonne qui la veille avait cantonné dans les environs de Nouart, ayant évacué ces positions devant le mouvement du 5e corps français sur Belval, se trouva rassemblée près de Stenay ; la cavalerie de la garde occupait Buzancy et Bar, à peu de distance du 5e corps. La 5e division de cavalerie était réunie autour de Grand-Pré, la 6e aux environs de Vouziers.

Quelques escadrons de cette dernière avaient suivi le mouvement du 7e corps sur Quatre-Champs, et n'avait pas cessé, pendant toute la journée, de conserver le contact avec ce corps d'armée. Enfin, en avant de la gauche, la 4e division s'était portée de Suippes dans la direction de Vouziers, et la 2e était venue remplacer la précédente à Suippes. Derrière le rideau formé par ces 6 divisions, les corps d'armée allemands avaient gagné les positions qui leur étaient assignées. A l'armée de la Meuse, le XIIe corps occupait toujours Stenay et Dun, la garde avait atteint Banthéville et le IVe corps Montfaucon.

Ensuite venaient les 2 corps bavarois qui constituaient le centre des forces allemandes; ils avaient gagné, le 1er Varennes, et le 2e Vienne. Enfin, à gauche, le Ve corps occupait Berzieux, ayant près de lui les Wurtembergeois, à Virginy; le XIe corps était à peu près à la même hauteur, à Courtemont sur la Bionne, et le VIe corps un peu en arrière, à une faible distance de Sainte-Menehould.

En présence du mouvement de l'armée française qui semblait s'accentuer vers le nord-est, le grand état-major allemand prit pour le 29 les dispositions suivantes :

Les trois corps de l'armée de la Meuse durent se réunir près de la route de Buzancy à Stenay, en se tenant prêts à recevoir le choc de l'armée française, sans cependant s'engager encore dans aucune action offensive. Les deux corps bavarois furent dirigés sur Sommerance et Saint-Juvin, avec l'ordre de soutenir, au besoin, le prince royal de Saxe. Enfin, le Ve corps et les Wurtembergeois durent se porter sur Grand-Pré, pendant qu'à l'extrême gauche le XIe corps s'avancerait dans la direction de Vouziers jusqu'à Monthois, et que le VIe corps dépassant Sainte-Menehould atteindrait Vienne.

Pour l'exécution des ordres qu'il avait reçus, le prince de Saxe commença par réunir ses trois corps entre Dun et Remonville, laissant seulement 3 escadrons de cavalerie saxonne à Stenay ; puis, pour se rapprocher des Français qui paraissaient en forces devant l'armée de la Meuse, il s'avança vers le nord, ayant le XIIe corps à droite, la garde à gauche et le IVe corps un peu en arrière.

Du côté des Français, le maréchal de Mac-Mahon ayant appris par les rapports de la cavalerie Margueritte que Stenay était occupé, avait pris le parti d'atteindre et de passer la Meuse un peu plus au nord.

Par suite de cette résolution, il dirigea le 12e corps de La Besace sur Mouzon avec l'ordre d'y traverser le fleuve, le 1er corps du Chêne sur Raucourt, le 7e de Boult-du-Bois sur La Besace et le 5e de Belval sur Beaumont. On peut remarquer que l'effort que le maréchal de Mac-Mahon demandait à ses troupes n'était guère en rapport avec la tâche qu'il avait entrepris de remplir. Il était bien certain, en effet, que si, après s'être arrêté 3 jours autour de Vouziers, on avait encore quelque chance de prévenir les Allemands sur la route de Metz, ce n'était qu'à la condition de marcher très vite. Or, d'après les ordres du maréchal, le 7e corps ne doit guère parcourir, le 29, que 18 à 20 kilomètres, et le 5e pour atteindre Beaumont n'en a pas plus de 10 à franchir.

Doit-on voir dans ces dispositions la preuve que l'esprit du maréchal n'était pas encore bien résolu; que, tout en cédant aux instances du Ministre, il avait le pressentiment du péril qui l'attendait, et qu'en continuant à s'avancer par obéissance il voulait cependant se réserver encore les moyens de se retirer, et par conséquent ne pas livrer complètement sa ligne de retraite, Ce pouvait être un moyen de rendre obligatoire un mouvement rétrograde, et de se mettre en mesure de répondre au Ministre que si l'on n'avait pas été plus loin, c'est qu'on ne l'avait pas pu. En se laissant diriger par de pareilles idées, le maréchal eût été bien excusable, mais il fallait en même temps être bien résolu à ne pas s'acharner devant de sérieux obstacles, et à se retirer sur Mézières dès qu'on se trouverait en présence de forces importantes. Or, c'est ce que ne fit pas le maréchal les jours suivants, et c'est ce qui montre que la lenteur de sa marche n'a pas pour cause les raisons que nous venons d'indiquer. On ne doit y voir, croyons-nous, qu'une certaine mollesse résultant de la fausse situation dans laquelle le maréchal se trouvait, car la confiance seule produit l'énergie. Or, le maréchal, tout en consentant à marcher sur Metz, ne devait pas voir bien clairement les moyens d'atteindre le but qui lui était assigné; et il subissait peut-être, sans bien s'en rendre compte, les conséquences de cette situation, qu'il n'avait pas recherchée, mais dans laquelle il avait eu le tort de se laisser entraîner.

Quoi qu'il en soit, les mouvements de l'armée française pendant cette journée ne se firent pas sans difficulté. Le 1er corps et le 12e, qui n'étaient pas à proximité de l'ennemi, atteignirent facilement

Raucourt et Mouzon, et le 12e ne trouvant aucun obstacle devant lui put franchir la Meuse sur ce dernier point [1]. Mais il n'en fut pas de même des deux autres corps, qui se trouvaient en contact avec les troupes allemandes, et malgré les petites distances qu'ils avaient à parcourir, ils furent amenés par des raisons diverses à ne pas exécuter les ordres du maréchal.

Au 7e corps on se mit bien en route dans la matinée avec l'intention d'atteindre La Besace, mais dès qu'on eut parcouru quelques kilomètres au delà de Boult-du-Bois, on se trouva en présence de la cavalerie de la garde prussienne.

Un général rempli d'entrain et d'initiative, et pénétré des vieilles traditions de l'armée française, n'aurait pas hésité dans de pareilles circonstances; il aurait couru sur cette cavalerie pour voir ce qu'il y avait derrière elle; le général Douay, au contraire, sans doute dans le but de ne pas ralentir sa marche, ne songea qu'à éviter un engagement; mais il se trouva justement, comme il arrive toujours quand on s'arrête aux résolutions pusillanimes, qu'il obtint le résultat opposé à celui qu'il voulait atteindre. Ne sachant rien de ce qu'il y avait au delà de cette cavalerie et ne cherchant pas à y aller voir, mais pouvant craindre une attaque de la part de l'adversaire, il se contenta de déployer sur son flanc droit quelques bataillons pour le protéger. En outre, afin de se tenir prêt à la riposte, il faisait à chaque instant arrêter ses troupes, de sorte que la marche fut en réalité aussi lente que si l'on avait livré un vrai combat; aussi quand le soir vint, on se trouva encore à plusieurs kilomètres de La Besace, et le 7e corps fut obligé de s'arrêter autour d'Oches, ne sachant rien des forces qu'il avait côtoyées, et pouvant craindre le lendemain d'être assailli par un ennemi supérieur auquel il lui serait sans doute difficile d'échapper; car tandis qu'à Stonne et à La Besace on se serait trouvé au nœud de nombreuses routes

---

[1] Le général Lebrun dit, dans son récent ouvrage, qu'il eut à exécuter le 29 une marche de flanc à proximité de l'ennemi. Cette assertion n'est pas exacte, car non seulement le 12e corps se trouvait à une bonne journée de marche des Allemands, mais, de plus, il en était séparé par le 5e corps, qui occupait Belval, et par la cavalerie Margueritte, qui se trouvait à Beaumont. Je ne fais du reste ici que relever une des nombreuses erreurs qui sont le caractère principal de ce triste ouvrage, dont la publication a dû causer une profonde stupéfaction chez tous ceux qui l'ont lu.

conduisant vers le nord, on occupait au contraire à Oches un pays difficile à parcourir et dont on ne pourrait s'éloigner qu'avec de grandes difficultés. Il faut ajouter que les Allemands, au contraire, avaient tous les renseignements nécessaires pour profiter de cette situation; car tandis que le 7e corps marchait par Germont, Authe et Saint-Pierremont au pied d'une ligne de collines, la cavalerie allemande occupant les hauteurs voyait tous nos mouvements. On discernait des patrouilles d'officiers s'installant à leur aise à quelques centaines de mètres de nos troupes, étalant leurs cartes et passant pour ainsi dire la revue de nos bataillons qui défilaient devant eux. Voilà comment l'armée française était conduite, et c'est ainsi que le danger au devant duquel nous marchions allait se trouver aggravé par une exécution aussi défectueuse que la conception était fausse.

En somme, le 7e corps n'avait pas exécuté les ordres du maréchal de Mac-Mahon; et, par la faute de son chef, ce corps qui, mieux conduit, aurait pu nous donner des renseignements précieux sur les forces allemandes, s'était au contraire laissé attarder dans sa marche, sans obtenir aucun résultat de quelque utilité.

Le 5e corps, de son côté, ne s'était pas conformé non plus aux ordres du maréchal, mais, par des raisons toutes différentes, et dont son chef, le général de Failly, ne saurait être rendu responsable.

Dès la veille, lorsque, renversant tous ses projets, le maréchal avait reporté son armée en avant, il avait assigné au 5e corps Stenay comme but de sa marche. Pour se conformer aux ordres de son chef, le général de Failly s'était d'abord dirigé sur Buzancy; mais, trouvant cette localité occupée par l'ennemi, n'ayant pas reçu l'ordre d'attaquer, et n'ayant pas non plus la trempe nécessaire pour prendre sur lui d'engager l'action, il avait obliqué vers le nord de manière à éviter Buzancy, et c'est ainsi que dans l'après-midi du 28 il avait atteint Belval. Il se proposait le jour suivant de se remettre en marche et de rejoindre vers Beauclair et Beaufort la route qui conduit de Buzancy à Stenay. Telle n'était pas, nous le savons, l'idée du maréchal; à la suite des renseignements qu'il avait reçus, il voulait éviter Stenay, par la même raison qui avait conduit son lieutenant à éviter Buzancy. Aussi le maréchal expédia-t-il dans la matinée du 29 au général de Failly l'ordre de se porter sur Beaumont. Mais il se trouva que l'officier qui portait cet ordre, le capitaine d'état-major Grouchy, fut pris par la cavalerie allemande, et par suite que le chef du 5e corps ne reçut pas les nouvelles instructions qui lui étaient destinées. Dans ces conditions, il s'en tint aux ordres de la veille, et mit son corps d'armée en mouvement en deux colonnes : celle de droite se dirigeait sur Beauclair, celle de gauche sur Beaufort; mais dès que la tête de la colonne de droite eut atteint Champy, elle se heurta à des cavaliers allemands qu'elle rejeta sur Nouart; bientôt, ceux-ci renforcés, refoulèrent la cavalerie du 5e corps. Le général de Failly, pour soutenir ses escadrons, prit position entre Bois-les-Dames et Champy.

Les troupes qu'il avait devant lui appartenaient au XIIe corps, qui, comme nous l'avons vu, formait la droite de l'armée de la Meuse, et qui, marchant par Villers devant Dun, avait atteint vers Nouart la route de Buzancy à Stenay [1]. Bientôt le combat s'engagea, les Saxons prenant l'offensive, mais le 5e corps était en mesure de leur résister; aussi nos adversaires ne se trouvant pas en force pour pousser une attaque à fond, sachant du reste que d'après les projets du grand état-major, l'offensive générale ne devait avoir lieu que le lendemain, prirent le parti de cesser le combat; ils se rallièrent autour de Nouart, sous la protection d'une nombreuse artillerie. Le général de Failly ayant enfin reçu les nouveaux ordres du maréchal, se retira de son côté vers le nord, et employa une partie de la nuit à gagner Beaumont, à travers la forêt de Dieulet; son arrière-garde n'arriva sur ce point qu'à 5 heures du matin.

Ainsi cette fois nous avions rencontré des troupes ennemies de toutes armes; on pouvait croire qu'au moins du côté du 5e corps, à partir du jour suivant, on se tiendrait sur ses gardes, et en même

---

[1] Il faut remarquer que dans cette concentration du corps saxon, les troupes qui occupaient Stenay furent ramenées sur Dun par la rive droite, et que le corps entier marcha sur Nouart par la rive gauche ; les Allemands connaissaient la valeur de ce principe de Napoléon auquel j'ai consacré il y a quelque temps une étude dans le *Journal des Sciences militaires* : « *Il faut réunir ses colonnes en arrière et loin de l'ennemi et non pas en sa présence.* » (*Une deuxième maxime de Napoléon*. Juin 1880.)

temps que le maréchal, prévenu de ce qui s'était passé, prendrait ses mesures pour soutenir ceux de ses corps qui s'étaient attardés, et qu'ayant sûrement le contact de l'ennemi, il se résoudrait, avant de continuer son mouvement vers l'est, à combattre, pour voir ce qu'il avait devant lui. Malheureusement il semble que depuis deux jours, tout en marchant vers la Meuse, le maréchal, aussi bien que ses lieutenants, qui, sans doute, ne faisaient qu'exécuter ses ordres, n'ait plus eu qu'un but, qui devient une véritable idée fixe : éviter le combat à tout prix. Or, voilà justement le parti qui nous paraît tout à fait injustifiable. Il nous semble d'abord qu'une pareille résolution n'était pas dans le caractère du chef de l'armée française; car si celui-ci n'avait pas le génie supérieur d'un grand capitaine, il avait cependant l'humeur guerrière, et il en avait donné maintes preuves pendant sa brillante carrière. Nous sommes donc profondément étonné que cet homme, qui s'était illustré à Magenta, sachant l'ennemi près de lui, n'ait pas pris d'instinct et pour ainsi dire sans réflexion, le parti de se jeter sur lui. Mais nous ajouterons surtout que ce parti auquel sa nature révélée par son passé semblait devoir le porter, c'était aussi celui que les réflexions les plus profondes auraient dû lui commander de choisir. C'est qu'en effet, après cette malheureuse résolution de marcher sur Montmédy, la plus grande faute que pût commettre le chef de l'armée française, c'était justement d'exécuter son mouvement sans chercher à s'éclairer sur la nature des forces avec lesquelles elle était en contact. Le Ministre, il est vrai, avait affirmé que ce n'était que de la cavalerie; mais quelque cas que l'on pût faire de ses renseignements, il était d'une souveraine imprudence de n'en pas chercher la confirmation. Or, il n'y avait qu'un moyen véritablement efficace de savoir à quoi s'en tenir à ce sujet, c'était de courir sur l'ennemi et, au besoin, de lui livrer bataille. A nos yeux, il n'était même pas nécessaire d'employer ce moyen pour être convaincu que les renseignements du Ministre étaient inexacts, car comme on était en contact avec les Allemands depuis le 26, on pouvait être certain que, depuis ce jour, ils n'avaient pas cessé de marcher contre nous; et comme de Clermont à Dun il n'y a que deux jours de marche, que de Bar-le-Duc au même point il n'y en a que quatre, il était très probable que, dès le 28, plusieurs corps allemands seraient sur la Meuse, et que les jours suivants le gros de leurs forces serait en mesure de nous arrêter sur la rive droite de ce fleuve. Le Ministre soutenait le contraire, mais il fallait au moins s'assurer que ses assertions étaient exactes, car si elles étaient fausses, il était manifeste que l'armée française, en continuant sa marche, allait se trouver aux prises avec des forces doubles des siennes, et qu'elle ne pourrait plus éviter un désastre.

Il nous semble donc que le moins que dût faire le maréchal en cédant aux instances du Ministre, c'était de lui dire : « Vous prétendez que j'ai deux jours d'avance ; une erreur à ce sujet serait si grave qu'il faut l'éviter à tout prix. Je vais y aller voir. Demain j'attaquerai les forces que j'ai devant moi. »

Je sais bien qu'une pareille résolution n'était pas tout à fait exempte d'inconvénients, car on pouvait craindre qu'en employant une journée à livrer bataille, on perdît justement une partie de cette avance que l'on pouvait avoir; mais, à la guerre, les meilleurs partis ont toujours quelques inconvénients à côté des plus sérieux avantages. Or, dans ces circonstances, on se trouvait dans cette alternative, ou bien de perdre un peu de de temps pour avoir des renseignements sur les forces allemandes, ou bien de négliger ces forces en s'exposant à un désastre; car, il faut bien le remarquer, on ne risquait pas seulement de perdre une bataille, rendant la retraite nécessaire, mais on s'exposait à perdre sa ligne de retraite en même temps qu'on se serait arrêté sur la route de Metz, et par conséquent on avait à redouter la ruine complète de l'armée française. Devant une pareille perspective la prudence la plus élémentaire ne permettait pas d'hésiter entre les deux partis ; il était donc urgent, avant de continuer sa marche, de savoir à quoi s'en tenir sur les troupes avec lesquelles on était en contact.

Or, le 28 au soir, on savait Stenay occupé par les Allemands ; mais ce ne devait être qu'une raison de plus pour marcher sur ce point, afin de savoir si l'on avait devant soi un simple détachement ou de nombreuses troupes ; dans le premier cas on enlèverait facilement le passage de la Meuse et l'on pourrait peut-être continuer sur Metz ; dans le second, on pouvait être amené à livrer une vraie bataille ; mais quelle qu'en fût l'issue, on aurait été prévenu qu'on était en présence de forces sérieuses, et qu'il était trop tard pour marcher sur Metz. On doit encore observer qu'en obliquant vers le nord, dans le but d'éviter Stenay, on allongeait le parcours de l'armée. C'est à Stenay, en effet, que la route directe de Buzancy à Montmédy traverse la Meuse, et, en suivant cette route, le 5e corps pouvait arriver en un jour à Montmédy, car de Belval à ce dernier point il n'y a guère plus de 30 kilomètres; en dirigeant ce corps par Beaumont, on allongeait au contraire de moitié le traj et qu'il avait à parcourir, et par conséquent en lui faisant faire ce crochet on ralentissait sa marche tout autant qu'en livrant bataille; mais, en revanche, en essayant de se dérober aux Allemands on perdait toutes les chances d'avoir des renseignements que le combat seul pouvait donner.

C'était bon quand on était encore loin des Allemands de ne pas craindre d'allonger sa route de manière à se dissimuler à nos adversaires; mais depuis que le contact était établi, les inconvénients d'une pareille marche n'étaient plus compensés par aucun avantage.

On peut, du reste, remarquer qu'en allongeant ainsi la marche de l'armée française on abandonnait aux Allemands le chemin direct de Montmédy, et même, en admettant qu'on ait réussi à passer la Meuse en échappant à leur atteinte sur la rive gauche, on leur laissait le moyen de traverser eux-mêmes le fleuve tout à leur aise à Stenay, c'est-à-dire en suivant le chemin le plus court, et par conséquent de nous prévenir sur Montmédy au moins avec une partie de leurs forces. Tout devait donc porter le chef de l'armée française à livrer bataille le 29 août; ce devait être la conséquence du parti qu'il avait pris la veille.

Je ferai enfin observer qu'en s'y prenant bien on pouvait combiner les mouvements de l'armée de manière à satisfaire aux diverses exigences de la situation : d'abord de la mettre en mesure de livrer bataille si l'on trouvait l'ennemi devant soi; ensuite de ne lui faire perdre que très peu de temps si l'on ne rencontrait que des détachements.

Pour atteindre ce double but, il convenait de prendre les dispositions suivantes pour la journée du 29 :

D'abord donner ordre au 5e corps de pousser dès le matin une forte reconnaissance sur Nouart et même au delà de ce point, dans la direction de Bantheville; afin de renforcer la cavalerie de ce corps, on lui aurait adjoint la division Margueritte, venant de Beaumont par Beaufort sur Tailly[1].

En même temps, diriger le 7e corps sur Buzancy, afin de lui permettre, tout en avançant dans la direction de Stenay, d'appuyer au besoin le 5e corps, en lui recommandant de s'éclairer au loin, dans les directions de Grand-Pré et de Bantheville. Il eût été encore convenable de renforcer la cavalerie de ce corps de la division Bonnemains qui, du Chêne, serait venue le rejoindre près de Germont, par Brieulles et Authe.

Ensuite porter le 12e corps de La Besace, par Beaumont, sur Stenay, avec l'ordre d'enlever cette position et de s'y établir. Ce corps aurait eu ainsi pour tâche de passer le fleuve en présence de l'ennemi. Or, on pouvait craindre, en le portant droit sur Stenay, de l'y voir arrêter pendant longtemps, grâce au terrain, par des forces très inférieures. Pour éviter cette difficulté, il convenait de le diriger sur la Meuse par plusieurs routes. Une division, avec la brigade de cavalerie légère, aurait c marhé directement sur Stenay, tandis que le reste de la cavalerie, avec une seconde division, traversant le fleuve à Pouilly et Létanne, aurait marché sur Stenay en remontant la rive droite.

Avec ces dispositions, on pouvait se dire que si l'ennemi n'avait que peu de monde sur ce point, on en aurait raison en quelques heures et que, par conséquent, on ne perdrait presque pas de temps. Si, au contraire, on se trouvait en présence de forces plus considérables, on avait la 3e division du corps d'armée, soit pour appuyer l'attaque, soit pour soutenir la retraite qui se serait faite dans la direction de Douzy sur la Chiers.

Dans ce but, cette troisième division eût d'abord été rassemblée à Beaumont, d'où elle aurait encore été en mesure, suivant la tournure des événements, d'appuyer la gauche du 5e corps en marchant sur Beaufort.

Quant au 1er corps qui, le 28 au soir, se trouvait au Chêne, on l'aurait porté dans la matinée sur Stonne et La Besace, avec l'intention, suivant les circonstances, de le diriger ensuite sur la

---

[1] Il est utile, pour suivre cette discussion, de se reporter à la carte d'état-major, au 1/80,000e.

Meuse, ou encore de lui faire appuyer le 5e corps. Or, nous croyons qu'il n'est pas difficile de mettre en relief les avantages des dispositions que nous venons d'indiquer.

Deux cas pouvaient se présenter.

Ou bien les corps 5 et 7, renforcés de la cavalerie de réserve, en poussant des reconnaissances sur Bantheville et Grand-Pré, n'auraient pas rencontré de forces sérieuses; alors on pouvait peut-être croire que l'on avait quelque avance sur les Allemands et, après avoir pris de nombreux renseignements auprès des gens du pays, se décider à passer la Meuse. Le 5e corps l'aurait traversée à Stenay, et aurait pris, à la suite du 12e, la route directe de Longuyon par Marville, en évitant Montmédy. Le 1er corps aurait passé à Mouzon, et se serait arrêté le soir entre ce point et Carignan; le 7e corps, enfin, dirigeant seulement une division à la suite du 5e pour occuper Stenay, aurait porté le reste de ses forces sur Beaumont, pour leur faire passer la Meuse à Létanne et Pouilly. Toute l'armée française pouvait ainsi, après s'être assurée que l'ennemi était encore à une bonne distance, se trouver le soir du 29 sur la droite de la Meuse, en restant maîtresse du pont de Stenay. Il aurait fallu, pour réussir, faire des marches assez longues, mais non pas exagérées; car le trajet du 7e corps par Buzancy, Sommauthe et Beaumont, tout en étant le plus long, ne dépassait pas 30 kilomètres. Si la marche était possible, il nous semble que c'était ainsi qu'il fallait l'exécuter.

Mais examinons l'autre cas. C'était celui où les corps 5 et 7, en exécutant leurs mouvements, se seraient trouvés en présence de forces considérables. Il fallait alors livrer bataille et il est visible que toutes les forces françaises étaient en mesure d'y concourir; d'abord tout le 5e corps prenait position près de Nouart, tandis que le 7e s'établissait autour de Buzancy. En même temps, le 12e corps s'emparait de Stenay, ou bien, s'il rencontrait sur ce point des forces supérieures, s'établissait vis-à-vis d'elles, de manière à les empêcher de déboucher sur la rive gauche; dans les deux éventualités, une partie de ce corps eût été en mesure d'appuyer la gauche du 5e en arrivant par Beaufort. Enfin, le 1er corps, marchant de La Besace par Sommauthe, venait achever la concentration de l'armée, pour souder entre eux les corps 5 et 7 et leur servir de réserve. On voit donc que par les dispositions que nous venons d'indiquer, l'armée française avait le moyen de livrer bataille avec toutes ses forces, et quelle que fût l'issue de cette bataille, nous aurions puisé dans les péripéties du combat, des raisons suffisantes pour déterminer nos mouvements les jours suivants, et, s'il eût fallu se retirer, il est certain qu'il eût été facile encore de le faire sans se laisser entamer.

Dans le fait, que serait-il arrivé si l'armée française avait été dirigée comme nous venons de le dire ? Il est clair que nous n'avons pas la prétention de le faire connaître avec certitude; nous croyons cependant que l'on peut assez bien s'en rendre compte d'après les positions occupées par les corps allemands. Il est certain d'abord que c'est la seconde hypothèse qui se serait réalisée. Dès leurs premiers pas, les corps 5, 7 et 12 auraient rencontré l'ennemi à Stenay, à Nouart et à Buzancy, et les deux premiers de ces trois corps se seraient heurtés à des forces sérieuses. Dans ces conditions, la bataille se serait engagée sur toute la ligne.

Quelle en eût été l'issue? c'est là encore une question à laquelle nous n'avons pas la prétention de répondre avec une complète précision ; il nous semble cependant que l'on peut se faire une idée assez exacte de ce qui se serait passé. On peut d'abord admettre que le 12ᵉ corps français, se portant sur Stenay par les deux rives de la Meuse, s'en fût rendu maître sans presque rencontrer de résistance, et rien qu'à l'approche de ses avant-gardes; le 5ᵉ corps, au contraire, marchant sur Nouart, se serait trouvé aux prises avec les Saxons, bientôt soutenus par la garde prussienne. Il eût été d'abord réduit à prendre une attitude défensive, mais le 7ᵉ corps, débouchant sur Buzancy, aurait rapidement rétabli le combat en notre faveur. Il est vrai qu'un peu plus tard le 4ᵉ corps prussien entrait en ligne, mais nous avions, de notre côté, le 1ᵉʳ corps et même les 2/3 au moins du 12ᵉ qui, après l'occupation de Stenay, pouvaient se retourner sur Beauclair. C'était, en somme, une bataille entre l'armée de la Meuse et presque toute l'armée française. Nous pensons cependant que, pour protéger sa droite et ses derrières, celle-ci aurait dû laisser quelques troupes à Boult-au-Bois et au Chêne-Populeux; mais, même avec cette précaution, on disposait encore de près de 120,000 hommes, tandis que l'armée de la Meuse, avec sa cavalerie, n'aurait guère compté plus de 80,000 hommes.

Dans ces conditions, il était permis d'espérer la victoire; mais l'ennemi ne pouvait-il pas amener d'autres corps sur le théâtre de la lutte? Si l'on se reporte aux ordres donnés pour la journée du 29, on voit que les corps bavarois avaient pour instruction de marcher de Varenne et Vienne sur Sommerance et Saint-Juvin, à l'est de Grand-Pré, et de soutenir au besoin l'armée de la Meuse. En exécutant ces ordres, il est probable que l'un au moins de ces deux corps serait arrivé dans la matinée entre Grand-Pré et Bantheville, et aurait pu, l'après-midi, prêter son appui au prince de Saxe. Le Ve corps, dirigé sur Grand-Pré, aurait pu également amener au moins son avant-garde sur le champ de bataille. C'en eût été sans doute assez pour rétablir le combat en faveur des Allemands; car nous n'admettons pas que l'armée de la Meuse, comprenant des troupes excellentes, se soit laissée mettre en déroute en quelques heures. Tout au plus vers le milieu de la journée l'aurait-on obligée à céder le terrain, ce qu'elle aurait fait lentement en se retirant certainement dans la direction de Bantheville et Dun, afin de conserver à tout prix ce dernier point. L'arrivée des Bavarois aurait arrêté cette retraite, mais nous n'admettons pas qu'elle eût pu suffire à chasser l'armée française de ses positions. C'eût donc été, en somme, une sorte de bataille indécise; mais le Maréchal n'avait pas besoin d'autre chose pour s'éclairer, et si l'on se rend bien compte de la situation, on doit même reconnaître qu'il ne pouvait rien désirer de mieux. Il est probable que se trouvant devant des forces au moins égales aux siennes, et se disant qu'il pouvait en arriver d'autres le lendemain, il aurait enfin compris qu'il fallait arrêter la marche sur Metz, et qu'il n'y avait pas un instant à perdre pour se diriger sur Mézières. En supposant même que les Bavarois ne venant pas, on eût été décidément vainqueur, il aurait fallu se garder d'en conclure qu'on pouvait poursuivre sa marche au delà de la Meuse, car il est clair que les Prussiens, avertis, auraient le lendemain reporté le gros de leurs forces vers leur droite et que, possédant le pont de Dun, ils auraient pu en déboucher pendant que nous marchions par Stenay, et aidés d'un ou de deux corps appelés de Metz, ils nous auraient certainement atteints aux environs de Longuyon.

Mais nous pensons que le Maréchal, quand même il eût été vainqueur le 29, n'en aurait pas conclu que son succès lui ouvrait la route de Metz. Il aurait sans doute compris qu'il n'avait eu devant de lui qu'une partie des forces allemandes, et que le reste ne devait pas être loin; et d'ailleurs, quand même les Bavarois et le Ve corps ne seraient pas arrivés sur le champ de bataille, il lui eût été facile, avec un peu de vigilance, de savoir qu'ils étaient parvenus à peu de distance de sa droite. Le grand avantage qu'il y avait à livrer bataille était donc d'être éclairé sur la situation, et, dans le fait, on aurait été certainement conduit à prendre le parti de la retraite, quel qu'eût été le résultat de la lutte. Or, il n'en fallait pas davantage pour sauver l'armée française. Il est certain, en effet, que si le Maréchal, vainqueur ou vaincu, avait pris le 29 au soir la résolution de se retirer le lendemain matin, rien ne pouvait l'en empêcher. Il suffisait pour cela de diriger le 7e corps par Brieulles sur Le Chêne, le 1er par Stonne sur Vendresse, le 5e par La Besace sur Raucourt, et de faire descendre les deux rives de la Meuse par le 12e corps jusqu'à Mouzon et Douzy. On pouvait bien avoir à livrer quelques sérieux combats d'arrière-garde, mais les Allemands n'étaient nullement en mesure de nous prévenir sur notre ligne de retraite, et il eût été facile, deux jours après la bataille, de réunir toute l'armée, parfaitement intacte, entre Mézières et Poix.

Voilà donc, à notre avis, quelle était la conduite à tenir par le Maréchal après avoir pris la résolution de marcher sur Metz.

C'était la seule manière de s'avancer ensuite avec sécurité, si le mouvement était possible, et aussi le moyen de s'arrêter à temps, s'il ne l'était pas.

Malheureusement, il semble que le mot d'ordre de tous les chefs de l'armée était, comme nous l'avons déjà dit, d'éviter le combat, et que le Maréchal aussi bien que ses lieutenants pensaient que, pour réussir dans leur opération, il fallait, au lieu de se battre, tout faire pour se dérober à l'ennemi.

Déjà, quelques jours plus tôt, on avait manqué une belle occasion de remporter quelque succès. C'était le 27, lorsque le Maréchal avait arrêté le mouvement en avant de tous ses corps d'armée. Il avait eu la veille au soir une heureuse inspiration, en prenant le parti de soutenir le 7e corps avec toutes ses troupes. Cette résolution était conforme à la situation, et dans la réalité elle ne pouvait donner que de bons résultats; et si, non content de soutenir le général Douay, le chef de l'armée de Châlons eût voulu pousser plus loin et chercher à voir ce qu'il y avait derrière la cavalerie allemande, il eût presque certainement obtenu un résultat des plus heureux. En portant dans ce but les corps 5 et 7 sur Banthéville, l'un par Buzancy, l'autre par Grand-Pré, il eût rencontré les Saxons en marche sur Dun et les aurait arrêtés, et si la garde qui arrivait ce même jour à Montfaucon eût voulu soutenir les Saxons, on eût été tout de suite fixé sur la distance à laquelle se trouvaient les forces allemandes. Dans cette circonstance encore, la meilleure manière de s'éclairer était de provoquer le combat. Toutefois, comme dans cette journée le Maréchal était déjà à peu près disposé à se retirer, le parti qu'il prit d'arrêter ses troupes n'avait pas beaucoup d'inconvénient; le combat ne pouvait alors que le confirmer dans la résolution à laquelle il s'était arrêté. Mais il en était tout autrement le 29. Il s'agissait de savoir ce jour-là si vraiment on avait assez d'avance sur les Allemands pour marcher sur Metz; or, dans cette circonstance, la proximité des Allemands ne devait pas conduire aux mêmes conséquences que leur éloignement. Il fallait donc absolument se renseigner à ce sujet, et, nous ne saurons trop le répéter, le Maréchal a commis une faute capitale en ne faisant rien pour vérifier les assertions du Ministre, qui, si elles étaient fausses, allaient forcément amener une catastrophe. En réalité la journée du 29 ne s'était pas trop mal passée; l'heure n'était pas encore venue de payer ses fautes, et quoique les ordres du Maréchal n'eussent pas été complètement exécutés, aucun de ses corps n'avait éprouvé de réel dommage. Il était encore temps de s'échapper, si l'on avait voulu se décider à la retraite.

Les quatre corps de l'armée française se trouvaient, en effet, le soir du 29, le 7e à Oches, le 1er à Raucourt, le 5e entre Belval et Beaumont, le 12e à Mouzon sur la rive droite de la Meuse. On pouvait pour le lendemain diriger les corps 1 et 7 sur Vendresse et au delà sur la route de Poix, le 5e sur Bulson au delà de Raucourt, et donner ordre au 12e de descendre la Meuse par les deux rives jusqu'à Sedan. Le jour suivant l'armée eût été réunie au sud de Mézières, et les Allemands ne pouvaient rien faire pour l'en empêcher. Il semble que c'était là le parti qu'aurait dû prendre le Maréchal, suffisamment averti de l'approche des Allemands par le combat de Nouart. Ne croyant pas encore la retraite nécessaire, il aurait dû au moins se mettre en mesure, pour le lendemain, de soutenir ceux de ses corps d'armée qui pouvaient être attaqués et de livrer bataille avec toutes ses forces. Mais il faut croire que rien n'était capable de l'éclairer, et que depuis qu'il était entré dans les vues du Ministre, il ne pouvait supposer un instant que ses renseignements pussent être erronés.

Pour lui, les troupes auxquelles le 5e corps et le 7e s'étaient heurtés, n'étaient sans doute que des détachements chargés de nous harceler et de retarder notre marche, et l'on aurait fait le jeu des Allemands en leur accordant quelque importance. Aussi ses dispositions pour le 30 furent-elles conçues dans le même esprit que celles de la veille ; le 12e corps était déjà sur la rive droite de la Meuse; malgré l'approche de l'ennemi, le Maréchal se proposa d'y porter toute son armée. Le 1er corps, avec la division Bonnemains, dut se diriger de Raucourt sur Remilly, y passer la Meuse, puis prendre la route de Carignan par Douzy ; le 7e corps, partant d'Oches, devait se porter sur Villers, devant Mouzon, et y traverser le fleuve dans la journée. Enfin, le 5e corps, quittant Beaumont, devait se diriger sur Mouzon et s'y réunir au 12e.

Les troupes françaises se mirent en effet en mouvement, à la pointe du jour, conformément aux instructions de leur chef, sauf toutefois le 5e corps, qui ayant marché toute la nuit resta à Beaumont pendant la matinée, le général de Failly jugeant bon de laisser reposer ses troupes quelques heures avant de leur faire continuer leur marche. C'était une disposition assez naturelle, car le 5e corps avait réellement besoin de se remettre de ses fatigues des jours précédents; mais il eût été encore bien préférable d'éviter ces fatigues. Pour cela, au lieu de marcher toute la nuit, à la suite du combat de la veille, n'eût-il pas mieux valu laisser ces troupes à proximité du théâtre de la lutte, où elles ne couraient aucun danger, et après leur avoir laissé prendre le repos dont elles avaient besoin, les remettre en route à 3 heures du matin. De cette façon on fût arrivé à Mouzon de bonne heure, et le passage de la Meuse s'opérait sans difficulté avant midi.

Par suite des dispositions qu'il avait prises, le général de Failly se crut, au contraire, obligé de s'arrêter à Beaumont, et chose plus grave et surtout inconcevable à la suite du combat de la veille, il ne prit aucune disposition pour surveiller les mouvements des Allemands. Ses troupes étaient là nettoyant leurs armes, faisant la soupe, les officiers se reposant paisiblement sous leurs tentes, lorsque cette quiétude fut brusquement troublée par des obus allemands tombant au milieu du camp. C'était le commencement de la bataille de Beaumont. C'est ainsi que les lieutenants du Maréchal semblaient s'appliquer à aggraver toutes ses fautes par leur incurie et leur mollesse. S'étant battu la veille avec les Allemands, le général de Failly ne semblait pas se douter que ses adversaires pourraient bien avoir envie de recommencer la lutte.

Eux, au contraire, toujours vigilants et toujours actifs, avaient suivi tous nos mouvements, et cette fois ayant réuni leurs moyens, ils étaient bien résolus à faire tout ce qui était possible pour ne pas laisser échapper leur proie.

Le prince de Saxe ayant rendu compte au grand quartier général de ce qui s'était passé le 29, en avait reçu l'ordre d'attaquer les troupes qu'il avait devant lui, avec la promesse d'être soutenu par une partie de la IIIe armée.

Dans la matinée, il avait disposé les troupes de l'armée de la Meuse en avant de la route de Buzancy à Stenay, de manière à les porter rapidement sur Beaumont. En même temps, les deux corps bavarois, qui formaient la droite de la IIIe armée et qui se trouvaient à Saint-Juvin et à Cornay, furent dirigés sur Sommauthe, avec l'ordre d'appuyer l'armée de la Meuse en se portant soit sur Beaumont, soit sur La Besace.

En outre, le Ve corps prussien, qui était à Grand-Pré, fut dirigé sur Oches, pendant que les Wurtembergeois et le XIe corps gagneraient le Chêne-Populeux, les uns par Boult-du-Bois et Châtillon, les autres par Vouziers et Quatre-Champs.

Ces corps de gauche devaient être précédés sur Buzancy et Quatre-Champs par les 2e et 4e divisions de cavalerie, qui après avoir, les jours précédents, exploré toute la région à la gauche de l'Aisne, allaient maintenant participer aux mouvements de la IIIe armée vers le nord. En revanche, les 5e et 6e divisions de cavalerie, qui jusqu'à ce jour avaient opéré avec l'armée de la Meuse, allaient maintenant passer à l'extrême gauche avec la mission de suivre la direction de Mézières, de manière à se porter sur les communications des Français. Ces deux divisions, au besoin, pouvaient être appuyées dans cette tâche par le VIe corps qui, se trouvant un peu en arrière, devait seulement le 30 atteindre Vouziers, d'où les jours suivants il pourrait s'avancer vers Mézières en formant l'extrême gauche de l'armée.

Par suite de ces dispositions, l'armée de la Meuse allait être privée de deux des divisions de cavalerie qui, pendant les journées précédentes, avaient couvert tous ses mouvements. Mais ayant ses trois corps dans la main et pouvant compter d'ailleurs sur l'arrivée des Bavarois, le prince de Saxe ne pouvait pas hésiter à se porter en avant; car, quelle que fût la situation de l'armée française, il avait avec les secours qui lui étaient promis les moyens de lui tenir au moins tête, alors même qu'elle eût été tout entière concentrée aux environs de Beaumont. D'après ces idées, il mit ses troupes en marche à 10 heures du matin en quatre colonnes.

A droite, une division du XIIe corps, avec la cavalerie du corps d'armée, devait s'avancer par la route de Stenay; ensuite l'autre division de ce corps devait marcher de Beauclair à travers la forêt de Dieulet.

Plus à la gauche venait la 7e division du IVe corps, qui partant de Nouart et Champy, devait traverser le bois de Belval.

Enfin, tout à fait à gauche, la 8e division devait s'avancer par le bois du petit Dieulet.

En arrière, la garde était rassemblée vers Fossé pour servir de réserve.

Vers midi, la 8e division, débouchant la première du bois de Belval, aperçut le camp français, dont l'aspect paisible indiquait qu'on ne songeait à rien moins qu'à se préparer au combat. Sans perdre de temps, cette division déployant son artillerie, commença l'action en ouvrant le feu sur les troupes françaises.

Celles-ci, surprises par cette attaque, courant rapidement aux armes, se mirent en mesure de résister à l'attaque, et c'est ainsi que la bataille commença.

Il n'est pas dans notre intention d'en examiner en détail toutes les péripéties; ce serait sortir du cadre que nous nous sommes tracé. Ce que nous voulons, c'est mettre en relief les causes du désastre de l'armée française. Or, l'étude des épisodes d'une bataille comme celle de Beaumont ne serait guère capable de nous éclairer à ce sujet. C'est, en effet, un des caractères de cette campagne de quelques jours, que les généraux français ont toujours évité le combat, lorsqu'il ne pouvait leur être que favorable, et qu'ils n'ont lutté contre l'adversaire que lorsqu'ils ne pouvaient se dérober à son choc, et dans de telles conditions que la résistance était complètement impossible. C'est en particulier le cas de la bataille de Beaumont. Si le Maréchal, cherchant la bataille ou prévoyant au moins qu'elle était possible, se fût appliqué à réunir toute son armée sur le théâtre de la lutte, peut-être eût-on pu encore, dans cette journée du 30 août, offrir au choc de l'ennemi une résistance prolongée.

Qu'on suppose, en effet, le 12e corps venant au premier coup de canon appuyer le 5e, le 7e se couvrant avec une de ses divisions et se dirigeant avec les deux autres sur le champ de bataille, le 1er corps enfin, au lieu de passer la Meuse à Remilly, faisant demi-tour et accourant dans la direction de Beaumont.

Par suite de ces dispositions, l'armée française aurait pu opposer plus de 120,000 hommes à l'armée de la Meuse, et quand même cette armée eût été appuyée par une partie des Bavarois et aussi par quelques troupes du Ve corps, qui, en se dirigeant sur Oches, auraient pu marcher au canon, l'armée française, bien dirigée pendant le combat, avait des chances sérieuses de tenir bon jusqu'au soir, à la condition toutefois de ne pas s'acharner sur ses positions les plus avancées.

En le faisant, en effet, on pouvait craindre de voir les premières troupes mises en désordre avant qu'elles eussent pu être secourues; mais si, au contraire, ces premières troupes prenaient le parti de reculer d'abord, de manière à se rapprocher du secours qu'elles attendaient, toute l'armée réunie pouvait bien résister aux attaques de ses adversaires.

Les corps 5 et 12 auraient trouvé à hauteur du bois de Givodeau, entre la Meuse et le ruisseau de Yoncq, de belles positions pour opiniâtrer la défense. On pouvait même atteindre ce but tout en laissant une division du 12e corps avec une partie de la cavalerie de l'autre côté de la Meuse, pour agir par-dessus le fleuve dans le flanc de l'assaillant.

Le 1er corps, en même temps, aurait trouvé des positions non moins avantageuses de l'autre côté du ruisseau de Yoncq, en avant d'Autrécourt et de Raucourt, en venant se placer entre le 5e corps et le 7e. On aurait eu ainsi une vraie bataille générale, où l'on se serait trouvé encore, il est vrai, notablement inférieur en nombre, mais cependant on pouvait espérer briser l'attaque de l'ennemi, d'autant plus que la lutte ne pouvait devenir sérieuse que dans le courant de l'après-midi.

Dans de semblables conditions, il serait intéressant, même au point de vue des résultats de la campagne, d'entrer dans tous les détails de l'action; car c'eût été justement de la manière dont la lutte aurait été conduite de part et d'autre qu'aurait dépendu l'issue de la journée. Avec les dispositions prises par le maréchal de Mac-Mahon, au contraire, on n'a pas besoin de se demander comment le 5e corps a été battu; on sait d'avance qu'il ne pouvait pas en être autrement; toute l'armée n'ayant pour instructions que de se dérober à l'ennemi, il est bien certain que le 5e corps ne devait pas être sérieusement soutenu par aucun des trois autres, et qu'étant réduit à ses propres forces il n'était pas capable de résister au choc de trois ou quatre corps allemands. Dès lors, il suffit à notre objet de suivre en gros la marche du combat, afin de savoir surtout dans quel état au juste se trouva l'armée française à la fin de la journée.

Il était plus de midi lorsque les troupes françaises, d'abord surprises, coururent aux armes pour résister à l'attaque de la 8e division prussienne.

Malgré quelques vigoureux retours offensifs, elles furent obligées de reculer devant cette division, bientôt aidée par la 7e, débouchant du bois de Belval. Elles durent abandonner le terrain qu'elles occupaient au sud de Beaumont, et bientôt après le village lui-même, pour venir s'établir au nord de ce village, la gauche vis-à-vis Létanne et la droite vers la ferme de la Harnoterie. Cette position était bonne, et le IVe corps prussien n'eût probablement pas suffi à l'enlever; mais, malheureusement pour nous, au moment même où nous évacuions Beaumont, les Saxons débouchaient à droite des Prussiens et les Bavarois à leur gauche.

Ayant à supporter le feu de 150 pièces de canon, les troupes françaises, après une heure de résistance, prirent le parti de continuer leur retraite, et, l'artillerie se retirant par échelons, elles vinrent occuper une nouvelle position, qui s'étendait depuis le village de Yoncq jusqu'à la ferme de la Sartelle, en avant du bois de Givodeau.

Cette retraite, du reste, s'exécuta dans le meilleur ordre; les Allemands n'ayant presque employé, jusqu'à ce moment, que leur artillerie, n'étaient pas en mesure de la changer en déroute. Et d'ailleurs les Bavarois, peu de temps après leur entrée en ligne, avaient été détournés du théâtre principal de la lutte par une fusillade éclatant brusquement sur leur flanc gauche. Elle provenait de l'apparition sur le champ de bataille d'une partie de la 1re division du 7e corps.

Ce corps, conformément aux ordres qu'il avait reçus, s'était mis en marche à 4 heures du matin, dans le but d'atteindre et de traverser la Meuse à Villers. Mais une colonne de 14 kilomètres de bagages retarda singulièrement le mouvement du corps d'armée[1].

A midi, la 3e division, qui formait l'arrière-garde, était encore entre Oches et La Berlière, lorsque quelques batteries prussiennes qui appartenaient à l'avant-garde du Ve corps prussien en marche sur Oches, prenant position sur les hauteurs de Saint-Pierremont, ouvrirent le feu contre ces troupes. Leurs obus jetèrent d'abord quelque trouble dans les bataillons français, et les escadrons qui accompagnaient les batteries prussiennes voulurent en profiter pour charger ces bataillons; mais le feu d'une batterie de mitrailleuses les empêcha de mettre ce projet à exécution. Par suite de ces retards, à 1 heure de l'après-midi, l'arrière-garde du 7e corps n'avait pas encore dépassé Stonne, et déjà on entendait le canon dans la direction de Beaumont. Sur ces entrefaites, le général Douay prit sur lui de modifier son itinéraire et dirigea une partie de ses troupes par Raucourt sur Remilly. C'était encore là une détermination fâcheuse, et que rien ne pouvait justifier. Si l'affaire dans laquelle était engagé le 5e corps n'était qu'une escarmouche, il n'y avait pas de raison de changer son itinéraire; si c'était, au contraire, une action sérieuse, ce n'était qu'une raison de plus de continuer sur Mouzon, en se mettant en mesure d'appuyer le général de Failly. Depuis quand le bruit du canon doit-il éloigner un général au lieu de l'attirer? Quels singuliers principes avaient nos chefs pour chercher toujours ainsi à se dérober au combat? La marche à suivre par le général Douay, entendant le canon de Beaumont, était nettement tracée. Il fallait diriger ses convois seuls sur Remilly, en les faisant couvrir par une division qui se serait retirée lentement de Stonne sur Raucourt, et avec les deux autres il devait se tenir prêt à appuyer son collègue, se mettre immédia-

---

[1] Malgré les difficultés de la marche de la veille, le général Douay aurait dû au moins porter ses convois au delà de Stonne, et ne l'ayant pas fait il aurait dû les mettre en marche le 30, à 2 heures du matin, de manière à dégager les débouchés de son corps d'armée.

tement en communication avec lui, et, au premier signal, entrer en action avec 20,000 hommes et 60 pièces de canon. Sans doute le maréchal de Mac-Mahon avait prescrit au 7e corps de passer la Meuse; mais un général qui commande un corps d'armée a toujours le droit de modifier les instructions qu'il a reçues, et, dans cette circonstance, c'était non seulement le droit, mais le devoir du général Douay, de se rapprocher du champ de bataille, au lieu de s'en éloigner.

Cependant, la 1re division, qui formait la tête de colonne du 7e corps, était déjà engagée sur la route de Mouzon. Une partie de ses bataillons marchait en dehors de la route pour flanquer la colonne des bagages, lorsqu'en arrivant près de La Besace, ces troupes entendirent aussi le canon de Beaumont. Appuyées par une batterie, elles se dirigèrent, par Varniforêt, sur le théâtre de la lutte, et, débouchant de ce village, se heurtèrent aux Bavarois, Ceux-ci, qui avaient projeté de déborder la droite du 5e corps, furent obligés d'abandonner leur premier adversaire et de faire face à gauche. Supérieurs en nombre, ils parvinrent à faire reculer les troupes du 7e corps, non cependant sans en éprouver une assez vive résistance, et ils les suivirent ensuite dans leur retraite sur La Besace et Raucourt. La division Conseil-Dumesnil se retirait en désordre; cependant elle avait obtenu ce résultat de dégager pour un instant la droite du 5e corps. Pendant ce temps la bataille continuait sur le front de ce corps d'armée. Les Prussiens, après s'être formés au nord de Beaumont, parvinrent, après une longue canonnade, à s'emparer de la ferme de la Sartelle et à occuper le bois de Givodeau; mais ensuite, trouvant devant eux les Français qui occupaient fortement la position de Villemontry, il leur fut impossible de déboucher du bois.

Les Saxons essayèrent d'appuyer l'attaque en se faufilant le long de la Meuse; mais, en butte eux-mêmes au feu des troupes françaises du 12e corps, qui tiraient d'une rive à l'autre du fleuve, ils ne purent qu'avancer très péniblement, sans réussir à chasser les Français de la nouvelle position qu'ils avaient occupée.

Ainsi, malgré leur nombre, les Allemands, à droite, restaient impuissants devant la résistance des Français; mais, à gauche, ils marchaient au contraire de succès en succès. La 8e division parvint d'abord à occuper les hauteurs qui se trouvent entre le bois de Givodeau et Yoncq, pendant que la 7e s'emparait de ce bois ; puis ces troupes purent s'avancer sans difficultés contre le mont de Brune, où se trouvait la droite de la dernière position occupée par les Français, tandis que la gauche, comme nous l'avons dit, était établie autour de Villemontry. Mais, à ce moment, les troupes du 5e corps, chassées de position en position, commençaient à être fortement ébranlées. La position qu'elles occupaient en avant de Mouzon, et qui était la dernière qu'ils pussent défendre sur la gauche du fleuve, était encore assez belle ; mais, pour s'y maintenir, le 5e corps aurait eu besoin d'un secours considérable. Le 12e corps tout entier, réuni autour de Mouzon, aurait eu les moyens de le fournir, et son chef, le général Lebrun, avait déjà pris ses mesures pour soutenir le général de Failly avec trois brigades d'infanterie, une brigade de cuirassiers et plusieurs batteries.

L'Empereur, qui se trouvait à proximité, avait approuvé ces dispositions, lorsque le maréchal de Mac-Mahon, survenant sur le théâtre de l'action, arrêta les troupes du 12e corps qui déjà étaient en mouvement pour repasser sur la rive gauche de la Meuse. Le chef de l'armée française était toujours convaincu qu'il n'avait devant lui que des troupes chargées de retarder sa marche, et, ayant déjà pris son parti du désordre dans lequel se trouvait une partie du 5e corps, ne songeait qu'à activer la retraite au delà de la Meuse.

Cependant, une brigade de la division Grandchamp, avec les cuirassiers, avait déjà traversé le fleuve en sens inverse et avait été renforcer la position du 5e corps, entre Villemontry et le faubourg de Mouzon. Mais ce secours n'était pas suffisant pour arrêter la marche des Prussiens. Ceux-ci, en effet, débordant le mont de Brune par leur gauche, avaient fini par s'en emparer, puis s'avançaient en masse en suivant la voie romaine, avec tout l'ascendant que donne la victoire. Malgré les efforts des troupes du 12e corps, malgré une charge vigoureuse du 5e régiment de cuirassiers, dans laquelle le colonel de Contenson fut mortellement blessé[1], les Français furent rejetés

---

[1] On sait, au contraire, que le colonel de l'autre régiment de la brigade de cuirassiers (le 6e) refusa de charger, sous le prétexte qu'il n'avait pas d'ordre à recevoir du commandant du 5e corps.

sur le faubourg. Devant ce nouvel échec de notre droite, la gauche, qui avait tenu bon à Villemontry, complètement débordée à son tour, fut obligée de se retirer, et bientôt toutes nos troupes furent contraintes de repasser la Meuse, laissant entre les mains de l'ennemi plusieurs milliers de prisonniers et 42 bouches à feu.

Mais les Allemands avaient acheté ce succès par une perte de 3,500 hommes atteints par le feu, pendant que nous n'en avions perdu durant le combat que 1,800. C'était donc pour les Français une résistance honorable, et le résultat de la bataille montre suffisamment ce qu'on pouvait espérer si, au lieu de laisser le 5e corps seul en présence de forces triples des siennes, le Maréchal eût fait entrer en ligne toute son armée pour le soutenir. Sans aucun doute, deux divisions du 12e corps, débouchant de Mouzon avec la cavalerie, eussent maintenu la position que le 5e corps avait prise à hauteur du bois de Givodeau, entre la Sartelle et Yoncq; or, des trois positions que le 5e corps a successivement occupées entre Beaumont et Mouzon, c'était celle-là qui convenait le mieux à la défense.

La première, en effet, qui s'étendait de la Harnoterie à Létanne, était trop près de l'ennemi et trop loin des secours; la troisième, celle du mont de Brune et de Villemontry, était trop près de la Meuse et en l'occupant on gênait les manœuvres en arrière; la seconde, au contraire, était suffisamment éloignée de l'ennemi pour nous permettre de nous y installer solidement; car, avant de l'attaquer, il était obligé de déboucher de Beaumont et de se déployer de nouveau au nord de cette ville, tandis que le 12e corps avait le temps, de notre côté, de venir prêter son concours au 5e. C'était là qu'il fallait accepter la lutte, et l'on avait de grandes chances d'y résister à toutes les attaques des assaillants. On peut même dire que le succès eût été à peu près certain si le 1er corps, au lieu de passer la Meuse, fût accouru lui aussi au canon, et se fût déployé entre Yoncq et Raucourt, dans l'intervalle des corps 5 et 7.

En tenant bon jusqu'au soir, l'armée française, prenant à la suite d'une heureuse résistance le parti de se retirer sur Mézières, était certaine de se sauver; car chaque corps d'armée pouvait exécuter sa retraite par une route distincte, le 7e par Bulson et Chevenges, pour arriver sur Boulzicourt, au sud de

Mézières ; le 1er, par Remilly, pour traverser la Meuse à Donchery et à Sedan ; le 5e, par Autrecourt, pour passer le fleuve à Remilly et gagner Bazeilles ; le 12e, par Douzy et La Moncelle, sur Daigny et Givonne. Le jour suivant, ces trois derniers corps, protégés par le 7e et toute la cavalerie, eussent débouché de Mézières, et toute l'armée, réunie de nouveau sur la rive gauche de la Meuse, aurait pu aisément atteindre Vervins et Hirson, d'autant plus que l'ennemi, fortement secoué par une lutte acharnée, n'aurait guère été en mesure de nous poursuivre bien activement.

Voilà ce que l'on pouvait encore espérer le 30, si le Maréchal avait accepté la bataille, au lieu de l'éviter. Mais s'il avait commis une faute, ses lieutenants l'avaient singulièrement aggravée, le général de Failly en se laissant surprendre, et le général Douay en ne faisant rien pour secourir son collègue. Mais si seulement le 12e corps fût venu seconder le 5e, il est probable qu'en occupant solidement la position du mont de Brune et de Villemontry, on s'y serait maintenu jusqu'au soir, et que la retraite du 5e corps n'aurait pas dégénéré en déroute.

N'ayant voulu rien faire, au contraire, pour soutenir le général de Failly, le maréchal de Mac-Mahon avait amené la retraite désordonnée du 5e corps, et aussi d'une brigade du 12e ainsi que d'une division du 7e qui, dirigées sur le théâtre de la lutte, mais insuffisantes pour rétablir le combat en notre faveur, avaient participé à la déroute du 5e. Toutes ces troupes passèrent la Meuse dans un complet désordre.

Ainsi, le Maréchal qui, par la direction générale qu'il imprimait à son armée, la conduisait à une catastrophe, venait encore, par son intervention pendant le combat, de contribuer à la déroute d'un de ses corps d'armée.

Le reste de l'armée était parvenu à se soustraire aux atteintes des Allemands ; le 7e corps avait continué son mouvement sur la Meuse, que la 3e division avait traversée le soir, tandis que la seconde restait encore une partie de la nuit près d'Haraucourt avec la réserve d'artillerie.

Ces dernières troupes se trouvaient donc seules sur la rive gauche de la Meuse le soir du 30 août ; leur danger était trop manifeste pour que le général Douay ne s'en rendît pas compte ; aussi les remet-il en route à 2 heures du matin, les dirigeant sur Sedan, où elles entrèrent à la pointe du jour.

Quant au 1er corps, après avoir passé la Meuse dans la matinée, il avait continué sa marche sur Douzy et Carignan, quoique entendant le canon, et malgré les observations de son chef, à qui le maréchal de Mac-Mahon s'était contenté de répondre que *tout allait bien.*

Et cependant le résultat de la journée était la mise en déroute d'un bon quart de l'armée et la perte de 42 pièces de canon!

Voilà où nous avait amené le projet du Ministre de la guerre trois jours après que le maréchal de Mac-Mahon avait commencé à le mettre à exécution. L'idée même du Ministre ne comportait pas d'autres conséquences; mais si c'est la cause première du désastre de l'armée française, il faut cependant reconnaître que la cause immédiate réside dans la manière dont le maréchal de Mac-Mahon a conduit son armée.

Le Ministre avait prescrit de marcher sur Metz, mais il n'avait pas indiqué les routes à suivre, il n'avait pas interdit de se renseigner sur les mouvements de l'ennemi.

C'était la tâche du chef de l'armée.

Or, nous l'avons montré, il n'y avait qu'une bonne manière d'avoir des renseignements suffisants sur la marche des forces allemandes, c'était de les attaquer et de percer le rideau que l'on avait devant soi.

Rien qu'en prenant ce parti, l'armée française aurait certainement évité un désastre.

En négligeant l'ennemi qu'on avait sur son flanc droit, en voulant absolument continuer sa marche sans s'en inquiéter, on allait sûrement au-devant d'une catastrophe. La bataille de Beaumont était le premier résultat d'une si grande faute, et si le maréchal de Mac-Mahon partage avec le Ministre la responsabilité de la conception, il est certain que les vices de l'exécution ne sont imputables qu'à lui seul.

Mais, ce qu'il faut bien remarquer, c'est que, malgré les pertes que nous venions de faire dans la journée du 30, la situation de l'armée n'était cependant pas pire que celle dans laquelle elle se serait trouvée si, en exécutant les desseins du Maréchal, tous nos corps d'armée étaient parvenus à se soustraire aux atteintes de l'ennemi, et à passer la Meuse dans le but de continuer sa route sur Montmédy. Après ces mouvements, en effet, toute l'armée française eût été réunie le soir du 30 août entre Mouzon, Carignan et Douzy. Or, les Allemands auraient suivi ces mouvements, et, ne pouvant nous atteindre sur la rive gauche, se seraient empressés de passer sur la rive droite en même temps que nous. Maîtres de Stenay et libres de jeter des ponts aux environs de cette localité, toute l'armée de la Meuse se serait trouvée le soir entre Stenay et Montmédy, les Bavarois à Stenay même, et le reste de la IIIe armée participant au mouvement général vers la droite, aurait occupé le pays entre Stonne et Beaumont. Dès lors, l'armée française, continuant le 31 à marcher sur Montmédy, aurait été attaquée par des forces supérieures et aurait sûrement éprouvé, dans la journée du 31 ou dans la suivante, le sort auquel elle ne put échapper à Sedan.

Ce résultat était certain, absolument inévitable, dès que l'on tenait à continuer la marche sur Metz, et c'est pour cela que la défaite de Beaumont, malgré ses résultats immédiats, était en somme presque un bonheur. Elle était de nature, en effet, à rendre évident le péril vers lequel on marchait depuis trois jours, et à dessiller les yeux les plus aveugles. Et si enfin on se rendait bien compte du danger, peut-être était-il encore temps d'y échapper.

En résumant les considérations que nous venons de présenter, on voit donc que depuis le 28 août jusqu'au 30, le maréchal de Mac-Mahon a tout fait pour amener la perte de l'armée, que les instructions du Ministre contenaient en germe.

Sa grande faute consiste à avoir voulu exécuter sa marche en négligeant les forces allemandes. Avant de livrer ses communications, il aurait dû s'assurer que le chemin était libre devant lui. Au lieu de se dérober, il aurait dû provoquer la bataille, ou au moins se tenir toujours prêt à la livrer. S'il eût attaqué le 29, il avait des chances d'obtenir un véritable succès dans la journée, et en même temps des renseignements très précis sur la proximité des Allemands. Si le 30 encore, averti par le combat de Nouart de la veille, il se fût tenu prêt à accepter la bataille avec toutes ses forces, il avait les moyens suffisants pour repousser toutes les attaques de l'ennemi, puis de sauver son armée en la mettant définitivement en retraite.

Aveuglé par les assertions du Ministre, n'ayant rien fait pour les vérifier, il se trouvait, le soir du 30, acculé à la frontière belge, ayant déjà perdu 42 bouches à feu, et avec une armée dont un quart était en désordre, dont le reste avait un moral fortement ébranlé. Tout n'était peut-être pas encore perdu; mais il n'y avait plus une faute à commettre pour échapper à un désastre. La situation s'était, en effet, singulièrement aggravée depuis plusieurs jours. Tandis que le 27, pour échapper aux Allemands, il suffisait de le vouloir, et de descendre tranquillement l'Aisne; que le 29 encore la retraite était facile, à la condition d'obliquer un peu plus au nord; après la journée du 30, il fallait, pour y réussir, autant de décision dans la conception que d'habileté et d'énergie dans l'exécution. Nos chefs allaient-ils enfin se rendre compte du danger qui les menaçait, allaient-ils prendre des mesures nécessaires pour s'y soustraire? En réalité, ceux qui suivaient nos mouvements depuis plusieurs jours, ne devaient pas se faire d'illusion sur le sort qui nous attendait. Après avoir vu commettre tant de fautes pendant les journées précédentes, on ne pouvait guère compter voir nos chefs donner des marques d'un mérite supérieur. Et c'est pour cela qu'en somme on peut dire que, le soir du 30 août, l'armée française était à peu près perdue; car si ses chefs avaient possédé ces qualités qui étaient nécessaires pour la tirer de la situation où elle se trouvait, ils auraient commencé par ne pas l'y mettre. On devait plutôt se dire que s'il y avait des moyens de se tirer d'affaire, on ne saurait pas en profiter, et qu'au contraire s'il y avait encore des fautes possibles, on ne saurait pas les éviter. Et, en effet, au lieu de réparer celles que l'on venait de commettre, on pouvait les aggraver; si inconcevables qu'aient été les erreurs des jours précédents, on pouvait aller encore plus loin dans la voie de l'aveuglement; après avoir conduit l'armée française jusqu'au bord de l'abîme, on pouvait l'y précipiter; et c'est justement ce qu'allait faire le commandant de l'armée de Châlons.

IV.

LA JOURNÉE DU 31 AOUT.

Il suffit de se rendre compte de l'état dans lequel se trouvait l'armée française, et de la position qu'elle occupait le soir de la bataille de Beaumont vis-à-vis des forces allemandes, pour apercevoir avec évidence les difficultés de sa situation.

Dès l'après-midi du 30 août, le maréchal de Mac-Mahon abandonnant enfin l'idée de poursuivre sa marche sur Montmédy, avait prescrit à tous ses corps de se retirer dans la direction de Sedan.

Le 5e corps, après avoir traversé la Meuse en désordre à Mouzon, se trouvait le soir sur la route de Sedan et continuait pendant la nuit par Douzy, Bazeilles et Fond-de-Givonne, où la principale partie du corps d'armée se trouva réunie dans la matinée du 31.

Au 7e corps la plus grande partie des troupes de la 3e et de la 1re division avait passé la Meuse à Remilly, tandis que quelques portions de cette dernière division avec la cavalerie avaient suivi le 5e corps par Mouzon et Douzy.

Ces troupes se trouvaient le matin du 31 entre Bazeilles et Sedan, ayant avec elles la division de cuirassiers Bonnemains, pendant que la 2e division et l'artillerie de réserve, restées les dernières sur la rive gauche, prenaient la route directe de Sedan, par Wadelincourt.

Le 12e corps se trouvait encore le soir du 30 à Mouzon, ayant lui aussi perdu une dizaine de bouches à feu, et ayant une brigade en mauvais état.

Le 1er corps seul était complètement intact; ayant passé la Meuse de bonne heure à Remilly, il s'était éloigné du théâtre de l'action, et se trouvait le soir partie à Douzy, partie à Carignan où s'était portée également la division de cavalerie Margueritte. Ainsi, à la suite de la bataille de Beaumont, toute l'armée française se trouvait sur la rive droite de la Meuse entre Mouzon, Carignan et Sedan, sauf un tiers environ du 7e corps qui n'arriva dans cette ville qu'au matin du 31.

Du côté des Allemands, l'armée de la Meuse bordait le fleuve de Stenay à Mouzon, le IVe corps, vis-à-vis de Mouzon, le XIIe, à Létanne et Pouilly, la garde aux environs de Beaumont.

Le Ier corps bavarois occupait La Besace et Raucourt, le IIe, Sommauthe.

Le Ve corps se trouvait au sud de La Besace, les Wurtembergeois à Verrières, le XIe à Stonne et à La Berlière, le VIe toujours en arrière à Vouziers. Quant à la cavalerie, la 2e division était arrivée à Oches, la 4e aux environs de Stonne, la 6e entre Le Chêne et Semuy, la 5e à Tourteron.

Ainsi, à part ces deux dernières divisions de cavalerie et le VIe corps, toutes les forces allemandes se trouvaient le soir du 30 août entre Stonne, Stenay et Mouzon.

Poussant devant elles l'armée française, elles avaient réussi à l'acculer dans un étroit espace à la frontière belge.

Il est manifeste, par ce simple exposé, que si notre armée avait encore quelque chance de s'échapper, soit par la droite, soit par la gauche, ce n'était qu'à la condition de ne pas perdre un instant, et de profiter de toutes les ressources qui pouvaient lui rester.

Après s'être convaincu qu'il fallait se hâter, on devait se fixer sur la direction qu'il convenait de choisir. Allait-on continuer vers l'est, en essayant de prévenir les Allemands sur la Moselle, ou bien fallait-il prendre la direction opposée en se rapprochant du nord de la France? Il nous paraît hors de doute que ce dernier parti était le seul praticable.

Il est vrai que le 1er corps français se trouvant vers Carignan, pouvait gagner Montmédy sans obstacle et de là continuer sur la Moselle, et que le 12e, occupant les hauteurs de la rive droite de la Meuse près de Mouzon, pouvait suivre le 1er et échapper avec lui à la poursuite de l'ennemi. Si l'armée française eût été réduite à ces deux corps, il n'eût donc pas été impossible de se dérober. En restant bien appuyé à la frontière belge, on aurait encore peut-être pu éviter les jours suivants les troupes que le prince Frédéric-Charles n'aurait pas manqué d'envoyer de Metz, en trois jours atteindre Thionville, et en marchant sur Metz par la rive droite de la Moselle, opérer sa jonction avec Bazaine.

Après une pareille opération on n'eût pas été encore complètement hors de danger, mais c'était au moins un succès provisoire, après quoi on aurait vu ce qu'il fallait faire. Mais pendant un pareil mouvement, que seraient devenus les deux autres corps de l'armée, le 5e et le 7e, qui au matin de la journée du 31 se trouvaient en partie désorganisés entre Douzy et Sedan?

Il est clair qu'ils ne pouvaient gagner Montmédy qu'en y marchant de suite, ce que la fatigue des hommes ne permettait pas, et aussi à la condition que le 12e corps, pour les couvrir, tiendrait bon vis-à-vis de Mouzon pendant toute la journée du 31. Or, il est facile de voir à quel danger on s'exposait en prenant un pareil parti. Les Allemands possédaient tous les ponts de la Meuse au-dessus de Mouzon, ils y avaient des passages à Pouilly, à Létanne et à Stenay. La garde occupant Beaumont pouvait se porter en quelques heures au delà de la Meuse par Stenay; le IIe corps bavarois qui se trouvait à Sommauthe pouvait suivre la garde sur le même chemin; le XIIe corps à Létanne et Pouilly pouvait de suite passer la Meuse, suivi du Ve corps, qui pouvait facilement arriver de Stonne; de sorte que le 31 l'armée française eût eu ces quatre corps à ses trousses, sans compter que le IVe corps à Mouzon pouvait être immédiatement suivi du Ier corps bavarois qui occupait Raucourt et La Besace, et que les Allemands pouvaient disposer encore, suivant les besoins, du XIe corps et des Wurtembergeois qui se trouvaient vers La Berlière et à Verrières.

Dans ces conditions, le 12e corps français eût été débordé, chassé de ses positions, et acculé à la frontière belge avec les corps 5 et 7, qu'il avait pour mission de protéger; le 1er corps seul pouvait peut-être s'échapper, et à supposer qu'il fût parvenu à se sauver définitivement, cela n'empêchait pas la perte des autres corps de l'armée. Ce n'était donc pas cette direction qu'il fallait prendre pour essayer de se dérober à l'étreinte des Prussiens[1]. Or, nous allons voir que du côté opposé

---

[1] Il ne pouvait être bon d'accentuer le 31 le mouvement sur Montmédy qu'à la condition que ce fût une feinte, de manière à attirer de ce côté, sur la rive droite de la Meuse, le gros des forces allemandes, et dans l'intention de se porter soi-même rapidement le jour suivant sur Sedan et Mézières.

Or, il était très possible de réunir dans la matinée du 31 les corps 1 et 12 entre Mouzon et Carignan sur des positions faciles à défendre entre la Meuse et la Chiers. Les Allemands, même avec la plus grande activité, ne pouvaient pas porter dans la journée plus de 100,000 hommes sur la rive droite et les deux corps 1 et 12 en comptaient 80,000 avec 250 pièces de canon, et ils étaient les meilleurs de l'armée française. Presque certainement ils auraient conservé leurs positions toute la journée. Pendant ce temps le 7e corps défendait la Meuse entre le confluent de la Chiers et Sedan, et le 5e se reformait autour de cette place. La situation ne pouvait devenir dangereuse que si l'on eût voulu rester encore à Carignan un jour de plus.

Mais en commençant la retraite sur Sedan des corps 1 et 12 pendant la nuit du 31 au 1er, et dirigeant en même temps les corps 5 et 7 sur la route de Mézières, on évitait le danger, et le jour suivant toute l'armée eût été réunie autour de cette place où elle eût été renforcée du corps Vinoy; toutefois, si cette manière d'opérer pouvait produire un bon résultat, elle offrait cependant moins de chances que la marche immédiate sur Mézières.

les chances, sans être encore bien belles, étaient cependant infiniment meilleures.

En se dirigeant sur Mézières on avait d'abord l'avantage de marcher le premier jour couvert par la Meuse. On doit remarquer, en effet, que cette rivière qui, dans sa partie supérieure et jusqu'aux environs de Stenay, coule à peu près du sud au nord, s'infléchit vers l'ouest, d'une manière très accentuée, à partir de Mouzon. A Sedan même, après avoir reçu près de Bazeilles les eaux de la Chiers, son cours, dans son ensemble, est presque complètement dirigé de l'est à l'ouest. Il en résulte qu'en descendant la rivière par la rive droite jusqu'à Mézières, l'armée française, tout en trouvant une protection sérieuse, prenait en même temps le chemin le plus direct pour se rapprocher du nord de la France.

A Mézières même le fleuve, on le sait, se redresse brusquement vers le nord pour se diriger sur Givet et Namur. Il suffisait donc pour se relier au cœur de la France, d'abord de gagner Mézières, puis d'en déboucher avant que les Prussiens eussent pu nous prévenir sur la rive gauche.

Or, il était facile, avec un peu de prévoyance et d'activité, d'occuper ou de détruire les passages du fleuve entre Sedan et Mézières. Quant à ces deux places, il est encore vrai que si elles n'étaient pas en mesure de résister bien longtemps à une attaque en règle, elles pouvaient cependant nous être fort utiles en facilitant nos mouvements et gênant ceux de l'adversaire. La première marche à exécuter était donc bien plus facile de ce côté que du côté de Montmédy.

De plus, en cherchant à déterminer la direction qu'il fallait prendre, on devait tenir compte de la direction de la frontière belge. Celle-ci, en effet, ne s'étend pas exactement de l'est à l'ouest, mais du sud-est au nord-ouest. Il résulte de cette particularité qu'en cherchant à marcher sur la Moselle, on allait s'avancer dans un couloir de plus en plus étroit, où les Allemands pourraient nous prévenir, ayant un chemin plus court à parcourir; du côté opposé, au contraire, une fois arrivés à Mézières, nous trouvions un terrain qui s'élargissait, grâce à l'éloignement de la frontière vers le nord; la marche devenait plus facile et les Allemands ne pouvaient nous prévenir qu'à la condition de marcher beaucoup plus vite que nous.

Enfin, aller vers Montmédy, c'était l'inconnu; ou plutôt ne devait-on pas craindre, à supposer qu'on ait encore quelque avance sur les troupes qui nous suivaient depuis plusieurs jours, d'avoir affaire à quelques corps envoyés de Metz, qui certainement nous retarderaient assez pour permettre au prince royal de nous joindre? Gagner Mézières, au contraire, c'était aller en France, c'était se relier au cœur du pays. Il suffisait d'un jour de bonheur pour être définitivement sauvés.

Il nous paraît donc que toutes les raisons étaient réunies pour nous amener à choisir la direction de l'ouest. Le maréchal semblait l'avoir compris, en donnant le 30 l'ordre de la retraite générale sur Sedan. Mais cette première marche ne pouvait suffire à nous tirer d'affaire, et s'il y avait de ce côté des circonstances relativement favorables, il importait d'en profiter sans perdre un instant.

Pour voir au juste ce que valaient ces dernières chances, examinons de près ce que l'on pouvait faire.

Le premier soin devait être d'occuper les passages de la Meuse au-dessous de Sedan; on pouvait y employer les troupes disponibles du 7e corps.

Or, au milieu de la nuit du 30 au 31, la 2e division de ce corps, comme nous l'avons déjà dit, se trouvait encore toute entière et parfaitement intacte sur la rive gauche de la Meuse, vers Haraucourt et Angécourt; elle était séparée de ses deux batteries de 4, qui avaient passé le fleuve à Remilly, mais avait avec elle l'artillerie de réserve du corps d'armée.

Au lieu de faire entrer ces troupes dans Sedan, il eût été convenable de diriger une brigade avec l'artillerie de réserve, moins les batteries à cheval, sur Iges, et l'autre brigade avec ces deux batteries et les mitrailleuses, sur Donchery. On sait qu'autour d'Iges la Meuse décrit une boucle entre les deux branches de laquelle s'avance, vers le nord, une langue de terre d'environ 3 kilomètres de long et de 1 kilomètre de large. Les extrémités de cette boucle sont reliées par un canal qui transforme cette presqu'île naturelle en une véritable île[1]. Près du canal et un peu

[1] C'est dans cette presqu'île qu'a été conduite l'armée française après la capitulation; aussi a-t-elle reçu le nom de *camp de la misère*, dénomination trop justifiée par les souffrances que les troupes prisonnières ont eu à y endurer pendant plusieurs jours.

plus loin, vers Iges, se trouvent deux hauteurs favorables aux positions de l'artillerie. En occupant ces positions avec une brigade et quatre batteries et détruisant les ponts du canal, on pouvait y tenir très longtemps contre un ennemi venant du sud, à la condition de ne pas être attaqué en même temps à droite ou à gauche. Du reste, tout en se préparant à résister, on devait s'assurer une retraite en jetant deux ponts, l'un au nord-est de la presqu'île pour communiquer avec Saint-Menges, l'autre au nord-ouest conduisant sur Vrigne-aux-Bois. Enfin, on pouvait, en attendant l'ennemi, organiser la défense du village de Glaire, près du canal, et ne détruire le pont qui y aboutit que quand on aurait été obligé d'évacuer ce village. Un régiment de cavalerie eût été adjoint à ces troupes pour les éclairer sur Frénois et Wadelincourt; cette troupe se serait retirée ensuite à travers la presqu'île; les deux autres régiments de cavalerie du corps d'armée auraient dû être adjoints aux troupes dirigées sur Donchery. Là, ces troupes auraient passé la Meuse, détruit les passages, sauf celui de Donchery, pour permettre à la cavalerie de se retirer. Ces seules forces, ainsi disposées, étaient en mesure d'empêcher l'ennemi de passer le fleuve dans la journée du 31 et d'y établir des ponts, et, du reste, il eût été facile de les soutenir.

La 3e division du 7e corps avait passé la Meuse la nuit, il fallait l'acheminer par Sedan, Floing et Vrigne-aux-Bois sur Viviers-au-Court pour défendre la Meuse depuis Vrigne-sur-Meuse jusqu'à Lumes. En attendant cette division, on pouvait appeler de Mézières sur Lumes les troupes du 13e corps qui s'y trouvaient, c'est-à-dire 1 brigade d'infanterie, 3 batteries et 1 régiment de hussards. Ces dispositions eussent sans aucun doute permis aux Français d'empêcher les Allemands d'occuper les ponts de la Meuse pendant la journée du 31, et l'on voit que pour atteindre ce but, il suffisait d'employer la brigade du 13e corps avec les 2e et 3e divisions du 7e, soutenues par l'artillerie de réserve et la cavalerie.

Quant à la 1re division de ce corps, elle avait été fortement ébranlée pendant la bataille de Beaumont et avait passé la Meuse en plein désordre. On pouvait la diriger au delà de Sedan et l'établir de Cazal à Floing, pour la laisser se refaire pendant toute la matinée du 31.

On n'en aurait pas demandé davantage au 5e corps, qui avait

joué le principal rôle pendant la journée du 30, et qui n'avait cédé le terrain devant des forces très supérieures qu'après une résistance honorable, mais sans réussir à échapper à une désorganisation complète. Il fallait lui laisser aussi la matinée du 31, jusque vers deux heures, pour se refaire, en donnant pour point de rendez-vous à ses divisions les villages d'Illy, de Fleigneux et de Saint-Menges. Toutefois, on n'aurait pu retenir plus longtemps ce corps à proximité de Sedan, car il importait de profiter de tous les instants pour passer le défilé de la Falizette, qui se trouve au nord de la presqu'île d'Iges, entre le coude de la Meuse et les bois de la frontière.

On sait en effet qu'à Carignan et Douzy, comme à Sedan et Donchery, on ne se trouve qu'à 10 ou 12 kilomètres de la frontière belge, dont on n'est séparé que par un massif de bois épais traversé seulement par un petit nombre de routes praticables aux voitures. La lisière de ces bois est en moyenne distante de la Chiers ou de la Meuse de 6 à 7 kilomètres.

C'est dans cet étroit espace que l'armée française devait se mouvoir avant de gagner Mézières. Mais à hauteur de la presqu'île d'Iges, le passage est encore bien plus resserré. Grâce à la boucle de la Meuse, ce fleuve au nord d'Iges touche presque la lisière de la forêt, ne laissant entre elle que la place d'une bonne route. Il y avait là un véritable défilé, passage obligé de l'armée française ou au moins de toutes ses voitures, et par conséquent dont la possession était pour nous de la plus haute importance. De plus, en raison de la longueur de nos convois, il fallait pour les sauver profiter de tous les instants pour porter successivement les diverses fractions de l'armée française au delà de ce défilé.

Aussi, à deux heures, on aurait remis le 5e corps en route par Vrigne-aux-Bois sur Saint-Laurent, pour y passer la nuit du 31 août au 1er septembre à quelques kilomètres de Mézières. La 1er division du 7e corps, à son tour, aurait suivi en se mettant en route vers cinq heures du soir et dans le but de s'arrêter à Vrigne-aux-Bois; le 7e corps eût été ainsi réuni pour défendre les passages de la Meuse, depuis Iges jusqu'à Lumes : une brigade dans la presqu'île, une brigade vers Donchery, une division depuis Vrigne-sur-Meuse jusqu'à Lumes, une division formant réserve à Vrigne-aux-Bois. Dans ces conditions, le

7e corps pouvait se passer de la brigade du 13e corps appelée le matin sur Lumes, et l'on eût pu l'après-midi la diriger vers La Francheville, sur la Vence, avec l'intention de porter également dans cette direction les autres troupes du 13e corps, qui devaient arriver dans la soirée et la nuit suivante.

Le 13e corps, commandé par le général Vinoy, comprenait 3 divisions, avec 1 brigade de cavalerie et une réserve d'artillerie de 6 batteries. La 1re division (d'Éxéa) occupait Reims depuis le 26 août avec 1 régiment de dragons. Le reste du corps fut dirigé sur Mézières à partir du 30 août. Comme nous l'avons dit, le 31 au matin il n'y avait d'arrivé qu'une brigade de la 3e division avec 3 batteries et 1 régiment de hussards. L'artillerie de réserve et l'autre brigade de cette division allaient arriver le soir et la nuit suivante, ainsi que l'artillerie de la 2e division. Quant à l'infanterie de cette dernière, elle était fort en retard et ne devait pas paraître sur la Meuse. On ne devait donc avoir le matin du 1er septembre qu'une division du 13e corps, avec 12 batteries et 1 régiment de cavalerie. C'en était assez pour résister pendant quelques heures aux avant-gardes allemandes en attendant l'arrivée des corps de l'armée de Châlons, qu'on allait porter dans cette direction. Le 5e corps, notamment, après avoir passé la nuit à Saint-Laurent, était en mesure de traverser la Meuse et de déboucher de Mézières dès les premières heures de la matinée du 1er septembre.

On trouvera peut-être que les mouvements que nous venons de supposer sont un peu trop rapides, mais on doit remarquer que grâce aux deux ponts jetés au nord de la presqu'île d'Iges, et dont la construction était rendue plus facile par la tension de l'inondation au-dessus de Sedan, on pouvait dédoubler les colonnes en dirigeant une bonne partie de l'infanterie à travers la presqu'île, de manière à réserver la route aux nombreuses voitures de l'armée.

Il y avait de plus un autre chemin au nord de la route qui conduisait de Saint-Menges à Bosseval, et qui aurait pu être utilisé par une partie du 5e corps. Les corps 5 et 7 étaient donc en mesure de s'écouler facilement pendant la journée du 31.

Restaient les corps 1 et 12, situés le soir du 30 entre Mouzon, Douzy et Carignan. Le 12e devait être acheminé par la grande route sur Sedan, comme cela eut lieu dans la réalité; mais il ne fallait pas en rester là pour la journée; il eût été convenable, l'après-midi, de porter au delà de la place les divisions Grandchamp et Lacretelle afin de les établir, pour la nuit, de Cazal à Saint-Menges, pendant que la division d'infanterie de marine serait restée à Bazeilles avec une forte artillerie.

Le 1er corps, de son côté, quittait ses positions de Douzy et Carignan pour venir s'établir à Givonne et Daigny. Quant aux divisions de cavalerie Bonnemains et Margueritte, le mieux eut été de les porter au delà du défilé le plus tôt possible. Elles pouvaient exécuter ce mouvement à la suite de la 3e division du 7e corps, se diriger de suite sur Lumes et y passer la Meuse l'après-midi, de manière à s'établir pour la nuit entre Les Ayvelles et La Francheville, à côté des troupes du 13e corps. En résumé, par ces dispositions, le cours de la Meuse, dans la journée du 31, se trouvait partout défendu de Sedan à Mézières, et le soir de ce jour on avait les corps 5 et 7 au delà du défilé avec le gros de la cavalerie, tandis que les corps 1 et 12 restaient autour de Sedan.

Ces dispositions prises on avait ensuite, pour la journée du 1er septembre, une triple tâche à remplir : porter ces deux derniers corps au delà du défilé, défendre le passage de la Meuse entre Iges et Mézières, et empêcher les Allemands de nous prévenir au débouché de Mézières. On va voir qu'il n'était pas impossible d'y réussir.

Pour cela, les corps 1 et 12 devaient se mettre en route en trois colonnes : à gauche, le 12e corps par Sedan et Floing; au centre et à droite, le 1er corps, partie par le bois de la Garenne, Illy et Saint-Menges, partie par la haute Givonne et Fleigneux. Ces troupes pouvaient passer successivement le défilé de la Falizette dans la matinée du 1er septembre. Le 12e corps, ayant depuis la veille les divisions Grandchamp et Lacretelle au delà de Sedan, commençait le mouvement. Ces deux divisions, se mettant en marche à 3 heures du matin, devaient avoir terminé leur passage à 6 heures, ayant avec elles le gros de la cavalerie et une partie de l'artillerie de réserve ; elles marchaient de suite sur Mézières, y passaient la Meuse et prenaient la route de Rethel.

L'infanterie de marine se retirait partie par Sedan, partie par Fond-de-Givonne et le nord de Cazal pour venir prendre position, avec une forte artillerie, à l'entrée du défilé, sur la hauteur qui s'élève entre Floing et Saint-Menges [1].

Quant au 1er corps, les deux divisions formant la colonne du centre arrivaient à l'entrée du défilé vers 6 heures, et exécutaient leur passage à la suite de la division Lacretelle. L'une d'elles continuait sur Gernelle, tandis que l'autre s'arrêtait à Vrigne-aux-Bois. En même temps les deux autres divisions marchaient avec l'artillerie de réserve et le gros de la cavalerie par Fleigneux, sur la ferme du champ de la Grange; la division de tête continuait sur Bosseval, où elle s'arrêtait, tandis que l'autre, avec l'artillerie de réserve, s'établissait à la position du champ de la Grange. Pour 8 heures du matin tous ces mouvements pouvaient être terminés, de sorte qu'à ce moment les corps 1 et 12 se trouvaient au delà du défilé, sauf une division de chacun d'eux; la retraite se continuait par le mouvement de l'infanterie de marine, qui se dirigeait sur Mézières. La dernière division du 1er corps marchait ensuite, une brigade avec l'artillerie par la route, l'autre brigade par le chemin de Bosseval. La division continuait sur Gernelle, tandis que l'artillerie de réserve s'arrêtait à Vrigne-aux-Bois. Enfin les troupes du 7e corps, à leur tour, évacuaient la presqu'île d'Iges. A 10 heures, le passage du défilé pouvait être terminé sans que les Allemands eussent pu rien faire pour l'empêcher.

Il faut du reste remarquer que le 1er corps, en se retirant, traversait de belles positions, où de solides arrière-gardes pouvaient arrêter les entreprises de l'ennemi.

D'abord au bois de la Garenne, au calvaire d'Illy et à Fleigneux; ensuite à la ferme du champ de la Grange.

Ces arrière-gardes pouvaient se retourner et refouler l'ennemi s'il eût été trop pressant. L'infanterie de marine, qui formait l'arrière-garde du 12e corps, devait régler sa retraite sur celle du 1er corps. Près du vieux camp, entre Cazal et le bois de la Garenne, cette troupe trouvait aussi des positions favorables à la défense. Établie ensuite sur la hauteur entre Floing et Saint-Menges, elle flanquait tout le front du 1er corps évacuant Illy et Fleigneux,

[1] Cette hauteur est la première position que les Prussiens venant de Donchery ont occupée dans la matinée du 1er septembre.

tandis qu'elle était elle-même protégée sur sa droite (face à l'ennemi) par les troupes du 7e corps, qui occupaient la presqu'île d'Iges. Ces troupes soutenaient ensuite la retraite de l'infanterie de marine à travers le défilé, et celle de la dernière division du 1er corps. Il nous semble donc qu'avec de l'activité il était facile de se dérober à l'attaque des Allemands venant de Douzy et de Carignan, et d'être au delà du défilé dans la matinée du 1er septembre. Il est vrai que l'armée française avait de longs convois qui étaient capables de retarder le mouvement, mais ces convois pouvaient eux-mêmes être mis en route pendant la nuit du 31 au 1er, à partir de 7 heures du soir, à la suite de la 1re division du 7e corps; on pouvait diriger successivement sur Mézières ceux du 5e, du 12e et du 1er corps. Ayant jusqu'à 3 heures du matin pour s'écouler, ces convois n'auraient nullement retardé la retraite sur Mézières, ils auraient passé la Meuse et continué par Charleville, sur la route d'Hirson, en marchant jusqu'à 10 heures du matin. Le jour suivant, ils atteignaient Hirson et s'y arrêtaient pour se réapprovisionner en vivres et en munitions que l'on aurait envoyés soit de Paris, soit de la région du Nord. On voit donc que la retraite était très réalisable dans les conditions que nous venons d'indiquer; on peut remarquer de plus qu'établies au delà du défilé vers 10 heures du matin, les troupes du 1er et du 7e corps étaient parfaitement en mesure d'empêcher les Allemands de le traverser à leur suite, et qu'elles pouvaient rester jusqu'au soir dans les positions qu'elles occupaient à Bosseval et Vrigne-aux-Bois. La première partie de notre tâche pour la journée du 1er septembre se trouvait ainsi remplie.

La deuxième, qui consistait à défendre le cours de la Meuse de Donchery à Mézières, était la plus facile, car il est certain que le 7e corps, établi dès la veille comme nous l'avons dit, était plus que suffisant pour arrêter toutes les tentatives des Allemands de ce côté. On peut même admettre qu'en présence du défilé continuel des troupes sur la route de Vrigne-aux-Bois à Mézières, le 7e corps, certain d'en être soutenu au besoin, pouvait, dès le point du jour, porter sa 1re division sur Lumes pour lui faire passer la Meuse et la joindre sur la Vence à la cavalerie et aux troupes du 13e corps.

La troisième partie de notre tâche aurait peut-être présenté plus de difficultés; il était cependant possible de la remplir. Il s'agissait, en effet, d'empêcher les Allemands de nous prévenir au débouché de Mézières. Or, dès la veille, on avait de ce côté les troupes du 13ᵉ corps, avec les divisions de cavalerie Margueritte et Bonnemains. Il convenait de les établir dès le matin sur la Vence de Boulzicourt à Yvernaumont. Vers 6 ou 7 heures du matin ces troupes pouvaient être soutenues de la 1ʳᵉ division du 7ᵉ corps passant la Meuse à Lumes et venant prendre position des Ayvelles à Saint-Marceau. Un peu plus tard on pouvait compter sur l'appui de deux divisions du 12ᵉ corps débouchant de Mézières avec une forte artillerie et une division de cavalerie. La tête de colonne de ce corps quittant Saint-Menges à 3 heures du matin arrivait à Mézières à 7 heures; elle y passait la Meuse et prenait la route de Rethel. A 9 heures, les deux divisions étaient rendues vers Warnécourt, et après un repos d'une heure pouvaient être employées suivant les besoins. En outre, le 5ᵉ corps, réuni depuis la veille à Saint-Laurent, à 4 kil. de Mézières, pouvait être dirigé de bon matin par Charleville et Warcq sur This et Neuville, d'où il était en mesure de se porter en deux heures sur la Vence. Avec une division du 13ᵉ corps, une du 7ᵉ, deux du 12ᵉ, le 5ᵉ corps en entier, et la cavalerie de Margueritte et de Bonnemains, on avait une force d'environ 70,000 hommes, avec lesquels on avait toutes les chances d'arrêter les Allemands au sud de Mézières. Qu'auraient fait nos adversaires en présence de ces dispositions ?

Rappelons d'abord les ordres qui furent donnés en réalité au grand quartier général allemand pour la journée du 31. L'armée de la Meuse eut pour mission de passer le fleuve à Mouzon et au-dessus de manière à déborder la gauche des Français pendant que la IIIᵉ armée opérerait contre leur front et leur droite.

En conséquence, dans la journée du 31, la garde fut dirigée par Pouilly sur Carignan, les Saxons par Letanne sur Douzy, pendant que le IVᵉ corps restait aux environs de Mouzon. A la IIIᵉ armée, le Iᵉʳ corps bavarois, le XIᵉ corps et les Wurtembergeois furent dirigés respectivement par Raucourt, Chémery et Vendresse sur Remilly, Donchery et Boutaucourt.

En arrière le IIᵉ corps bavarois et le Vᵉ corps devaient d'abord gagner Raucourt et Chémery, la 2ᵉ division de cavalerie devait suivre le Vᵉ corps et la 4ᵉ précéder le XIᵉ ; la 6ᵉ devait s'avancer par Bouvellemont sur Mézières et la 5ᵉ surveiller la direction de

Reims ; enfin, le VIe corps, en se portant sur Attigny devait soutenir à distance ces deux divisions de cavalerie.

Plus tard, le Ve corps reçut l'ordre de pousser jusqu'à Chéhéry, et dans la nuit suivante il lui fut prescrit de suivre le mouvement du XIe corps sur Donchery.

C'était, en somme, deux corps prussiens et la division wurtembergeoise avec trois divisions de cavalerie qui devaient atteindre la Meuse au-dessous de Sedan. En nous trouvant en forces à Donchery et à Dom-le-Mesnil, se seraient-ils acharnés à essayer de passer le fleuve de vive force ? C'eût été le parti le plus heureux pour nous, car nous avions les moyens de les arrêter de ce côté ; une pareille tentative échouant n'eût amené pour nos adversaires qu'une perte de temps. Se seraient-ils portés vers Mézières ? C'eût été le parti le plus dangereux pour nous et sans doute celui qu'ils auraient choisi.

Cependant, les Allemands n'auraient pu laisser complètement dégarnie la rive gauche de la Meuse entre Sedan et Mézières. Le plus probable était donc, croyons-nous, que d'abord le XIe corps prussien aurait attaqué le matin Donchery et Dom-le-Mesnil et que devant notre résistance le Ve corps et les Wurtembergeois auraient filé sur Mézières pendant que le XIe restait vis-à-vis du 7e corps français. Du reste, en voyant notre mouvement de retraite fortement accentué, les Allemands n'auraient pas manqué de changer l'ensemble de leurs dispositions. Ils auraient laissé sans doute l'armée de la Meuse seule à l'est de Sedan pour poursuivre le 1er corps par Illy et Fleigneux, et auraient dirigé les Bavarois du côté opposé.

Vers le milieu de la journée, le IIe corps bavarois aurait pu remplacer le XIe corps vis-à-vis de Donchery et celui-ci pouvait à son tour se porter sur Mézières. Mais les corps V^e et XIe réunis aux Wurtembergeois ne formaient pas un effectif de plus de 60,000 hommes, et, d'après ce que nous avons dit, nous en avions dès la matinée 70,000 à leur opposer. Il faut d'ailleurs remarquer que l'après-midi on pouvait encore disposer de ce côté de l'infanterie de marine avec une forte artillerie. Cette division, en effet, quittant Saint-Menges vers 8 heures du matin, arrivait à Mézières à midi, et après une heure de repos pouvait déboucher sur le champ de bataille vers 2 heures de l'après-midi.

C'eût été environ 12,000 hommes de plus, nous donnant le moyen de prolonger notre résistance, alors même qu'une partie des Bavarois serait venue rejoindre les troupes allemandes déjà engagées sur la Vence. Observons, du reste, qu'il n'était pas absolument nécessaire de garder la route de Rethel, car nous ne devions nous servir pour la continuation de la retraite que de celles de Vervins et de Rocroy. Si l'on eût été fortement pressé, on aurait pivoté sur la gauche solidement appuyée à Mézières; la droite en arrière venant s'établir vers Neuville de manière à rester maîtresse du chemin qui conduit à Rumigny et Aubenton. Ainsi, à force d'activité on pouvait encore se tirer d'affaire le 1er septembre.

Et l'on peut dire qu'après avoir exécuté heureusement les opérations que nous venons d'indiquer, l'armée française était hors de danger. Ses divers corps auraient, en effet, occupé le 1er au soir les positions suivantes : le 1er corps, Bosseval, Vrigne-aux-Bois et Gernelle; le 7e corps, Vrigne-aux-Bois, la Meuse de Donchery à Lumes avec la 1re division sur la Vence, les corps 5, 13 et 12 à Evigny, Mondigny et Gruyères.

Pour la journée du 2, le 1er corps, partant avant le jour, marchait par Cons-la-Grandville pour passer la Meuse à Nouzon et continuer ensuite sur Arreux et Moncornet.

Le 7e corps partait en même temps que le 1er, traversait Mézières et prenait la grande route jusque vers Lonny.

Le 5e marchait par Belval et Ham-les-Mines et prenait ensuite le direction d'Aubigny. Enfin, le 12e avec le 13e et le gros de la cavalerie se dirigeait par Neuville et Neufmaisons sur le même point. Cette dernière colonne seule pouvait éprouver quelques difficultés, mais elle était assez fortement constituée pour en sortir à son honneur.

Les jours suivants, l'armée continuait sa retraite en deux grandes colonnes sur Vervins et Hirson ; l'armée française était sauvée et certaine au moins d'atteindre sinon Paris, du moins le nord de la France. Quant à la capitale elle ne pouvait courir dans aucun cas le moindre danger ; dès que l'armée était réunie sur l'Oise, elle empêchait l'investissement de Paris tout aussi bien et même mieux qu'en se rendant sous ses murs ; avant de l'avoir détruite, l'ennemi ne pouvait pas songer sérieusement à exécuter cet investissement. Si, du reste, on avait des craintes pour la capitale, rien n'empêchait d'y diriger successivement par voie ferrée les 3 divisions du 13e corps ; on pouvait même y porter un peu plus tard les régiments de marche du 1er et du 12e corps dont le départ n'aurait pas affaibli l'armée d'une manière sensible.

On voit donc, par cette discussion, qu'à la condition de bien s'y prendre et de se presser, on était à peu près certain de réussir à déboucher de Mézières et de sauver l'armée, sauf à abandonner quelques bagages.

Mais pour être amené à prendre de semblables dispositions et pour en assurer l'exécution en temps utile, il fallait, avant tout, en comprendre la nécessité. Or, malgré les événements des jours précédents, le maréchal de Mac-Mahon n'était pas encore parvenu à se douter du danger qui le menaçait. Dans l'après-midi du 30 août, constatant le fâcheux état du 5e corps, il avait pris, comme nous l'avons dit, la résolution de replier son armée sur Sedan; mais en abandonnant la route de Montmédy, il ne se rendait nullement compte des forces qu'il avait devant lui.

Il croyait encore, le soir de la bataille, n'avoir eu affaire qu'à une avant-garde ; il déclarait au général Lebrun que l'armée française n'avait pas vis-à-vis d'elle plus de 70,000 hommes; il envisageait avec sécurité la perspective d'une attaque, croyant y trouver l'occasion d'un succès.

L'Empereur se nourrissait des mêmes idées; dans une dépêche envoyée à Paris le 31, il ne parle de la bataille de Beaumont que comme d'un combat d'arrière-garde sans importance[1]. On avait si bien dit et répété au chef de l'État et au chef de l'armée qu'ils avaient de l'avance sur les Prussiens, qu'ils avaient fini par le croire.

Ils ne croyaient sans doute plus possible de continuer la marche sur Metz, mais ils pensaient avoir encore le temps d'opérer tranquillement leur retraite. Aussi le maréchal n'eut-il d'autre projet pour le 31 que de réunir son armée autour de Sedan, sans essayer d'aller plus loin. En exécution de ses instructions, les

---

[1] C'est à peine si, dans cette étude de l'armée de Châlons, nous avons parlé du rôle de l'Empereur; c'est qu'en effet ce rôle fut à peu près nul. Si Napoléon III vient en première ligne lorsqu'on recherche les causes lointaines de nos désastres, on peut dire au contraire qu'il n'est pour rien dans les causes immédiates. Il se contentait ordinairement de laisser faire; le maréchal de Mac-Mahon a même déclaré que c'était contre le gré de l'Empereur que le 28 il avait cédé aux instances du ministre le poussant sur Metz.

quatre corps de l'armée de Châlons se trouvèrent réunis vers le milieu de la journée autour de la place.

Au 7e corps, la 2e division et l'artillerie de réserve, comme nous l'avons vu, atteignirent Sedan à la pointe du jour, et après y avoir passé la Meuse vinrent s'établir entre Cazal et Floing, face au fleuve. Les 2 autres divisions du corps d'armée arrivèrent successivement sur le plateau de Floing dans la matinée, ayant avec elles la division de cuirassiers Bonnemains.

En même temps les troupes du 5e corps ayant marché toute la nuit par Douzy et Bazeilles, étaient arrivées dans la matinée à Fond-de-Givonne dans le plus grand désordre.

Le 12e corps avait aussi marché toute la nuit par ordre du maréchal de Mac-Mahon. Quoique suivant deux routes et ayant commencé leur mouvement à 9 heures 1/2 du soir, les troupes de ce corps, obligées de s'arrêter à chaque instant par suite de l'encombrement des chemins, n'arrivèrent à Douzy qu'assez tard dans la matinée. On venait encore, dans cette circonstance, de leur imposer des fatigues bien inutiles; car là, comme au 5e corps, la veille de Beaumont, rien n'obligeait à un départ si précipité. Il valait bien mieux laisser ces troupes se reposer quelques heures autour de Mouzon, où elles n'avaient rien à redouter des entreprises de l'ennemi, de manière à laisser les convois et les fuyards du 5e corps s'écouler et dégager la route. En partant au plus tôt à 2 heures du matin, on aurait échappé à l'ennemi aussi bien qu'en partant à 10 heures du soir, et on aurait atteint Douzy à la même heure.

C'est là un principe qui nous paraît d'une application générale, toutes les fois que l'on a une retraite à exécuter par suite de la présence d'un ennemi supérieur ou déjà victorieux.

Ce que l'on doit faire même dans ce dernier cas, c'est de reculer seulement jusqu'à l'arrivée de la nuit, puis d'arrêter ses troupes, car la poursuite n'est guère à redouter dans l'obscurité, ensuite de se remettre en route avant le jour. On avait toujours violé cette règle de conduite depuis le commencement de la guerre. La nuit qui suivit la bataille de Wœrth, notamment, le 1er corps ne cessa de marcher et arriva complètement épuisé à Saverne. Il eût été suffisant de l'arrêter le soir à quelques kilomètres du champ de bataille, puis de le remettre en route à 2 ou 3 heures du matin. On aurait ainsi évité bien des fatigues, et de plus probablement rallié un grand nombre de soldats débandés qui, ne sachant vers quel point se diriger, sont tombés entre les mains des Allemands.

Le général de Failly avait suivi les mêmes errements le soir du combat de Nouart, et c'est pour cela que ses soldats épuisés, ne songeant qu'à prendre quelque repos, se sont laissé surprendre le 30 août.

Le 12e corps venait aussi de commettre la même faute après la bataille de Beaumont, et c'est encore à l'intervention directe du maréchal de Mac-Mahon que l'on doit l'attribuer[1].

Il est si vrai que le 12e corps n'avait rien à redouter en passant la nuit à Mouzon, qu'obligé de s'arrêter pour laisser passer les troupes et les voitures d'autres corps, il put rester sur la rive gauche de la Chiers jusqu'à 10 heures du matin, sans avoir à résister à aucune attaque sérieuse des Allemands. Ce n'est qu'à cette heure qu'il déboucha de Douzy pour prendre le chemin de Sedan par Bazeilles. La 1re et la 3e division se trouvaient déjà rendues sur ce dernier point, lorsque vers midi elles furent attaquées par de nombreuses batteries établies vis-à-vis d'elles sur la rive gauche de la Meuse.

C'était l'artillerie du Ier corps bavarois qui, conformément aux ordres qu'il avait reçus, s'était mis en marche de Raucourt sur Remilly à 8 heures du matin[2]. Les batteries d'avant-garde en

---

[1] On ne doit s'écarter de cette règle que lorsqu'on peut craindre que l'ennemi, pendant la nuit, ne s'empare de la ligne de retraite de l'armée. Or, ce n'était le cas ni du 1er corps après Wœrth, ni du 5e après le combat de Nouart, ni du 12e après Beaumont.

[2] On lit dans l'ouvrage du général Lebrun (page 81), que tandis que son corps d'armée avait marché la nuit par la rive droite de la Meuse, le Ier corps bavarois avait marché par la rive gauche avec la plus grande célérité sur Remilly. Ces lignes pourraient faire croire que les Bavarois ont marché la nuit comme le 12e corps français. Il n'en est rien. Il est vrai que ces deux corps sont arrivés à peu près en même temps à hauteur de Bazeilles ; mais cela tient à ce que les Français ont perdu leur temps sur les routes en fatigues inutiles, tandis que les Bavarois se reposaient tranquillement à Raucourt et à La Besace. Les chefs de l'armée allemande étaient toujours prêts à demander à leurs troupes les plus grands efforts, mais ils évitaient avec soin de les fatiguer sans raison. Ils connaissaient les éléments de l'art de la guerre dont nos généraux ne paraissaient pas se douter, et c'est pour cela que tandis que le 12e corps se mettait en route à 9 heures 1/2 du soir, les Bavarois ne partant qu'à 8 heures du matin le jour suivant, sont arrivés en même temps que lui à hauteur de Bazeilles.

arrivant sur ce point, voyant à bonne distance les colonnes profondes de l'armée française qui défilaient sur la route, ouvrirent immédiatement le feu et furent rejointes par l'artillerie du gros de la colonne. Les batteries françaises essayèrent de répondre, mais se trouvaient trop inférieures pour soutenir cette canonnade avec avantage. Devant ce succès de leurs bouches à feu, les Bavarois voulurent passer la Meuse sur le pont du chemin de fer. Quelques bataillons y parvinrent et purent même occuper les premières maisons du village de Bazeilles. Mais c'était trop d'audace vis-à-vis d'un corps de près de 40,000 hommes. Bientôt l'infanterie de marine, prenant l'offensive, rejeta les Bavarois hors du village et les obligea à repasser la Meuse sous la protection de leur artillerie. La canonnade continua seule jusqu'au delà de 5 heures du soir, sans produire beaucoup de résultat; les Français et les Bavarois restant en présence, les uns sur la rive droite, les autres sur la rive gauche de la Meuse.

Pendant ce temps le 1er corps, qui depuis la veille occupait Douzy et Carignan avec la division de cavalerie Margueritte, s'était mis également en marche sur Sedan.

Le général Ducrot, quoique le maréchal de Mac-Mahon lui eût dit la veille que tout allait bien, était convaincu que l'armée française se trouvait déjà dans une situation des plus critiques, et que pour s'en tirer il n'y avait qu'à marcher sur Mézières sans perdre une minute. Aussi il se dirigeait par Francheval et Villers-Cernay avec l'intention de gagner Illy, croyant y rencontrer toute l'armée et persuadé que le lendemain on continuerait sur Mézières, lorsqu'il reçut l'ordre de s'arrêter sur la Givonne et d'y prendre position à la gauche du 12e corps. Ses dernières troupes n'y arrivèrent que fort avant dans la soirée.

Ainsi, en exécutant les ordres du maréchal, les quatre corps de l'armée de Châlons étaient venus successivement se réunir autour de Sedan dans la journée du 31. Il est manifeste par ce que nous venons de dire qu'une partie d'entre eux eût facilement pu aller plus loin, si telle eût été la volonté du chef de l'armée. Rien n'eût empêché les corps 5 et 7 de s'avancer sur la route de Mézières au delà du défilé de la Falizette, et d'occuper les ponts de la Meuse au-dessous de Sedan.

Le combat des ponts de Bazeilles n'eût pas suffi non plus pour empêcher une partie du 12e corps d'aller au delà de Sedan, car l'infanterie de marine, avec une dizaine de batteries, eût été suffisante pour résister aux Bavarois. Au 1er corps enfin, quoiqu'on eût avancé moins que le général Ducrot ne l'aurait voulu, on était encore en mesure, en partant de bonne heure le lendemain, de suivre l'armée sur les chemins ouverts par le 7e corps. Toutes les dispositions que nous avons indiquées étaient donc exécutables, et si l'on n'en a rien fait, c'est que le maréchal de Mac-Mahon ne l'a pas voulu. Celui-ci, malheureusement, ne se croyait nullement obligé d'activer sa retraite, et, au lieu de poursuivre sur Mézières sans perdre une minute, il avait pris le parti à jamais regrettable d'arrêter son armée autour de Sedan, sous le prétexte de lui donner un repos nécessaire; l'histoire militaire offre peu d'exemples d'une pareille aberration.

C'est la vraie cause immédiate de la capitulation de notre armée, car il est bien certain que si le maréchal de Mac-Mahon s'était rendu compte du danger au milieu duquel il se trouvait après la bataille de Beaumont, s'il avait utilisé pendant la journée du 31 et pendant la nuit du 31 au 1er septembre toutes les ressources qui lui restaient, il aurait échappé aux Prussiens.

En prenant les dispositions que nous avons indiquées, il avait toutes les chances d'atteindre Vervins en quelques jours, puis de rejoindre l'Oise aux environs de La Fère; mais alors même que cette direction lui eût été interdite, il lui restait certainement celle d'Hirson, d'où il aurait gagné sans difficulté le nord de la France; car c'est surtout à partir d'Hirson que la frontière s'éloigne vers le nord; réduit à cette extrémité, il eût été possible en se retirant d'embarquer chaque jour une division pour la ramener en chemin de fer dans la région de Paris, où au moins la moitié de l'armée eût été ainsi ramenée en huit jours; le reste pouvait continuer sur Lille, où l'on aurait pu laisser provisoirement une trentaine de mille hommes, pendant qu'un pareil nombre, allant jusqu'à Dunkerque, partie par voie ferrée, partie par les routes ordinaires, y eût été embarquée pour revenir par mer sur Le Havre. Voilà ce qui était au moins possible, quoi que fissent les Allemands après la bataille de Beaumont. Il est, du reste, à peine nécessaire de faire remarquer qu'il ne leur était pas permis de nous suivre bien longtemps dans le nord de la France, car ils auraient eu à craindre que nos troupes, embarquées chaque jour et se dérobant ainsi à leur poursuite, ne fussent ramenées non pas sur Paris, mais dans les Vosges, d'où, ne trouvant personne devant elles, elles auraient pu marcher sur Metz sans difficulté. Il suffisait donc de déboucher de Mézières le 31 août et le 1er septembre, et si l'armée ne l'a pas fait, c'est seulement parce que le maréchal de Mac-Mahon n'entrevoyant pas encore le danger, n'a donné aucun ordre pour faire exécuter cette opération. Il se proposait bien de marcher sur Mézières, mais après s'être arrêté un jour à Sedan. Or, cette seule perte de 24 heures a suffi pour consommer la ruine de l'armée. Du reste, même avec ses projets, si le maréchal avait étudié avec soin la carte des environs de Sedan, il aurait été amené au moins à occuper le 31 le défilé de la Falizette et la presqu'île d'Iges, car c'était un moyen de s'assurer pour le lendemain le débouché de la route de Mézières.

Si seulement on eût pris cette précaution que devait amener un peu de prévoyance, cela suffisait pour modifier notablement les conditions de la lutte du lendemain.

Or, rien n'était plus facile que de tenir ces positions avec des forces suffisantes, en y employant les divisions 2 et 3 et l'artillerie de réserve du 7e corps.

Sans aller par Donchery, on pouvait diriger la 2e division et l'artillerie par Floing, une brigade sur Iges, une autre sur Vrigne-aux-Bois avec la cavalerie; la 3e division restait à Floing et la 1re venait ensuite prendre position entre Floing et Cazal. Sans en faire davantage le 31, l'occupation du défilé donnait au moins le moyen d'en déboucher le lendemain avec des forces suffisantes pour empêcher les Allemands de s'emparer de la route de Mézières. Dès qu'on aurait eu connaissance de leur passage à Donchery, on aurait porté au delà du défilé les corps 7 et 5 en entier et attiré de Mézières les troupes du 13e, c'est-à-dire que l'on pouvait lutter avec 60,000 hommes contre un même nombre d'Allemands, tandis que du côté de Sedan on disposait encore des corps 1 et 12 pour résister à l'armée de la Meuse; et si au lieu de s'acharner à Bazeilles, dont la possession n'était d'aucune importance pour nous, on eût pris le parti de céder de ce côté et d'envoyer encore sur Vrigne-aux-Bois une ou deux divisions du 12e corps avec une quinzaine de batteries, on peut dire que non seulement on aurait arrêté les Allemands venant de Donchery, mais qu'on aurait eu les meilleures chances de les jeter dans la Meuse. Ainsi par ces demi-mesures consistant seulement dans l'occupation du défilé le 31, on obtenait peut-être encore de meilleurs résultats que par des mesures plus complètes portant dès ce jour une partie de l'armée au delà du défilé; car avec ce dernier parti on arrêtait l'ennemi dès le début de son entreprise, tandis qu'avec l'autre on lui laissait le temps de se mettre dans une position critique.

La grosse question était d'occuper le défilé avant lui. Or, le maréchal n'a pas semblé un seul instant se douter de l'importance de cette position. Cependant, dans l'après-midi, le général Douay avait appris que des colonnes allemandes se dirigeaient sur Donchery, et il en avait rendu compte au commandant de l'armée; mais celui-ci n'avait pris aucune mesure pour s'opposer à leur marche. Le 7e corps avait seulement changé de position et était venu s'établir sur le plateau situé entre Floing et le calvaire d'Illy; la division Bonnemains, à sa gauche, campait près du village de Floing. Ces troupes faisaient ainsi face au défilé, mais n'en fermaient nullement le débouché.

Par sa droite le 7e corps se rapprochait de la gauche du 1er corps, sans cependant s'y relier complètement; car ce corps, en arrivant sur la Givonne, s'y établit entre Givonne et Daigny, pendant que la division Margueritte, qui avait marché avec lui toute la journée, vint occuper le village d'Illy. A droite du 1er corps se trouvait le 12e qui bordait la Givonne jusqu'à la Meuse, depuis Daigny jusqu'au delà de Bazeilles.

Enfin, le 5e corps était venu occuper le centre de la position à Cazal et au vieux camp. Dans cette journée, ce corps si maltraité la veille avait changé de chef. Le général de Wimpffen avait remplacé le général de Failly. Arrivant d'Afrique, ne s'étant arrêté à Paris que pour prendre les ordres du Ministre, le nouveau chef du 5e corps venait prendre son commandement dans un mauvais moment. C'était un de ces généraux, assez nombreux dans l'armée française, qui étaient très capables de bien commander une division et de montrer à sa tête une brillante valeur. Mais si le général de Wimpffen avait l'âme d'un vaillant soldat, il avait en même temps une très haute idée de son mérite. Malheureusement, ses capacités n'étaient pas à la hauteur de sa présomption, et ce qui est plus malheureux encore, c'est qu'en arrivant à l'armée, il possédait en poche une lettre de service qui lui donnait le commandement en chef pour le cas où le maréchal de Mac-Mahon serait mis hors de combat.

Nous jouions décidément de malheur et la fortune était vraiment bien cruelle pour nous, car par suite de l'intervention de ce chef de la dernière heure nous allions manquer la dernière chance qui nous restait d'échapper à une ruine complète [1].

Le 31, le général de Wimpffen n'était cependant encore que le chef du 5e corps, et après s'être présenté chez le maréchal, il était venu prendre le commandement de ses troupes, qui, d'après la position qu'elles occupaient, étaient destinées à former la réserve générale de l'armée. Ainsi, dans la soirée du 31, l'armée française se trouvait établie sur un demi-cercle autour de Sedan, depuis Bazeilles jusqu'à Floing. Malgré les renseignements apportés par des gens du pays annonçant l'arrivée de nombreuses troupes allemandes du côté de Donchery, le maréchal ne prit aucune disposition pour s'opposer à leur marche. Cependant, si l'on avait mis en mouvement, vers 2 heures du matin seulement, une division du 7e corps pour lui faire occuper le défilé de la Falizette, on y aurait certainement prévenu les troupes du XIe corps prussien. Alors on n'avait plus sans doute le moyen de déboucher soi-même en forces, mais on avait toujours celui d'arrêter le mouvement de l'ennemi; car la possession de ce défilé était aussi nécessaire à son arrivée qu'à notre départ. C'était la véritable clef du champ de bataille, et par ce seul fait qu'elle était entre nos mains, les conditions de la bataille pouvaient être notablement transformées; le 7e corps seul suffisait largement à tenir le défilé pendant toute la journée du 1er, et alors les trois autres pouvaient être employés du côté opposé; toujours à la condition de ne pas s'acharner à Bazeilles, on avait des chances avec ces trois corps de garder jusqu'au soir les positions que l'armée occupait depuis Sedan jusqu'aux bois qui avoisinent la frontière belge. Ensuite, c'était le

---

[1] Il est bien entendu que nous reviendrons sur cette question, et que nous la traiterons avec tous les développements qu'elle comporte. Mais, dès à présent, nous pouvons dire, sauf à le prouver plus tard, que le général de Wimpffen, pendant la bataille de Sedan, s'est montré aussi aveugle que le maréchal de Mac-Mahon pendant les journées précédentes.

cas de chercher à s'échapper comme on aurait pu à travers les bois de la frontière.

Par ces dispositions, qui étaient notre dernière ressource pendant la nuit du 31 au 1er, on profitait au moins de tous les avantages du terrain en tenant, par les deux ailes de l'armée, le défilé de la Falizette d'une part, et les bois au nord de Givonne du côté opposé; l'armée se trouvait ainsi déployée sur un demi-cercle convexe vers le sud dont la place de Sedan occupait à peu près le milieu. Du défilé jusqu'à Sedan, le front était couvert par la Meuse, ce qui permettait de défendre toute cette partie du champ de bataille avec peu de monde; du côté opposé, en renforçant la gauche par l'évacuation de Bazeilles, on avait encore l'avantage de tirer quelque appui de la place elle-même, qui aurait flanqué tout le front de la ligne de bataille. De plus, tout le centre du demi-cercle était un terrain libre permettant des manœuvres et des mouvements de troupes. Ces conditions permettaient de présenter sur toute cette partie du champ de bataille une résistance prolongée, à Givonne, au bois de la Garenne et au calvaire d'Illy. On pouvait du reste, au lieu de s'acharner dans une bataille défensive sur la Givonne, se retirer en combattant avec une cinquantaine de mille hommes et envoyer le reste par les bois sur Bosseval, pour tomber dans le flanc des Prussiens venant de Donchery, pendant que le 7e corps leur résistait de front; on pouvait peut-être ainsi, avec l'aide des troupes de Mézières, s'ouvrir le passage, et dans tous les cas, de cette manière comme de l'autre, on évitait d'être cerné. L'armée sans doute était désorganisée, on faisait des pertes considérables; mais on ne capitulait pas et l'on sauvait les deux tiers de nos forces. L'important était de ne jamais se laisser déborder par la gauche, c'est-à-dire par la haute Givonne, et il n'était pas impossible d'y réussir jusqu'aux dernières heures de la journée en profitant de tous les avantages du terrain.

La position qu'avait l'armée française le matin du 1er septembre était au contraire choisie d'une manière déplorable.

Au lieu d'être formée sur un demi-cercle dont les extrémités eussent été appuyées aux bois de la frontière belge, dont une partie eût été couverte par la Meuse et dont Sedan eût occupé le milieu, elle occupait l'autre moitié de la même circonférence convexe vers le nord, dont les extrémités s'appuyaient à la Meuse et dont Sedan était à peu près le centre, ou plus exactement les deux côtés d'un angle dont le sommet était vers Illy et à l'intérieur duquel se trouvait Sedan. Il en résultait une impossibilité complète de manœuvrer, une accumulation de troupes gênant tous les mouvements, de telle sorte qu'un échec sur une partie de la ligne devait porter le désordre partout. De plus, Sedan ne pouvait jouer aucun rôle, si ce n'est que ses fossés pouvaient recueillir les troupes en désordre. Enfin, comme tous les débouchés restaient aux Allemands, il en résultait qu'en s'avançant par les deux extrémités du demi-cercle et se prolongeant de part et d'autre jusqu'au milieu, ils pouvaient nous entourer de toutes parts, ne nous laissant pour retraite que le trou de Sedan et la Meuse qui, au lieu de protéger une partie de notre front, n'était appelée qu'à nous engloutir.

Or, c'est justement de cette manière que les Allemands s'étaient proposés de nous attaquer le 1er septembre. Comme nous l'avons vu, leurs forces étant réunies le 30 au soir au sud de Mouzon, ils employèrent la journée du 31 à étendre leurs ailes d'une part sur Carignan et jusqu'à Francheval, et d'autre part sur Donchery, pour aller de là sur Vrigne-aux-Bois. Ces deux ailes durent ensuite, le 1er septembre, se rapprocher en marchant l'une et l'autre sur Sedan, et se joindre du côté de la Belgique, de manière à nous fermer toute issue.

A la fin de la journée du 31, les Allemands avaient en effet pris toutes leurs dispositions pour attaquer le lendemain les Français soit sur la route de Montmédy, soit sur celle de Mézières. Du côté de l'est se trouvait réunie toute l'armée de la Meuse; à l'extrême droite, la garde, après avoir passé la Meuse à Pouilly, s'était portée dans la direction de Carignan, y avait passé la Chiers, et marchant par Pouru-aux-Bois et Pouru-Saint-Rémy, avait poussé ses avant-postes jusqu'à Francheval, après avoir eu seulement à tirailler avec de faibles groupes arriérés du 1er corps.

Ensuite venaient les Saxons qui, ayant passé la Meuse à Létanne, avaient suivi le 12e corps français, mais n'étaient arrivés à Douzy qu'à 3 heures de l'après-midi, et s'étaient cantonnés autour de ce village.

Enfin, le IVe corps était resté dans les environs de Mouzon, la 7e division sur la rive droite de la Meuse, la 8e division sur la rive gauche, ayant quelques troupes à Villers devant Mouzon et à Autrecourt, par où elle se reliait aux Bavarois.

Ceux-ci, formant toujours le centre des forces allemandes, étaient réunis le soir du 31 sur la rive gauche de la Meuse, vis-à-vis de Bazeilles et de Sedan, le Ier corps à Remilly et Angécourt, où il s'était cantonné après le combat du pont de Bazeilles; le IIe corps à Raucourt, où il était arrivé à 2 heures de l'après-midi.

A la gauche de l'armée allemande, le XIe corps, marchant par Chevenges, avait atteint Donchery, occupé ce village sans résistance et y avait jeté des ponts pour augmenter les moyens de passage sur la rive droite de la Meuse[1]. Ce corps avait près de lui la 4e division de cavalerie.

Un peu en arrière, le Ve corps avait atteint Chéhéry, ayant derrière lui la 2e division de cavalerie à Chémery. Les Wurtembergeois et la 6e division de cavalerie, formant l'extrême gauche, s'étaient dirigés sur Mézières. En arrivant, les uns près de Boutancourt, les autres près d'Yvernaumont, ils avaient rencontré quelques bataillons du 13e corps français avec lesquels ils eurent des engagements sans importance. Ceux-ci se retirèrent sur Mézières pendant que les Wurtembergeois se cantonnaient à Flize et Boutancourt, la 6e division de cavalerie près de Poix.

Quant à la 5e division, elle était restée entre Tourteron et Attigny, ayant près d'elle le VIe corps, qui dans la journée avait atteint Attigny et Semuy.

Ainsi, le soir du 31 août les Allemands étaient déjà formés en un demi-cercle ouvert vers le nord autour de Sedan, depuis Carignan et Francheval d'un côté, jusqu'à Donchery, et Dom-le-Mesnil de l'autre. Il ne restait plus maintenant pour fermer le cercle qu'à prolonger les deux ailes de manière à les rejoindre au nord de Sedan.

Dans la soirée et dans la nuit, des ordres furent envoyés à l'armée de la Meuse et à la IIIe armée pour atteindre ce but.

La garde dut se porter par Francheval et Villers-Cernay sur

---

[1] Une compagnie du génie fut envoyée sur Donchery pour détruire le pont, mais elle descendit du train qui l'amena sans en retirer la poudre et les outils destinés à l'opération. Tout en signalant ce fait, qui montre une fois de plus comment le service était fait dans l'armée française, nous devons reconnaître qu'il n'a pas eu d'influence sérieuse sur les événements du lendemain, car les Allemands avaient tous les moyens de réparer le pont et d'en établir de nouveaux. Pour arrêter leur marche, il ne suffisait pas de détruire le pont; il fallait des troupes assez nombreuses pour défendre le passage.

la haute Givonne; le XIIe corps, marchant de Douzy par Lamécourt, dut gagner La Moncelle et Daigny; le IVe dut descendre la Meuse par les deux rives, de manière à soutenir soit les Saxons, soit les Bavarois.

Ceux-ci eurent la double tâche d'appuyer d'une part l'armée de la Meuse, et d'autre part de venir s'établir vis-à-vis Sedan, à Wadelincourt.

C'était le IIe corps qui avait à remplir cette dernière mission, tandis que le Ier, déjà à Remilly, était destiné à opérer avec le prince de Saxe.

A la gauche, les corps XI et V, devaient traverser la Meuse à Donchery et prendre la direction de Vrigne-aux-Bois, tandis que les Wurtembergeois passant à Dom-le-Mesnil observeraient Mézières. Les 2e, 4e et 6e divisions de cavalerie devaient se tenir prêtes à appuyer ces mouvements.

Enfin, la 5e division et le VIe corps devaient garder leurs positions en attendant de nouveaux ordres.

Le 1er septembre avant le jour toutes les dispositions étaient prises pour l'exécution de ces instructions.

D'un côté, rien ne pouvait empêcher la garde et les Saxons de déboucher de la Chiers sur la Givonne. De l'autre, les corps de gauche avaient de nombreux ponts à leur disposition pour traverser la Meuse au-dessous de Sedan.

Quant aux Bavarois, ils avaient, outre le pont du chemin de fer que nous avions laissé intact, un pont de bateaux qu'ils avaient jeté près d'Aillicourt. A la première heure[1] ils étaient prêts à passer sur la rive droite et à entamer l'action contre les troupes françaises qui occupaient Bazeilles.

De notre côté, l'armée de Châlons était formée, comme nous l'avons dit, autour de Sedan, depuis Bazeilles jusqu'à Floing.

A droite, le 12e corps était établi le long de la Givonne, la droite appuyée à la Meuse, la division d'infanterie de marine à

---

[1] On avait eu l'intention de faire sauter ce pont, des barils de poudre y avaient même été apportés, mais les bavarois s'en étaient emparés pendant le combat du 31 et les avaient vidés dans la Meuse. Nous devons dire du reste qu'ici comme à Donchery l'insuccès de cette opération n'a eu qu'une influence insignifiante sur la suite des événements.

Bazeilles, la division Lacretelle à La Moncelle, la division Grandchamp un peu en arrière, vers Fond-de-Givonne.

Venait ensuite le 1er corps, ayant en 1re ligne les divisions Lartigue et Wolff à Daigny et Givonne; en 2e ligne, les divisions L'Hériller et Pellé avec la cavalerie entre le ravin de Givonne et le bois de la Garenne.

A gauche était le 7e corps, ayant en 1re ligne les 2e et 3e divisions de Floing à Illy; la 1re division en 2e ligne; les 2 divisions de cavalerie de réserve occupaient ses extrémités, les cuirassiers Bonnemains entre Floing et la Meuse, la cavalerie légère Margueritte au calvaire d'Illy, reliant ainsi à peu près la droite du 7e corps à la gauche du 1er.

Enfin, au centre, vers le vieux camp et à Cazal, se trouvait le 5e corps, formant la réserve générale de l'armée.

L'armée française occupait ainsi les 2 côtés d'un triangle dont la Meuse, traversant Sedan, formait le 3e côté depuis Bazeilles jusqu'à Floing. On a dit que cette position n'était pas tenable parce qu'elle était dominée de tous côtés. C'est une de ces erreurs que peuvent répandre ceux qui n'ont pas étudié soigneusement le sujet et qui se propagent aisément dans la masse du public, mais qu'il importe de relever. Il est vrai que la place même de Sedan était dominée de toutes parts; mais *le trou de Sedan* et la position de l'armée française avant la bataille sont deux choses essentiellement différentes. Les corps 12, 1 et 7 occupaient justement les hauteurs qui avoisinent la place sur la droite de la Meuse. Non seulement ils n'étaient pas dominés, mais, soit sur la Givonne, soit sur le ruisseau de Floing, nos troupes se trouvaient établies presque partout très fortement, et nous sommes convaincu que si sur l'un ou l'autre de ces fronts notre armée n'eût eu à résister qu'à une attaque directe, elle l'aurait fait avec succès, même contre des forces très supérieures, jusqu'aux dernières heures de la journée.

Et cependant cette position, forte dans presque toutes ses parties, était faible dans son ensemble, par cette raison qu'elle était partout abordable, et que les Allemands étaient assez nombreux pour l'entourer. Il est vrai qu'en s'étendant à droite et à gauche pour se rejoindre entre l'armée française et la frontière belge, ils étaient obligés de s'affaiblir au sud; mais pour s'échapper de ce côté, il aurait fallu que l'armée française traversât la Meuse, et les Allemands n'avaient pas besoin de beaucoup de monde pour nous fermer le débouché de la tête de pont de Torcy, seul passage par lequel nous pouvions arriver sur la rive gauche. Il n'y avait donc qu'une manière de se dérober à l'étreinte des Allemands, c'était d'empêcher la réunion de leurs ailes au nord de Sedan. Or malheureusement, dans la journée du 31 on n'avait rien fait pour atteindre ce résultat. Sur la Givonne, les corps 12 et 1 occupaient à peu près tout l'espace entre la Meuse et les bois de la frontière; mais de l'autre côté le débouché du défilé de la Falizette restait complètement ouvert. Rien ne devait empêcher les troupes venant de Donchery de passer le défilé et de se déployer à leur aise entre Saint-Menges et Fleigneux, en essayant de rejoindre la droite de l'armée de la Meuse sur la haute Givonne. Dès lors l'armée française devait être cernée de toutes parts, dans l'impossibilité de s'ouvrir un passage, et par suite obligée de poser les armes.

Parfois, dit-on, la nuit porte conseil.

Ce ne fut pas le cas pour le maréchal de Mac-Mahon, qui jusqu'au dernier instant resta complètement aveuglé. Quand, le lendemain matin, obligé, par suite d'une blessure, de s'éloigner du champ de bataille, le maréchal remit son commandement à l'un de ses chefs de corps, l'armée était encore dans les mêmes positions que le 31 au soir, et en désignant son successeur il ne lui transmit aucune instruction au sujet des mouvements à exécuter pendant la bataille.

On le voit donc, le maréchal de Mac-Mahon, depuis la bataille de Beaumont, n'avait rien fait pour tirer l'armée de Châlons de la situation critique dans laquelle elle se trouvait.

Sans aucun doute il y avait des moyens de la sauver, et le maréchal n'en avait pas profité; au contraire, il y avait encore des fautes possibles, et il n'en avait pas évité une seule.

Avec de la décision et de l'activité, il était facile le 31 d'occuper les ponts de la Meuse entre Sedan et Mézières et de porter une partie de l'armée près de cette dernière place; il était facile ensuite de l'atteindre et d'en déboucher le jour suivant de manière à gagner la route de Paris ou au moins celle du Nord.

Avec un peu d'étude de la carte, il était facile de saisir l'importance du défilé de la Falizette, et, sans pousser au delà, de l'occuper au moins dans l'après-midi du 31.

On pouvait encore, le soir ou le lendemain à la première heure, en fermer le débouché.

De toutes ces ressources, le maréchal n'en aperçut aucune, et, chose incroyable, il se doutait si peu du danger qui menaçait son armée, qu'après l'avoir réunie autour de Sedan dans la journée du 31, il se proposait de l'y laisser encore le lendemain.

Aujourd'hui, repos pour l'armée. Tel est le dernier ordre que le maréchal avait l'intention de donner à l'armée de Châlons, et cette journée que d'après ses prévisions elle devait employer à se reposer, ce fut *la journée de Sedan.* Vingt-quatre heures après que cette dernière disposition fut arrêtée, l'armée française n'existait plus pour la défense du pays. Voilà le résultat que devait atteindre le maréchal par les fautes qu'il avait accumulées depuis plusieurs jours.

Il partage, il est vrai, avec le Ministre de la guerre, la responsabilité de l'idée première qui devait conduire l'armée française à sa ruine; s'il est au fond l'auteur principal des fautes commises entre le 28 et le 30 août, on peut dire cependant qu'en les commettant, il subissait encore l'influence des prescriptions du Ministre, et, de plus, que l'incurie de ses lieutenants les ont notablement aggravées.

Mais après la bataille de Beaumont il n'a tenu qu'à lui de sauver l'armée française.

Il sait bien le 31 août que l'on ne doit plus songer à aller à Metz et qu'il n'y a plus qu'à se retirer. Un peu de clairvoyance lui aurait montré qu'on ne pouvait y réussir qu'à la condition de se hâter.

Si donc le maréchal de Mac-Mahon n'entre que pour une faible part dans la conception du plan qui devait conduire l'armée à sa perte, on doit reconnaître que cette part n'a fait que s'accroître au fur et à mesure de l'exécution, si bien qu'à la veille du dénouement il est devenu le seul auteur des dernières fautes qui ont amené l'armée française dans la triste situation où elle se trouvait le matin du 1er septembre, et qu'il doit en supporter la responsabilité tout entière.

V.

SEDAN.

L'armée française en recevant la bataille, le 1er septembre, sur les positions qu'elle occupait autour de Sedan depuis la veille, pouvait-elle échapper à un désastre? Avait-elle encore le moyen de se soustraire à l'étreinte des Allemands, soit en évitant leur choc, soit en brisant le cercle qu'ils allaient s'efforcer de fermer autour d'elle? Voilà la question que nous voudrions d'abord examiner, en étudiant cette dernière phase des opérations de l'armée de Châlons. Or, il est manifeste par ce que nous avons déjà dit des mouvements exécutés par les Allemands pendant la journée du 31, que la situation de l'armée française au matin du 1er septembre était des plus critiques. Cependant la sagacité des chefs, la vigueur des troupes, les circonstances du terrain offrent tant de ressources à une armée, même très inférieure, qu'il n'est pas certain qu'à la condition de bien juger la situation et de mettre en œuvre tous ses moyens, on ne pût encore sauver sinon tout le matériel de l'armée, du moins son existence même, et en abandonnant à l'ennemi bien des traînards et des convois, éviter au moins de mettre bas les armes.

Avant tout, il importait de bien apprécier la nature du péril dont on était menacé. Or, la manœuvre que les Allemands étaient en train d'exécuter depuis la bataille de Beaumont était, en somme, assez simple. S'étant réunis sur la rive gauche de la Meuse, pendant la journée du 30 août, ils s'étaient ensuite ouverts comme une tenaille, avaient, le 31, prolongé leurs ailes, c'est-à-dire les mâchoires de la tenaille à droite et à gauche de l'armée française, afin de bien l'embrasser, et ils allaient maintenant refermer la tenaille, de manière à enserrer leur adversaire avec assez de force pour l'empêcher de se mouvoir. Or, à notre avis, s'il y avait un moyen de se dérober à cette étreinte, il n'y en avait qu'un seul. C'était de courir avec des forces suffisantes sur une des mâchoires de cette tenaille, avant qu'elle ne se fût refermée, de s'y attacher assez fortement pour l'empêcher de se rapprocher de l'autre, et même de la briser en s'ouvrant un passage. Nous pensons, de plus, que l'on ne pouvait atteindre ce résultat que d'une seule manière.

Il fallait se porter, avec trois corps sur quatre, au devant des deux corps prussiens venant de Donchery, par le défilé de la Falizette, les arrêter au débouché de ce passage, ou les y rejeter suivant les progrès de leur marche, pendant que le quatrième de nos corps d'armée défendrait avec acharnement le bois de la Garenne et le calvaire d'Illy.

Les dispositions à prendre pour mettre ce projet à exécution dépendaient de la répartition de nos troupes le matin du 1er septembre. Or, comme nous l'avons vu, le 1er corps était établi de Givonne à Daigny, ayant deux divisions en première ligne et les deux autres en deuxième ligne; le 12e corps occupait La Moncelle et Bazeilles, avec les divisions Lacretelle et Vassoigne, ayant sa troisième division en seconde ligne, près du vieux camp; le 7e corps était en position de Floing au bois de la Garenne; le 5e, entre le bois et Sedan, formait la réserve générale de l'armée. Pour exécuter le mouvement offensif sur Saint-Menges, il fallait prendre des troupes rapprochées de ce point, et susceptibles de changer de position sans amener de trouble dans la ligne de bataille, sauf à faire marcher ensemble des divisions de corps différents.

Le 7e corps était tout naturellement désigné pour être opposé aux Ve et XIe corps prussiens; ensuite, pour l'appuyer, les premières troupes à choisir étaient les divisons Pellé et Lhériller, du 1er corps, qui se trouvaient en 2e ligne en deçà de Givonne et de Daigny, et la division Grandchamp, du 12e. En adjoignant à ces trois divisions la moitié de l'artillerie de réserve du 12e corps et les divisions de cavalerie Bonnemains et Margueritte, en les faisant soutenir par tout le 5e corps, c'était une force de 55,000 hommes et même de 80,000 hommes, en y comprenant le 7e corps, que l'on pouvait opposer aux deux corps prussiens venant de Donchery, et qui ensemble n'atteignaient pas un effectif de plus de 50,000 hommes. On avait 250 pièces de canon contre 180, et une supériorité encore plus grande pour les autres armes. Si l'on eût pris ces dispositions seulement à 8 heures du matin, c'est-à-dire alors que les Prussiens commençaient à déboucher du défilé, vers 10 heures notre offensive pouvait se développer énergiquement entre Fleigneux et Saint-Menges, et obliger les Prussiens à la retraite.

Acculés au défilé après avoir subi des pertes sérieuses, les corps venus de Donchery eussent été ensuite facilement contenus par le 7e corps seul, et le reste des troupes employées à cette opération redevenait disponible pour soutenir la retraite du côté opposé. Sur cette partie du champ de bataille, on devait s'efforcer de reculer lentement, en défendant le terrain avec acharnement, et en s'attachant à rester toujours bien appuyé aux bois par la gauche. On avait pour cela 2 divisions du 1er corps et 2 du 12e, avec plus de 150 pièces de canon [1].

Dans ces conditions, il n'était peut-être pas impossible à l'armée, tout en cédant le terrain, de rester intacte jusqu'au soir. Il est vrai que tout n'était pas fini, car même après une brillante résistance nous ne pouvions guère éviter d'être acculés aux bois; à la suite d'une journée de lutte relativement heureuse, on n'avait cependant d'autre ressource, pour se sauver, que de filer la nuit à travers les bois, en longeant la frontière belge. C'eût été une entreprise des plus difficiles, dans laquelle on ne pouvait manquer de laisser en arrière bien des traînards et bien des voitures, mais si l'on évitait de capituler en masse, c'était un résultat inappréciable et le seul que nous puissions encore espérer atteindre. Nous croyons qu'avec les dispositions que nous venons d'indiquer il n'était pas impossible d'y réussir.

On pouvait peut-être concevoir l'idée d'exécuter une manœuvre analogue du côté opposé, c'est-à-dire rester sur la défensive vis-à-vis le défilé de la Falizette, et attaquer avec la principale partie de nos forces l'aile droite de l'armée allemande. Pour cela le 1er corps, soutenu par le 5e, aurait dû déboucher de Givonne et de La Chapelle sur la garde arrivant par Villers-Cernay, pendant que le 12e corps aurait tenu tête aux Saxons et aux Bavarois de Bazeilles à Daigny, et que le 7e corps se serait établi à Saint-Menges vis-à-vis du défilé.

Mais il faut remarquer d'abord que la garde prussienne pouvait être soutenue par une partie des Saxons et par le IVe corps, pendant que le reste des Saxons serait resté devant Daigny et les

---

[1] D'après l'ouvrage du grand état-major, les Allemands ont pris à Sedan 419 canons de campagne ou mitrailleuses; en supposant qu'on en eût employé 250 de Floing à Fleigneux, il en restait donc encore plus de 150 du côté opposé.

Bavarois devant Bazeilles, et par conséquent qu'on avait peu de chances d'obtenir un succès prolongé.

Mais même en supposant qu'on fût parvenu à s'ouvrir le chemin de Montmédy par Carignan, la situation restait toujours bien mauvaise; car, ou bien le 7e corps restait vis-à-vis du défilé et alors il était entouré de toute part pendant que le reste de l'armée marchait sur Carignan, ou bien ce corps battait en retraite sur Fleigneux et La Chapelle et alors l'aile gauche de l'armée prussienne était libre de déboucher sur Sedan; toutes les forces allemandes réunies pouvaient nous suivre sur Montmédy, et pour peu qu'un corps venu de Metz nous eût arrêtés le lendemain ou les jours suivants, on se retrouvait toujours sans ressource vis-à-vis de forces très supérieures. Par une pareille tentative on retrouvait toujours l'inconvénient qui était inhérent à tout mouvement vers Metz depuis le 29, et qui consistait à marcher vers l'inconnu et à être suivi par des forces doubles de l'armée française, sûres de la rattraper, pour peu qu'elle ait été arrêtée en chemin.

Ainsi l'attaque de l'aile droite allemande, outre qu'elle risquait d'échouer dès le début, ne pouvait, même après un premier succès, sauver l'armée française. Une tentative énergique dans la direction de Mézières était donc le seul moyen de se tirer d'affaire [1].

---

[1] On sait que cette question du choix de la direction dans laquelle il convenait de faire un suprême effort pour éviter une capitulation, a été l'objet de longues controverses. Le général Lebrun, entre autres, est d'avis que toute tentative exécutée dans la direction de Mézières devait échouer. Mais pour juger de la valeur qu'il convient d'accorder à son opinion, il suffit de voir comment il la motive. On lit dans son ouvrage (page 104) :

« Le 1er septembre, dès huit heures du matin, les troupes amenées de Metz « par le prince *Frédéric-Charles* avaient fait leur jonction avec le prince royal « de Saxe, et ces forces réunies enserraient déjà l'armée française. »

Or, tous ceux qui ont étudié, même sommairement, la guerre de 1870, savent d'abord que non seulement le prince Frédéric-Charles n'a amené à Sedan aucune troupe de Metz, mais que de plus il n'y est pas venu de sa personne. Ils savent aussi que l'armée de Châlons eut affaire, il est vrai, à deux armées allemandes, dont l'une comprenait deux corps venant de Metz, mais que ces deux armées étaient liées ensemble depuis le 23 août, l'une se trouvant à cette date en avant de Verdun, l'autre en avant de Bar-le-Duc, et que jusqu'au 31 août elles n'ont pas cessé de marcher réunies. Ils savent encore que le 31 août ces deux armées, qui en réalité n'en faisaient qu'une depuis huit jours, ont étendu leurs ailes de manière à fermer le cercle, et que la manœuvre du 1er septembre n'est autre que la jonction de ces deux ailes au nord de l'armée française, c'est-à-dire la fermeture du cercle. Ils savent, enfin, que cette jonc-

C'était au fond l'idée du général Ducrot qui, depuis la veille, était convaincu qu'il n'y avait de salut pour l'armée que dans une prompte retraite sur cette place. Aussi, dès que par le choix du maréchal de Mac-Mahon, blessé, il fut mis à la tête de l'armée, il prit sans hésitation ses dispositions pour commencer la retraite qu'il jugeait si nécessaire. A 7 heures du matin, sans rien connaître encore du mouvement des Prussiens venant de Donchery, il avait dirigé sur Illy les divisions Pellé et L'Hériller, du 1er corps, ainsi que la division Grandchamp, du 12e. L'apparition des Prussiens à Saint-Menges ne devait être qu'une raison de plus de continuer ce mouvement, afin de les empêcher de déboucher en force et de rester maître au moins des chemins conduisant en Belgique. Le général Ducrot avait discerné la situation de la manière la plus judicieuse, et comme son énergie était à la hauteur de sa sagacité, il n'est pas certain qu'en poursuivant l'exécution de ses projets il n'eût pas réussi à sauver l'armée.

Quant à l'idée de se retirer par Bazeilles, il suffit d'y réfléchir quelques instants pour voir qu'il n'y en avait pas de plus déraisonnable ; de ce côté on rencontrait l'armée de la Meuse toute entière, déployée sur de fortes positions, sans compter les trois divisions bavaroises qui y furent dirigées. C'était là que se trouvaient les principales forces allemandes; on était sûr d'échouer en les attaquant, C'est cependant ce que voulait le général de Wimpffen.

Si, du reste, on veut encore mieux se rendre compte de l'im-

---

tion n'a pas eu lieu à huit heures, mais vers midi, car les corps venant de Donchery n'ont débouché du défilé de la Falizette que vers neuf heures. Toutes les assertions du général Lebrun ne sont donc qu'une suite d'erreurs tellement stupéfiantes, qu'on ne pourrait croire qu'elles ont été exprimées par un ancien chef de corps de l'armée française, si l'on n'avait le texte sous les yeux.

Ce même auteur dit encore à la page suivante (105) :

« Après être descendu dans la plaine de Floing, il eût fallu faire un grand « détour par Saint-Menges, Vrigne-aux-Bois et Viviers, pour de là se rabattre « sur la grande route de Mézières. »

Or, il n'y a qu'à regarder la carte pour voir que Saint-Menges, Vrigne-aux-Bois et Viviers sont justement sur la route directe de Floing et d'Illy à Mézières. Quinze ans après les événements, le général Lebrun ne connaît donc pas plus le pays qui environne Sedan que les mouvements des troupes allemandes. Dès lors, je le demande, comment peut-il juger les projets du général Ducrot ou de tout autre, et quelle peut être la valeur de son opinion à ce sujet ?

possibilité de réaliser un pareil projet, il n'y a qu'à suivre la marche de la bataille ; car en somme c'est le plan du général de Wimpffen que l'armée française a essayé de mettre à exécution.

Ici encore moins qu'à Beaumont, nous n'avons pas l'intention d'examiner en détail les divers épisodes de la bataille. Nous nous contenterons d'en exposer sommairement les phases successives [1].

A quatre heures du matin, le Ier corps bavarois ayant passé la Meuse en deux colonnes sur le pont du chemin de fer et sur un pont de bateaux jeté près d'Allicourt, entame l'action en se portant sur Bazeilles. Son artillerie, en position sur les hauteurs de Remilly, était en mesure d'appuyer l'attaque. Il occupe facilement les premières maisons du village, mais bientôt rencontre une résistance acharnée de la part de l'infanterie de marine. Pendant ce temps, les Saxons venant de Douzy se dirigent sur La Moncelle et Daigny, qui sont occupés par la division Lacretelle du 12e corps, et la division Lartigue du 1er corps. Là comme à Bazeilles, les Français luttent vigoureusement, faisant de fréquents retours offensifs. A sept heures, les Bavarois n'ont encore fait aucun progrès de quelque importance dans Bazeilles, et les Saxons sont plutôt obligés de se défendre sur la rive gauche de la Givonne. C'est à ce moment que le général Ducrot reçoit du maréchal de Mac-Mahon, blessé, le commandement de l'armée. Persuadé depuis 24 heures qu'une retraite sur Mézières pouvait seule sauver l'armée, sachant du reste que des masses allemandes considérables étaient en marche de sa droite à sa gauche, le nou-

---

[1] En étudiant les opérations de l'armée de Châlons, c'est du reste au point de vue de la stratégie que nous avons voulu surtout nous mettre, c'est-à-dire de cette partie de l'art de la guerre qui a pour objet de déterminer les objectifs, ainsi que les directions qu'il convient de suivre pour les atteindre ; c'est ensuite à la logistique et à la tactique de développer et de réaliser les conceptions de la stratégie.

On peut dire d'une autre manière que la stratégie est la science des généraux en chef ou *des moteurs* ; la logistique, la science des officiers d'état-major ou des *organes de transmission* ; la tactique, la science des officiers qui commandent directement les troupes et dirigent l'exécution, ou *des machines-outils* ; de ces trois parties de l'art de la guerre, la logistique seule est une science positive ; mais c'est aussi de beaucoup la plus facile, les esprits les plus vulgaires y sont propres.

veau général en chef comprend que tout ce qui se passe sur la basse Givonne n'est pas bien sérieux, et qu'il importe de ne pas se laisser leurrer par des succès qui ne peuvent être durables; sans perdre de temps, il ordonne la retraite dans la direction d'Illy et du bois de la Garenne.

Les troupes françaises, vers huit heures, se disposent à évacuer la Givonne en se retirant par échelons.

Mais bientôt intervient le général de Wimpffen.

Ayant eu avis de l'apparition des Allemands sur la route de Mézières, il en avait conclu que cette route était fermée; constatant en même temps la vigoureuse résistance des troupes françaises sur la Givonne, il avait conçu l'espoir, non seulement de briser l'attaque allemande de ce côté, mais même de réussir à s'ouvrir le chemin de Carignan.

Les troupes du 12e corps avaient à peine commencé l'exécution des ordres du général Ducrot, lorsque le général de Wimpffen, s'appuyant sur la lettre du Ministre qu'il avait entre les mains, réclama le commandement et aussitôt arrêta le mouvement de retraite; le 12e corps, au lieu de se retirer, recommença la lutte à Bazeilles et à La Moncelle avec une nouvelle énergie.

Mais à cette heure de la journée, c'est-à-dire vers 9 heures, le Ier corps bavarois et les Saxons pouvaient compter sur de nombreux renforts. Une division du IIe corps bavarois était en marche sur Bazeilles, par le pont du chemin de fer, tandis que la 8e division prussienne, ayant déjà dépassé Remilly, était en mesure de se porter également sur la rive droite, par le pont d'Allicourt. La 7e division traversait en même temps Douzy, pour se porter sur Lamécourt et servir de réserve aux Saxons et aux Bavarois.

Enfin, la garde s'avançant par Francheval avait déjà dépassé Villers-Cernay et était en mesure, d'une part, d'aider les Saxons sur Daigny, et, d'un autre côté, de marcher sur Givonne et Illy. Devant ces renforts, arrivant coup sur coup entre 10 et 11 heures, non seulement tous les retours offensifs des Français sont arrêtés, mais bientôt les Allemands, préparant leurs attaques avec une formidable artillerie, sont en mesure de nous chasser de toutes nos positions.

Vers 10 heures et demie, Daigny est pris par les Saxons, et la division Lartigue se retire dans la direction de Fond-de-Givonne et du bois de la Garenne. A ce moment, l'infanterie de marine tient encore ferme dans la partie nord-ouest de Bazeilles. Mais enfin, à 11 heures, accablée par le nombre et par l'artillerie, elle est obligée d'évacuer le village et de se retirer sur Balan [1].

A peu près à la même heure, les batteries du 1er corps, établies entre Daigny et Givonne, ont dû céder devant le feu de l'artillerie de la garde; l'infanterie prussienne parvient à occuper le village de Givonne, sans cependant être encore en mesure d'en déboucher. Pendant que l'infanterie allemande s'installe sur les positions conquises, la division de cavalerie de la garde se dirige sur Fleigneux, en contournant le bois de la Garenne.

Ainsi, avant midi, le 1er corps et le 12e corps français avaient dû abandonner toute la ligne de la Givonne devant l'offensive des Allemands, se propageant de leur gauche à leur droite. Mais ceux-ci avaient été obligés de faire entrer en ligne 3 divisions bavaroises et presque toute l'armée de la Meuse. La 7e division du IVe corps prussien se trouvait seule en réserve à Lamécourt, où elle était parvenue, vers 10 heures du matin, après avoir passé la Chiers à Douzy. Malgré ce déploiement de forces, égales à plus de 100,000 hommes, et le feu formidable de

---

[1] Les défenseurs du général de Wimpffen prétendent que les ordres du général Ducrot ont amené l'évacuation prématurée de Bazeilles, et que c'est cela qui ensuite a empêché de percer les lignes ennemies du côté de Carignan. Le général Lebrun, sans croire à la possibilité d'un succès dans cette direction, semble cependant admettre que les ordres du général Ducrot ont sérieusement affaibli la résistance à Bazeilles. Mais entre le récit du commandant du 12e corps, qui, à part quelques épisodes personnels sans importance, ne renferme que des souvenirs assez vagues et fourmille d'erreurs de toute sorte, et celui du grand état-major allemand, si consciencieux d'un bout à l'autre, je ne crois pas que l'on puisse hésiter un seul instant. Or, les Allemands affirment qu'ils n'ont occupé Bazeilles qu'à 11 heures, après une lutte acharnée. Ils reconnaissent bien que vers 8 h. 1/2 la résistance a paru s'affaiblir, et, en effet, il y a eu en réalité à ce moment un commencement de retraite, mais non une évacuation du village, et quand le général de Wimpffen est venu arrêter le mouvement rétrograde, la lutte a pu de suite reprendre toute son intensité. Les ordres du général Ducrot n'ont donc reçu qu'un commencement d'exécution, qui n'a eu que peu d'importance sur la prolongation de la résistance à Bazeilles. Cette résistance a dû cesser à 11 heures, parce que nos troupes avaient devant elles des forces triples, et qu'elles étaient accablées par le feu de l'artillerie allemande. Du reste, on ne saurait trop le répéter, la possession de Bazeilles n'avait qu'une influence secondaire sur le résultat de la journée. C'était à Illy et à Fleigneux qu'il fallait se maintenir à tout prix, car c'était la seule manière de ne pas être complètement cerné.

plus de 300 pièces de canon, les troupes françaises du 12e et du 1er corps, tout en se retirant, étaient encore en mesure de combattre. Après avoir évacué la Givonne, elles occupaient une nouvelle position depuis Balan, à droite, jusqu'au delà du bois de la Garenne, et elles étaient encore capables d'y présenter une résistance prolongée aux adversaires avec lesquels elles luttaient depuis le matin.

Mais déjà, depuis 3 heures, le canon se faisait entendre sur la route de Mézières, et signalait l'arrivée sur le champ de bataille de l'aile gauche de la IIIe armée. Celle-ci comprenait, comme nous l'avons dit, les corps prussiens V et XI et la division wurtembergeoise, avec les 2e et 4e divisions de cavalerie.

Dès le petit jour, les deux corps prussiens passèrent la Meuse à Donchery, sur plusieurs ponts, le XIe corps tenant la droite, et s'avancèrent sur Vrigne-aux-Bois. N'y rencontrant aucune troupe française et entendant le canon qui grondait depuis le matin du côté de Sedan, ils continuèrent par le défilé de la Falizette, dans l'intention de déboucher sur les derrières de l'armée française.

Le défilé n'étant pas occupé, ils purent, sans difficulté, s'y engager et en sortir. L'artillerie du XIe corps tenait la tête, soutenue seulement par quelques bataillons et précédée de plusieurs escadrons. Les Français n'avaient rien fait pour occuper ni même surveiller cette position si importante du champ de bataille. Vers 8 heures seulement, une patrouille de chasseurs d'Afrique envoyée en reconnaissance sur Saint-Menges, aperçut l'avant-garde de cavalerie prussienne qui arrivait à Saint-Albert, et devant laquelle elle se replia.

A 9 heures, plusieurs batteries vinrent s'établir sur la hauteur qui se trouve au sud-est de Saint-Menges, et ouvrirent le feu contre l'artillerie du 7e corps, en position sur le plateau entre Floing et le calvaire d'Illy.

Quoique éprouvant de grandes pertes, ces batteries se maintinrent contre l'artillerie française, d'abord très supérieure en nombre ; mais bientôt le reste des batteries du XIe corps venant soutenir les premières, la lutte se transforma à leur avantage. Pendant que s'engageait une formidable canonnade, les quelques bataillons dont disposaient les Allemands poussaient des pointes partie sur Floing, partie sur Fleigneux, et parvenaient à s'y installer; le reste prenait position près de l'artillerie, pour la soutenir.

A 10 heures, toute l'artillerie du XIe corps était en ligne, et déjà celle du Ve, la suivant de près, avait atteint Saint-Menges et était en marche sur Fleigneux. Une heure plus tard, à 11 heures, dix batteries de ce dernier corps étaient en action, prolongeant la ligne d'artillerie du XIe corps jusqu'au delà de ce village; mais l'infanterie du Ve corps était encore loin et les batteries ne pouvaient être soutenues que par quelques compagnies du XIe corps et 10 escadrons, qui furent réunis à cet effet derrière l'extrême gauche de la ligne des bouches à feu. A partir de ce moment, nous allions avoir à lutter de ce côté contre 150 pièces de canon, joignant leur feu à celles qui étaient en action sur la Givonne. Avant midi, la jonction de l'aile gauche de la IIIe armée était faite avec la cavalerie de la garde. Le cercle était fermé; cependant la soudure était encore faible entre Givonne et Fleigneux; mais les Français ne faisant rien pour la rompre, les Allemands purent facilement la renforcer, d'une part, par une division de la garde, de l'autre, par une division du Ve corps, qui s'avançait rapidement par Saint-Menges. En attendant, l'inaction des Français du côté d'Illy permettait déjà aux quelques bataillons prussiens réunis de ce côté, de faire des progrès sous la protection de leur artillerie. Malgré une charge vigoureuse des chasseurs d'Afrique, conduits par le général de Galliffet, ils parvinrent à occuper le village d'Illy et prirent aussitôt leurs dispositions pour marcher sur le Calvaire, mais leur première tentative pour s'en emparer échoua devant la résistance de nos troupes. Le général de Wimpffen, en effet, comprenant enfin toute la gravité du mouvement par Donchery, avait dirigé de ce côté une partie du 1er corps. L'arrivée de ces troupes était suffisante pour arrêter le premier choc de l'ennemi, mais il était trop tard pour obtenir un succès prolongé. Il était près de 2 heures, et à ce moment la ligne allemande non seulement était devenue assez solide pour résister à notre attaque, mais elle allait être bientôt en mesure de nous chasser de nos positions.

A cette heure de la journée, les corps V et XI avaient chacun une division en première ligne de Floing à Fleigneux, l'autre division du XIe corps était formée derrière Saint-Menges, celle du Ve au champ de la Grange. 40,000 hommes étaient en mesure de soutenir le feu de 150 pièces de canon. Sur la haute Givonne, l'artillerie de la garde avait changé de position en avançant à l'est du bois de la Garenne. La jonction des forces allemandes au nord de Sedan était complète; la tenaille était fermée assez solidement pour résister à tous les efforts des Français. En même temps les batteries saxonnes s'étaient approchées au sud du bois de la Garenne, pendant que l'artillerie bavaroise et celle du IVe corps couvraient de feu le terrain compris entre ce bois et Sedan.

Enfin, un troisième groupe d'artillerie s'était formé, depuis le matin, sur la rive gauche de la Meuse, près de Wadelincourt, comprenant la plus grande partie des batteries du IIe corps bavarois. La position occupée par l'armée française était ainsi battue de tous côtés par 500 pièces de canon croisant leurs feux sur nos troupes, atteignant les réserves aussi bien que les bataillons de première ligne. Sous cette grêle de feu la résistance était devenue impossible. Les Allemands auraient pu s'en tenir là, et sans rien faire de plus que de continuer cette effroyable canonnade, assurer la perte de l'armée française. Cependant nos troupes, sur plusieurs points, luttaient encore avec vaillance, et quoique le combat fût sans espoir, il dura encore plusieurs heures.

D'abord, vers 2 heures, les Allemands s'emparèrent assez facilement du calvaire d'Illy; peu de temps après ils parvinrent à occuper la croupe du plateau situé au sud-est de Floing, énergiquement défendue jusqu'à ce moment par la division Liébert, du 7e corps. C'est à ce moment que, pressé de tous côtés, le général Ducrot eut recours à la cavalerie pour tenter un dernier effort. La division Margueritte, appuyée de plusieurs escadrons de lanciers et de cuirassiers, débouche du bois de la Garenne, et malgré la perte de leur chef, blessé grièvement avant la charge, ces cavaliers s'élancent avec fureur contre les fantassins et les batteries allemandes, charge héroïque et trois fois renouvelée, où tombèrent la moitié des soldats français, mais qui ne pouvait que se briser contre le cercle de fer et de feu qui nous enserrait.

Elle retarda de quelques instants les progrès des Prussiens, mais ne pouvait les arrêter.

L'artillerie allemande avait à peine cessé son feu convergent contre le bois de la Garenne, qui était devenu maintenant le but principal de ses efforts, et qui à 3 heures était encore occupé par des fractions assez considérables des 1er et 7e corps. Pendant ce temps le général de Wimpffen avait pris une dernière résolution;

dans la matinée, son espoir avait été de résister victorieusement sur la Givonne à tous les efforts de l'assaillant, et après l'avoir épuisé de prendre à son tour l'offensive pour le rejeter sur la Meuse. Il n'avait vu dans le mouvement par Donchery qu'une diversion de peu d'importance dont il aurait facilement raison, si tout d'abord il résistait à l'ennemi qu'il avait devant lui. Mais à partir de midi, il ne pouvait plus se faire d'illusion sur la nature de l'opération exécutée par les Allemands sur la route de Mézières. Il conçut alors le projet d'exécuter de suite l'offensive qui, dans sa première idée, ne devait être que la conséquence d'une première victoire obtenue en se défendant.

Pour atteindre ce but, il dirigea, vers 2 heures, sur Balan, que les Bavarois avaient occupé peu de temps après Bazeilles, toutes les troupes qu'il put rassembler des corps 1, 5 et 12, laissant au général Douay le soin de contenir les troupes de Floing, de Saint-Menges et de Fleigneux. Sous cet effort énergiquement conduit par le général de Wimpffen en personne, nos troupes parvinrent à rentrer dans Balan, et, après une lutte acharnée dans laquelle le général en chef montra le plus brillant courage, elles réussirent à en chasser complètement les Bavarois. Mais là devaient s'arrêter leurs succès. Bientôt une grêle de projectiles tombe sur le village reconquis par les Français, et des troupes du IVe corps, ralliant les Bavarois en retraite, les reportent en avant.

Les Français, épuisés par la lutte qu'ils venaient de soutenir, brisés par le feu de l'artillerie allemande, ne sont plus en état de soutenir un nouveau choc. Le général de Wimpffen, après s'en être convaincu, ordonne lui-même la retraite. Il était près de 5 heures.

Au même moment les troupes de la garde et celles du Ve corps occupaient définitivement le bois de la Garenne, non cependant sans avoir eu à vaincre encore de ce côté une résistance. Le résultat était néanmoins complet : l'armée française, dans le plus grand désordre, était rejetée de toutes parts sur les fossés de Sedan, toute résistance était devenue impossible, il n'y avait plus qu'à capituler. Telle fut dans son ensemble la bataille de Sedan, et le résumé que nous venons de présenter suffit, croyons-nous, pour que l'on se rende bien compte de ce que l'armée française pouvait encore sauver aux diverses heures de la journée, et des dispositions qu'elle devait prendre pour y réussir.

Bien entendu, nous partons des positions occupées au commencement de la bataille; nous admettons les fautes de la veille sans vouloir y revenir.

On voit d'abord que de 4 heures à 9 heures du matin, l'armée française n'a eu devant elle que le Ier corps bavarois et les Saxons attaquant ses positions de Bazeilles à Daigny.

Il est possible que par un effort vigoureux et simultané de toutes les troupes des corps 1 et 12, appuyées par le 5e, on fût d'abord parvenu non seulement à arrêter ces deux corps allemands, mais même à les faire reculer. Mais bientôt ces deux corps eussent été soutenus par le IVe corps et par la garde prussienne, qui sans aucun doute auraient au moins suffi à mettre un terme aux premiers progrès des troupes françaises, en attendant que les corps arrivant par la route de Mézières eussent fait des progrès sur les derrières de l'armée française. Nos corps situés sur la Givonne n'ayant pas pris l'offensive à 5 heures du matin, et les deux premiers corps allemands n'étant pas supérieurs aux forces qu'ils avaient devant eux, la lutte se prolongea jusqu'à 10 heures, acharnée, entre Bazeilles et Daigny. Mais à ce moment la garde, la 7e division prussienne, une 3e division bavaroise commençaient à entrer en ligne.

Les premières positions françaises furent emportées et nos troupes en prirent une seconde, s'étendant depuis Balan jusqu'au delà du bois de la Garenne. Les corps 1, 5 et 12 formaient à peu près 100,000 hommes; l'armée de la Meuse, avec les Bavarois, comprenait environ 110,000 hommes. Malgré cette supériorité de 10,000 hommes, nous croyons que les corps français, établis sur de fortes positions, auraient pu tenir bon très longtemps, peut-être jusqu'au soir, s'ils n'avaient eu d'autre souci que de résister aux adversaires qu'ils avaient devant eux. Mais il fallait pour cela arrêter les corps allemands venant de Donchery. Ce devait être la tâche du 7e corps. Or, le général Douay savait mieux que personne qu'il y avait des Allemands sur la route de Mézières depuis la veille; il en avait lui-même prévenu le maréchal de Mac-Mahon. Ses troupes étant établies de Floing à Illy, son premier soin devait être, à la pointe du jour du 1er septembre, de pivoter sur sa gauche en portant sa droite sur Saint-Menges, et ne pouvant sans doute plus occuper le défilé, il devait s'établir à son débouché avec 2 divisions, 60 pièces de canon et 2 batteries de mitrailleuses. N'ayant pas pris ce parti à la pointe du jour, le général Douay devait au moins se porter en avant, lorsque, à 8 heures, l'avant-garde prussienne fut signalée à Saint-Albert. Il était encore temps de s'établir à Saint-Menges et sur la hauteur qui se trouve au sud-est de ce village, vis-à-vis le défilé et à deux kilomètres de son débouché, là même où les premières batteries du XIe corps prussien vinrent prendre position.

Pourquoi le général Douay est-il resté immobile devant le mouvement des deux corps prussiens, les laissant libres de se déployer sur le champ de bataille? Son immobilité ne s'explique que par cette inertie qui était le fond de la conduite des généraux français depuis le commencement de la guerre. Quoi qu'il en soit, c'est la première faute commise dans la journée, et le général Douay est d'autant moins excusable, qu'à 7 heures le maréchal de Mac-Mahon étant hors de combat, son droit d'initiative s'augmentait en raison de la disparition du chef de l'armée. Quant à la conséquence de cette faute, elle est trop manifeste pour qu'il soit nécessaire d'insister. Remarquons, du reste, que le mouvement que nous venons d'indiquer n'eût pas suffi à sauver l'armée française. En restant sur la défensive, soit sur la Givonne, soit à Saint-Menges, on aurait bien retardé les progrès des Allemands, mais on n'aurait pas réussi à les arrêter d'une manière complète; car ils pouvaient encore filer soit sur Fleigneux par La Chapelle, soit par le champ de la Grange, et la jonction qui devait nous perdre, quoique retardée, n'eût pas été rendue impossible. Et, du reste, quand même elle ne se fût pas faite dans la journée, nous n'en restions pas moins pris entre deux feux, et obligés de poser les armes, sinon le jour même, du moins le lendemain.

Il ne suffisait donc pas de résister aux attaques des Allemands et d'empêcher le cercle de se fermer; il fallait en sortir, et pour cela prendre quelque part une énergique offensive.

Or, il est hors de doute que si les forces établies depuis Sedan jusqu'au bois de la Garenne pouvaient, à la rigueur, contenir les Allemands, c'était tout ce qu'elles pouvaient faire. C'était là qu'était le gros des forces ennemies; il est certain que toute offensive de ce côté eût complètement échoué. C'est là un point qui doit être considéré comme bien établi, dès que l'on s'est bien rendu compte de la répartition des forces allemandes aux premières heures du 1er septembre. S'il y avait encore une issue possible, il fallait donc la chercher du côté opposé. Pour cela il fallait renoncer à s'acharner indéfiniment du côté de la Givonne, se contenter de combattre en se retirant le plus lentement possible sur Illy et sur Fleigneux; à cet effet ne laisser devant les Bavarois et l'armée de la Meuse qu'une quarantaine de mille hommes, et avec le reste joindre le 7e corps et s'efforcer d'ouvrir un passage sur la route de Mézières.

Si le général Douay eût commencé à occuper la position de Saint-Menges, il fallait, avec trois divisions des corps 1 et 12 et le gros de la cavalerie, venir appuyer sa droite, en marchant par Illy et Fleigneux sur le champ de la Grange, arrêter définitivement les Prussiens sortant du défilé, et s'engager ensuite à travers les bois dans tous les chemins qui conduisent à Bosséval.

Le 7e corps n'ayant pas pris les devants, c'était cependant la même opération qu'il fallait encore exécuter, et au lieu de suivre le général Douay, il fallait l'entraîner dans cette offensive; après avoir laissé les Prussiens déboucher du défilé, il fallait les y refouler, et s'efforcer ensuite de gagner Bosséval à travers les bois.

Si l'on est bien convaincu que toute tentative exécutée du côté de la Givonne ne pouvait qu'échouer, il est manifeste que l'opération que nous venons d'indiquer était la seule que l'on pût tenter. Or, on doit reconnaître en même temps qu'elle offrait quelques chances de succès.

Il fallait, pour exécuter cette offensive, se porter en avant en deux colonnes : à droite, les divisions Pellé et L'Hériller, du 1er corps, marchaient sur Fleigneux, le long des bois, avec les divisions de cavalerie Michel, Margueritte et Bonnemains, dont l'artillerie eût été augmentée des batteries à cheval du 1er corps; à gauche, la division Grandchamp avec dix batteries et la cavalerie du 12e corps marchaient par Illy. Une fois ces dispositions prises, vers 10 heures du matin préparer l'attaque avec les 150 bouches à feu tirées des corps 1, 12 et 5, et joindre leur feu aux 90 pièces du 7e corps; développer cette offensive par une fusillade des plus intense; au premier signal d'ébranlement ou de retraite des Prussiens, lancer à fond sur leur artillerie les

80 escadrons[1] dont on disposait, pour la charger sans relâche; telle était la marche à suivre pour refouler les Prussiens sur le défilé, et l'on peut dire qu'avec l'héroïsme que nos cavaliers ont montré dans cette journée, mais malheureusement alors que tout était perdu, avec la fermeté de notre artillerie, avec l'entrain de nos fantassins, que l'on eût certainement surexcités en leur montrant que le salut de la France était là, on avait des chances sérieuses de refouler les Prussiens.

Or, comme nous l'avons déjà dit, c'est là que devaient conduire les dispositions prises par le général Ducrot à 7 heures du matin; il avait décidé la retraite du côté de la Givonne, et déjà donné ses ordres à deux des divisions du 1er corps pour les porter sur Illy.

Si ces ordres eussent été exécutés, 30,000 hommes des corps 1 et 12 auraient été réunis à 9 heures entre Illy et Fleigneux; on était en mesure de refouler les Prussiens. Malheureusement l'intervention du général de Wimpffen vint tout empêcher[2]. Parce que les troupes qu'il avait sous les yeux obtenaient quelques succès, il a cru qu'il pouvait culbuter l'armée ennemie, raisonnant ainsi comme un officier subalterne qui ne voit que ce qui se passe devant lui, sans rien comprendre à l'ensemble de la bataille; un général sur le terrain a rarement donné preuve d'une pareille aberration, et ce qui est encore plus extraordinaire,

---

[1] La division Margueritte comprenait 5 régiments, soit 20 escadrons.
— Bonnemains — 4 — 16 —
— Michel — 6 — 24 —
— Fénelon — 6 — 24 —

Ces quatre divisions formaient donc un total de. . . . . 84 escadrons.

Il est vrai qu'il convenait de laisser quelque cavalerie sur la Givonne, mais on pouvait la remplacer par les 3 régiments du 7e corps. On disposait donc bien de 80 escadrons au moins pour appuyer le mouvement sur Saint-Menges et Fleigneux.

[2] Nous ne prétendons pas que le général Ducrot ait, dès le matin, arrêté avec précision les dispositions qu'il fallait prendre pour culbuter les Prussiens sur le défilé. Il ne pouvait en être ainsi, puisque ce général ne connaissait pas l'arrivée des troupes de Donchery. Nous disons seulement que ses premières instructions y conduisaient naturellement, et qu'après avoir réuni une partie de l'armée française à Illy, on était en mesure, au premier signal de l'apparition du XIe corps, d'attaquer sur Saint-Menges avec énergie; les premiers ordres du général Ducrot n'étaient donc pas le salut, mais ils y conduisaient presque forcément.

c'est qu'il paraît que le général, dix ans plus tard, était toujours convaincu qu'on pouvait battre les Allemands, et que notre désastre n'a été amené que par le manque de concours des généraux français. C'est là un de ces combles de l'illusion qui laisseront un souvenir dans l'histoire; car on peut dire que dès que le général de Wimpffen eut imposé son autorité pour mettre à exécution ses projets, il n'y avait plus de ressources pour l'armée française; non seulement son désastre était inévitable, mais il était certain qu'en quelques heures elle allait être cernée et à la merci de l'armée allemande. Si, au contraire, le général Wimpffen, adoptant les idées du général Ducrot, se fût mis lui-même à la tête de l'offensive par Fleigneux, et qu'il y eût montré le brillant courage dont il fit preuve du côté opposé, et que nous sommes loin de contester, il est très probable qu'il eût réussi à culbuter les Prussiens sur le défilé. Il eût sans doute été difficile de les en chasser par une attaque de front, mais c'était déjà un résultat important que de devenir maître des chemins situés plus au nord.

Après avoir atteint ce résultat, on laissait le 7e corps seul vis-à-vis du défilé, on dirigeait la cavalerie Margueritte avec les divisions Pellé et L'Hériller à travers les bois sur Bosséval pour ouvrir le chemin de l'armée, tandis que le 5e corps, la division Grandchamp et la cavalerie Bonnemains restaient disponibles pour appuyer la retraite des troupes laissées sur la Givonne.

Avec ces moyens on avait des chances de tenir bon jusqu'au soir à la lisière des bois, et la nuit on se sauvait en suivant les chemins ouverts par la cavalerie. Peut-être même les troupes envoyées l'après-midi sur Bosséval, combinant leurs efforts avec la division du 13e corps venant de Mézières, seraient-elles parvenues à forcer les Prussiens à évacuer le défilé en les prenant en flanc et à dos, ce qui aurait notablement facilité la retraite. Pour notre malheur, le général de Wimpffen se trouva là pour arrêter l'exécution des projets du général Ducrot. C'est cet antagonisme qui est profondément regrettable; c'est lui qui est la dernière cause de la catastrophe de l'armée de Châlons. A 11 heures, le cercle était fermé, les mâchoires de la tenaille s'étaient rejointes; cependant la soudure était encore faible; si l'on eût eu sous la main des forces suffisantes, il eût été peut-être encore possible de la rompre et de se jeter dans les bois de la frontière. Mais au lieu de tenter ces derniers efforts sur ce point qui, après le passage du défilé, était la clef du champ de bataille, on laissa les Allemands renforcer leurs positions pour prendre Illy et le Calvaire. A 2 heures, l'armée française était irrémédiablement perdue; quoi qu'elle fît à partir de ce moment, elle ne pouvait plus éviter de poser les armes. Nous ne sommes pas de ceux qui croient devoir reprocher à l'empereur d'avoir dès ce moment hissé le drapeau blanc. Ce n'était sans doute pas la marque d'un bien grand héroïsme; mais, en somme, cette détermination n'était que le résultat d'une saine appréciation de la situation de l'armée française. S'ensuit-il que nous blâmions le général de Wimpffen d'avoir voulu continuer la lutte? Tout au contraire, nous pensons que cette résolution lui fait le plus grand honneur. Mais nous l'admirons exactement au même titre que les dernières charges des chasseurs d'Afrique. Le général devait savoir à ce moment qu'en prolongeant la résistance il ne pouvait plus y trouver que l'occasion d'une mort glorieuse.

Mais en rendant justice au courage du dernier chef de l'armée de Châlons, il faut reconnaître en même temps que cette situation désespérée était la conséquence de ses dispositions.

Sans doute, il n'est pour rien dans les fautes des jours précédents, et ce n'est pas lui qui est responsable d'avoir conduit l'armée à Sedan.

Mais le matin du 1er septembre il y avait probablement encore un moyen d'échapper à une ruine complète; le général Ducrot voulait profiter de cette dernière chance, qu'il avait clairement entrevue, et ce n'est que le général de Wimpffen qui l'en a empêché. Voilà, croyons-nous, le jugement auquel doit conduire une étude impartiale des tristes événements de cette journée, et plus nous réfléchissons sur cette question, plus nous sommes convaincu que si le général de Wimpffen au lieu d'arrêter le général Ducrot fût entré dans ses vues, ils auraient sauvé l'armée; tous deux réunissant leurs efforts pour atteindre un but nettement défini, tous deux luttant d'activité et de courage, car s'ils différaient par le savoir et par le coup d'œil, ils étaient également intrépides, tous deux ayant à entraîner les chasseurs d'Afrique et les cuirassiers de Reischoffen, les lançant vers 9 ou 10 heures du matin sur l'artillerie prussienne mal soutenue et les faisant soutenir par 30,000 fantassins et 250 bouches à feu, ils auraient pris une bonne partie des pièces allemandes et rejeté le reste sur le défilé. C'est qu'au fond le mouvement des Allemands par Donchery était des plus imprudents. Malgré le succès de cette opération, le général de Blümenthal crût devoir reconnaître devant le général Ducrot, quelques jours après la bataille, qu'elle n'était pas sans danger, et que jusqu'à 1 heure on n'était pas sans inquiétude du côté des Allemands.

« Mais à la guerre, ajouta-t-il, il faut agir d'après le moral de ses adversaires ; nous vous savions bien abattus, nous pouvions donc beaucoup oser ; » mais l'abattement de l'armée n'était pas tel qu'elle ne fût encore capable d'un grand effort si le commandement ne lui avait pas fait défaut. Or, les circonstances venaient de mettre à sa tête un homme aussi clairvoyant qu'intrépide, et il a fallu que ce véritable homme de guerre fût arrêté dans l'exécution de ses desseins pour que les Allemands n'aient pas eu à se repentir de leur témérité.

Les Prussiens doivent, du reste, savoir mieux que d'autres que leur manœuvre n'était pas sans danger, car elle offre quelque analogie avec celle que les Autrichiens ont exécutée à Liegnitz devant Frédéric. Ceux-là aussi avaient vis-à-vis du roi de Prusse une armée très supérieure en nombre à celle qu'il commandait, et en passant la Katzbach, ils se proposaient, comme les Prussiens à Sedan, de mettre leur adversaire entre deux feux. Mais ils avaient devant eux le plus grand capitaine du siècle, qui en décampant la nuit tomba sur les corps qui devaient le tourner, et transforma le désastre qui l'attendait en une victoire complète; tant il est vrai que les principes de l'art de la guerre ne sont pas absolus et qu'ils ne valent que par l'application que l'on en fait[1].

Les Français avaient de grandes chances d'obtenir un résultat semblable à celui de Frédéric, si dans la soirée du 31 et dans la nuit suivante ils avaient pris leurs dispositions pour déboucher en masse sur Vrigne-aux-Bois à la pointe du jour du 1er septembre. Ne l'ayant pas fait, il est évident qu'ils ne pouvaient

---

[1] On peut voir à ce propos l'étude que j'ai publiée, il y a quelques années, sur ce principe de Napoléon : *qu'il faut tourner ou déborder une aile sans séparer l'armée.* (*Une Maxime de Napoléon*, juin 1879)

plus espérer une victoire; mais en exécutant les projets du général Ducrot, ils avaient encore les moyens de se frayer un passage en échappant à une ruine complète. On peut dire de ce général qu'en appréciant le 31 avec la plus grande sagacité la situation de l'armée, qu'en prenant le lendemain des dispositions aussi promptes que judicieuses, il a montré les qualités d'un général de grand mérite.

Seul, parmi nos chefs, il était digne de conduire l'armée. S'il en eût été chargé, il n'aurait pas commis toutes les fautes des jours précédents, et le 1er au matin il était encore capable, si on l'eût laissé faire, de les réparer dans la mesure où elles étaient réparables.

On peut dire, au contraire, du général de Wimpffen, que son intervention a été aussi désastreuse que déraisonnable. Quoique ayant entre les mains une lettre de service du Ministre, il aurait dû éviter de s'en servir, car arrivé à l'armée seulement depuis 24 heures, il ne connaissait rien de sa situation matérielle et morale, et il n'en savait pas davantage des propriétés du terrain qu'elle occupait.

Ce général connaissait si peu le pays qui environne Sedan, que quand le général Ducrot essaya de lui faire comprendre l'importance d'Illy, importance manifeste pour quiconque étudiera la carte, il ne sut que lui répondre : « Qu'est-ce que c'est qu'Illy? »

Puisque le général de Wimpffen ne savait pas ce que c'était qu'Illy, il n'avait qu'à ne pas se mêler de conduire l'armée. Son acharnement du côté de Bazeilles montre qu'à aucun moment de la bataille il ne s'est rendu compte du danger qui nous menaçait. Il semble que le maréchal de Mac-Mahon en cédant son commandement, ait en même temps transmis à celui qui devait le remplacer le voile épais qui l'aveuglait depuis plusieurs jours. Aussi doit-on reconnaître que si le général de Wimpffen n'est pour rien dans les mouvements qui avaient mis l'armée française dans une position si critique, il a sa part de responsabilité dans le désastre de cette armée, non pas parce qu'il a signé la capitulation, mais parce qu'il a arrêté le seul mouvement qui pouvait, sinon la sauver complétement, du moins atténuer son désastre.

Le ministre de la guerre, le maréchal de Mac-Mahon et le général de Wimpffen se partagent donc la responsabilité de la catastrophe de Sedan ; mais il faut reconnaître que les parts qui reviennent à chacun d'eux dans ce désastre ne sont pas égales. Sans doute, le général de Palikao est l'auteur du projet d'opération qui a conduit l'armée française à sa perte ; mais ce projet n'a réellement amené la ruine de l'armée que par la manière dont il a été exécuté. Or, c'est le maréchal qui, après être entré dans les vues du ministre, a conduit par des fautes d'exécution journalières l'armée de Châlons dans la situation la plus critique. Sans doute, le général de Wimpffen a consommé la ruine de l'armée en arrêtant la seule manœuvre peut-être encore capable d'empêcher la capitulation ; mais c'est le maréchal qui, malgré l'avertissement de la bataille de Beaumont, ne s'est pas rendu compte du péril qui le menaçait ; c'est lui qui, en s'arrêtant un jour à Sedan, a mis l'armée dans une position où il ne lui était plus possible d'échapper, au moins, à une complète désorganisation.

Tout en faisant la part du ministre et du général de Wimpffen, on doit donc dire, en somme, que c'est le maréchal de Mac-Mahon qui est le principal auteur du désastre de Sedan. Il a accepté une mission qu'il aurait dû refuser ; il a dirigé ses troupes en négligeant des principes que non seulement le bon sens, mais même les règlements militaires prescrivent ; il n'a pas vu l'abîme dans lequel son armée allait s'engloutir alors qu'il était devenu apparent. De toutes ces fautes, la plus grave est la dernière, car c'est elle qui a mis décidément l'armée française dans une situation d'où il lui était presque impossible de se tirer sans être au moins désorganisée, et c'est en même temps la plus incompréhensible ; car après les événements des jours précédents, il devait être manifeste que le danger était imminent et qu'il n'y avait pas un instant à perdre pour y échapper.

C'est véritablement le séjour de l'armée française autour de Sedan pendant la journée du 31 et pendant la nuit suivante, qui est la cause immédiate de la catastrophe, cause d'autant plus effective qu'en réalité tout n'était pas perdu après la bataille de Beaumont. Comme nous l'avons vu, en prenant tout de suite le parti de la retraite sur Mézières, on était à peu près certain d'échapper aux Prussiens.

En se contentant d'occuper, le 31, le défilé de la Falizette, on prenait moins d'avance, mais on avait encore le moyen de faire payer cher aux Prussiens la témérité de leur mouvement par Donchery.

Enfin, en surveillant seulement le débouché de ce défilé, on pouvait encore y arrêter les Allemands et changer à notre avantage les conditions de la lutte. Ce n'est que par une incurie inexplicable que l'on manqua toutes ces chances relativement heureuses, et que l'armée française a été amenée à recevoir la bataille dans les conditions les plus défavorables.

Mais tout en reconnaissant le maréchal de Mac-Mahon comme le principal auteur du désastre de Sedan, cela ne doit pas nous faire oublier le rôle qu'il a joué à Malakoff et à Magenta.

Le maréchal de Mac-Mahon, après avoir héroïquement conduit une division en Crimée, a dirigé assez brillamment un corps d'armée en Italie pour amener la victoire de Magenta[1];

---

[1] Je sais que certains écrivains militaires prétendent que déjà, en Italie, le maréchal de Mac-Mahon s'est montré d'une certaine médiocrité, et qu'à Magenta, notamment, ses hésitations ont failli amener la défaite de l'armée française ; mais c'est là, à notre avis, un jugement tout à fait injuste. Le maréchal de Mac-Mahon, il est vrai, le jour de la bataille, ne s'est pas porté sur Magenta avec toute la rapidité possible ; mais nous pensons que son hésitation dans la matinée était non seulement explicable, mais très justifiable. Sa situation dans cette journée offre quelque analogie avec celle du maréchal Ney à la bataille de Bautzen (1813). Cet illustre homme de guerre, on le sait, devait déborder la droite de l'armée prusso-russe ; mais se trouvant isolé et craignant d'avoir affaire à toute l'armée ennemie, il ne marcha qu'en tâtonnant et arriva trop tard sur le flanc de cette armée. Or, nous pensons que s'il y a eu une faute commise en cette circonstance, elle est imputable, non pas à Ney, mais à Napoléon lui-même qui avait violé ses propres principes en ordonnant un mouvement débordant sans liaison avec le gros de l'armée. Il en est de même à Magenta ; la faute commise dans cette journée consiste à avoir laissé seul le maréchal de Mac-Mahon depuis la veille sur la gauche du *Naviglio grande*. On aurait dû le renforcer directement du corps Canrobert et de l'armée sarde, en les dirigeant par Turbigo, et les faisant partir à 2 heures du matin. Dès lors, ces forces, montant à 100,000 hommes, eussent atteint Magenta et Ponte-Novo de bonne heure, et l'on eût évité le péril que courut pendant plusieurs heures la division Mellinet, et dont elle ne sortit qu'à force d'héroïsme. Du reste, si nous relevons cette faute, cela ne nous empêche pas d'admirer dans son ensemble le mouvement de l'armée française qui a conduit à la bataille de Magenta. Il est de mode aujourd'hui dans certains milieux politiques de prétendre que tout ce qu'a fait l'armée du second Empire était mauvais. C'est à notre avis une pitoyable manière d'écrire l'histoire. Sedan et Metz ne doivent pas nous faire oublier Magenta et Solferino, pas plus que Leipzig et Waterloo ne peuvent détruire la gloire d'Austerlitz et d'Iéna. Aussi, tout en regardant l'incapacité du grand état-major français comme la vraie cause de nos défaites en 1870, et le

nul n'était donc plus digne que lui du bâton de maréchal de France; mais après s'être illustré à la tête d'une division et d'un corps d'armée, il a échoué dans le commandement d'une armée; toutefois, il ne manque pas d'autres hommes de guerre, et des plus illustres, qui, après avoir brillé du plus vif éclat dans des situations secondaires, se sont trouvés au-dessous de leur tâche lorsqu'ils eurent à conduire une armée dans des conditions difficiles.

Ney, Oudinot, Macdonald se sont fait battre par leur faute à Dennewitz, à Gross-Beeren et sur la Katzbach; mais cela ne doit pas faire oublier le rôle qu'ils ont joué à Elchingen, à Iéna, à Friedland et à Wagram.

C'est qu'au fond, il y a un abîme entre les fonctions d'un chef de corps et celui d'un chef d'armée, si petite qu'elle soit. Il est plus facile de commander 50,000 hommes en second que 20,000 hommes en chef.

Dans le premier cas, on n'est qu'un agent d'exécution, dans le second, il faut concevoir les opérations et les diriger. Dans l'un, il suffit d'être un homme de métier; dans l'autre, il faut connaître encore son métier d'une manière approfondie, mais de plus il faut des facultés supérieures que peu d'hommes possèdent.

Il faut, pour commander une armée, posséder l'esprit géométrique dont parle Pascal et aussi ce qu'il appelle l'esprit de finesse, le premier pour donner aux combinaisons militaires toute la rigueur dont elles sont susceptibles, le second pour pénétrer les desseins de ses adversaires et employer toutes les ressources de la ruse et de la dissimulation à cacher ses propres projets; il faut cette nature d'esprit encore pour bien apprécier la vraie valeur des principes, savoir qu'ils ne sont ni absolus ni étroits et être toujours prêt à en varier l'application suivant la tournure des événements.

En un mot, il faut posséder à fond toutes les connaissances élémentaires du métier militaire, savoir les combiner comme un savant et savoir les appliquer comme un artiste.

C'est pour cela que l'histoire militaire comprend si peu de

---

maréchal de Mac-Mahon comme le principal auteur du désastre de Sedan, cela ne nous empêche pas de regarder le mouvement qui a précédé Magenta comme une opération stratégique fort remarquable, et de penser que le jour de la bataille le chef du 2e corps de l'armée d'Italie a joué un rôle des plus brillants.

grands capitaines. Pendant la période de la Révolution et de l'Empire, toute la nation était sur pied, toute l'intelligence était aux armées. Combien, en somme, a-t-elle fourni de grands généraux? A part Napoléon, on ne pourrait guère en citer que sept ou huit qui encore ne sont pas des généraux de premier ordre; la plupart de nos maréchaux ne pouvaient être que des instruments; d'autres au contraire, comme Gouvion Saint-Cyr, n'ont donné leur mesure que lorsqu'ils commandaient en chef. Dans le reste de l'Europe, qui aussi était toute entière en armes, on ne trouve que deux grands généraux : l'archiduc Charles, qui vient immédiatement après Napoléon, et Wellington, à une certaine distance de l'archiduc.

A part Clerfayt, que sa belle campagne de 1795 place parmi les meilleurs généraux de l'époque, les autres ne sont même pas, à beaucoup près, à hauteur de nos bons généraux de second ordre, tels que Moreau, Hoche, Masséna, Saint-Cyr et Davout.

A la guerre, comme ailleurs, les hommes ont leur niveau, au-dessus duquel ils échouent, tandis qu'en évitant de le dépasser, ils s'illustrent pour leur pays. Tel était le maréchal de Mac-Mahon. Il avait brillé en Crimée et en Italie parce qu'il y était à sa place; il s'est abîmé avec son armée dans le désastre de Sedan, parce que la tâche qu'il avait à remplir était au-dessus de ses facultés. Avec un esprit plus porté à la méditation, plus habitué à combiner avec rigueur les éléments d'une question, il eût vu de suite que la tâche que le Ministre voulait lui assigner était impossible à remplir; il aurait compris surtout qu'on ne pouvait réussir qu'à de certaines conditions, et qu'il fallait avant tout voir si elles étaient réalisées.

Avec un esprit plus aiguisé, plus sagace, il se fût rendu compte, au premier choc de l'ennemi, de l'imminence du péril dont il était menacé, et il lui suffisait de s'en rendre compte pour sauver son armée. Mais le chef de l'armée de Châlons n'était qu'un brillant soldat. Il était capable de remplir un des premiers rôles dans une de ces pièces où se joue la grandeur des États, mais il n'était apte ni à composer la pièce ni à en diriger la représentation. C'est pour cela que, chargé dans les conditions les plus difficiles de sauver une armée que d'autres avaient déjà compromise, il n'a réussi qu'à perdre celle dont il avait reçu le commandement.

VI.

DISCUSSION DE LA MARCHE SUR METZ.

Dans ce qui précède, nous avons pris l'armée de Châlons au moment de son organisation ; nous l'avons vue se porter sur l'Aisne et dans l'Argonne, dans le but de tendre la main à l'armée de Metz; puis, en l'absence de tout indice pouvant faire croire que Bazaine fût lui-même en marche, nous avons vu son chef se décider à prolonger son mouvement jusque sur la Moselle. Nous avons montré comment cette armée fut arrêtée dans cette entreprise et comment enfin, en s'attardant autour de Sedan au lieu de se mettre en retraite en toute hâte, elle avait été accablée par les forces allemandes du prince royal et du prince de Saxe et obligée de poser les armes. En un mot, nous avons suivi cette malheureuse armée depuis sa formation jusqu'à sa fin, en essayant de mettre en relief les fautes journalières qui ont amené sa ruine ; si bien que le lecteur se demandera peut-être ce que nous avons encore à dire en revenant sur ce sujet.

Eh bien ! après avoir fait voir comment l'armée de Châlons s'est perdue, nous voudrions examiner si l'idée même de marcher sur Metz par la frontière du nord était praticable, à quelles conditions elle pouvait réussir, ou bien, au contraire, si en tentant de la réaliser on courait vraiment au devant d'une catastrophe sinon certaine, du moins très probable. Or, il est bien clair que tout ce que nous avons dit jusqu'à présent ne peut suffire pour nous permettre de répondre à ces questions; car, s'il est certain que les dispositions prises par les chefs de l'armée étaient mauvaises, il ne l'est pas moins que ces dispositions étaient susceptibles de modifications. On pouvait, par exemple, partir ou plus tôt ou plus tard; appuyer plus ou moins vers le nord; essayer, par quelques feintes, de tromper les armées allemandes : toutes choses fort capables d'augmenter ou de diminuer les chances de succès. Ce que nous nous proposons de rechercher, c'est justement quelles étaient les meilleures de toutes ces dispositions possibles, et, en raisonnant, non seulement d'après ce que nous savons aujourd'hui, mais bien d'après ce que l'on pouvait craindre ou espérer en raison des renseignements que l'on avait sur les mouvements des armées allemandes.

Quant à l'intérêt que peut présenter une pareille étude, il nous semble qu'il ne saurait être contesté; la narration n'est, en effet, qu'une partie de l'histoire, et cette science maîtresse de l'homme de guerre aussi bien que de l'homme d'Etat n'acquiert toute sa valeur que quand la critique des événements en accompagne le récit. Aussi, en suivant les diverses phases des opérations de l'armée de Châlons, n'avons-nous pas manqué d'apprécier les fautes de chaque jour, d'en montrer les conséquences immédiates et de faire voir comment on pouvait les éviter; mais nous n'étions ainsi que sur le terrain de la critique de détail. Il nous semble utile, pour compléter notre travail, d'examiner maintenant le mouvement de l'armée française dans son ensemble.

Au surplus, la critique historique est, croyons-nous, la partie la plus élevée de toutes les sciences militaires; et en même temps on peut dire qu'en dehors de la pratique du commandement devant l'ennemi, qui est la seule manière pour un général de donner véritablement sa mesure, c'est encore le meilleur moyen de faire voir que l'on comprend les principes et la manière de les appliquer. Ce n'est pas que nous voulions confondre la tâche du critique avec celle du chef d'armée; l'un n'a besoin que de l'intelligence des règles à suivre, l'autre doit posséder en outre la sagacité et le coup d'œil qui permettent de les appliquer en temps opportun; il lui faut surtout une qualité en partie indépendante de son savoir, le caractère.

Mais si leurs rôles sont profondément distincts, ils ont cependant une partie commune, et l'on peut affirmer que celui qui ne saurait apprécier d'une raison saine les campagnes des grands capitaines des temps passés, ne serait guère capable de diriger lui-même des opérations tant soit peu difficiles. Par une critique judicieuse on ne prouve certainement pas que l'on saurait conduire une armée, mais c'est cependant la seule manière de montrer que l'on possède l'intelligence des grandes questions militaires. Personne n'a mieux compris la stratégie de Napoléon que Jomini; il n'en faut pas conclure que ce célèbre critique eût été à l'occasion un grand général; cependant, il est certain que les marques qu'il a données de la sagacité de son jugement devaient entraîner de fortes présomptions en sa faveur, et même en admettant qu'il ne pût être qu'un médiocre agent d'exécution, il eût été raisonnable au moins de tenir compte de ses avis dans l'élaboration d'un plan de campagne.

L'étude critique des événements est donc utile à divers points de vue, et nous pensons que ce serait pour ceux que l'on considère comme des officiers d'avenir, une pierre de touche bien autrement précieuse que les graphiques de marche ou autres enfantillages auxquels tant de militaires s'adonnent aujourd'hui. On peut même se livrer, pour exercer son esprit, à des considérations stratégiques sur des données complètement hypothétiques; mais la critique historique offre, de plus, l'intérêt qui s'attache à la réalité; ce sera notamment le cas de l'étude que nous voulons faire, car elle s'applique à une situation dans laquelle se sont réellement trouvées les armées en présence en 1870.

Nous dirons, enfin, que c'est la seule manière de porter sur les événements un jugement complet; car s'il était démontré, par exemple, que la marche sur Metz fut absolument impraticable ou même qu'elle n'eût que de faibles chances de succès, la principale responsabilité du désastre de l'armée française devrait retomber sur ceux qui ont conçu cette opération; si, au contraire, on fait voir que ce mouvement était très réalisable dans de certaines conditions, c'est surtout ceux qui ont conduit l'opération qui devront être regardés comme les principaux auteurs des résultats qu'elle a amenés.

D'après les observations que nous avons présentées précédemment, les causes de la capitulation de Sedan sont de deux sortes. C'est la détermination prise le 28 de continuer à marcher sur Montmédy, qui a conduit l'armée française au milieu du danger, et c'est l'inaction qui a suivi la bataille de Beaumont qui l'a empêchée d'en sortir alors qu'elle pouvait encore y échapper. Si cette inaction est la cause immédiate de la catastrophe, la résolution du 28 en est la cause première. Il est facile de voir, en effet, qu'à partir de ce jour l'armée française, de quelque manière qu'elle s'y prît, ne pouvait plus réussir à gagner Metz, et qu'en essayant d'y arriver elle courait au-devant d'un désastre. Pour réussir, la première condition eût été d'éviter la bataille de Beaumont, et il n'était guère possible d'y parvenir, même en marchant un peu plus vite les journées précédentes, car, dès le 27, les Allemands occupaient Dun et Stenay et nous aurions été arrêtés de front sur la Meuse pendant que le gros des forces ennemies se trouvait sur notre flanc droit. Et à supposer qu'on eût évité la bataille, soit en forçant le passage de la Meuse à Stenay le 29, soit en faisant passer toute l'armée plus au nord, la situation n'en eût guère été meilleure.

On aurait bien pu continuer vers Metz, mais arrêté ou tout au moins retardé par les corps que le prince Frédéric-Charles aurait certainement envoyés à notre rencontre, suivis à moins d'une journée de distance par les forces du prince de Saxe et du prince royal, on se serait trouvé, du côté de Montmédy ou de Longuyon, dans une situation semblable à celle dans laquelle on fut amené autour de Sedan.

Il est donc hors de doute qu'à partir du 28 août il n'y avait de salut pour l'armée de Châlons que dans un mouvement rétrograde. Ce mouvement était d'autant plus facile qu'on s'y serait pris plus tôt; mais ce qui est manifeste, c'est qu'en persistant à avancer après l'arrêt de l'armée dans l'Argonne, on courait au devant d'une catastrophe, et c'est parce que le ministre de la guerre a prescrit d'exécuter cette opération à un moment où elle était devenue absolument impossible, qu'il doit supporter une partie de la responsabilité du désastre de l'armée française.

Mais, dira-t-on peut-être, c'est justement cet arrêt dans l'Argonne qui est la faute capitale et la cause première du désastre, et si l'armée, au lieu de faire pendant plusieurs jours des marches insignifiantes, eût couru sur la Meuse, puis sur la Moselle, elle y aurait prévenu le prince royal, et l'opération aurait réussi. Nous ferons d'abord remarquer (et nous avons insisté sur ce point) que cette marche rapide ne pouvait être dans les idées du maréchal de Mac-Mahon, car il n'était pas parti avec l'intention d'aller à Metz.

Attendant Bazaine, qu'il croit en route, il est naturel qu'il s'arrête dans une position qui lui permette de le joindre, de l'aider dans sa marche et aussi de se retirer seul si l'armée de Metz ne vient pas. Qu'on suppose en effet Bazaine sorti de Metz le 22 ou le 23; il aurait atteint Montmédy le 25 ou le 26, c'est-à-dire au moment où l'armée de Châlons se trouvait à Vouziers,

Grand-Pré et Buzancy. Celle-ci ne pouvait être mieux placée pour protéger la continuation de la retraite de Montmédy sur Mézières. Puis toutes les forces françaises se seraient trouvées réunies entre Rethel et Laon. Il est vrai que la sortie de l'armée de Metz était bien peu probable après la bataille du 18, et que le 23 le maréchal de Mac-Mahon n'avait aucune raison sérieuse de croire Bazaine en marche; mais, puisqu'il le croyait, il était naturel qu'il conformât ses mouvements à ses convictions. C'était avant son départ qu'il fallait lui dire : « Mais vous vous trompez; Bazaine n'est pas sorti, il ne vient pas à vous; c'est à vous, au contraire, à aller à lui. » Le maréchal se serait sans doute refusé à s'avancer, dans des conditions qu'il avait déjà longuement discutées et qu'il n'avait pas crues favorables.

Ce mouvement qu'on lui proposait était-il possible? En quittant Reims, le 23, comme il l'a fait en réalité, non pas avec l'intention de s'arrêter sur l'Aisne ou l'Argonne, mais dans le but de pousser jusqu'à Metz, l'opération était-elle réalisable ? Voilà la question que l'on peut se poser et à laquelle nous allons essayer de répondre. Avec ces idées, il est clair que la première condition du succès était dans la rapidité de la marche. Or, sans entrer dans tous les détails, on peut voir que l'armée, quittant le 23 les environs de Reims, pouvait atteindre le même jour la Suippe, comme elle le fit en réalité; le 24, elle se serait portée sur l'Aisne, de Vouziers à Attigny, en évitant de pousser sa gauche jusqu'à Rethel; le jour suivant, 25, elle pouvait atteindre le front Grand-Pré—Chêne-Populeux, et le 26 elle pouvait gagner la Meuse à Dun et Stenay. Pour se porter ensuite sur Metz, par Briey et Conflans, il fallait encore quatre jours, c'est-à-dire qu'on débouchait de l'Ornes au plus tôt dans la journée du 30 août. Or, on sait que les Allemands n'ont connu le mouvement de l'armée française que le 25, et que ce n'est que le soir de ce jour qu'ils ont pris leurs dispositions pour marcher contre elle. Le 25, le gros des deux armées allemandes était, en avant de Bar-le-Duc, à Charmont, Sermaise, Perthes, Heiltz-le-Maurupt, Laheycourt et Triaucourt; un corps était un peu plus à gauche, à Vassy, et deux autres en arrière, l'un, le Ier bavarois, à Bar-le-Duc, l'autre, le XIIe (Saxons), à Dombasle. En deux jours toute cette armée pouvait être sur la Meuse, vers Troyon, Saint-Mihiel et Commercy, et même les deux derniers corps pouvaient y être rendus en un jour. Les ordres étant donnés le soir du 25, dès le 27 toute l'armée était donc sur la Meuse et au delà, dans la direction de Metz. Or, il ne faut pas plus de trois jours pour aller de Troyon à Metz, et pas plus de quatre de Commercy. Une partie des deux armées prussiennes pouvait donc joindre le prince Frédéric-Charles le 30, et le reste le 31 ; c'est-à-dire qu'elles étaient en mesure d'opérer leur jonction au moment où l'armée de Châlons aurait débouché de l'Ornes. Dans ces conditions, il est à peu près certain que, le 30, le prince Frédéric-Charles aurait pu, avec les deux tiers de son armée, arrêter toutes les tentatives de sortie du maréchal Bazaine par la rive gauche, tandis que le reste, renforcé de deux ou trois corps de l'armée de la Meuse ou de la IIIe armée, aurait suffi pour résister aux troupes du maréchal de Mac-Mahon, et le lendemain les deux armées françaises, sans avoir fait leur jonction, se trouvaient en présence de presque toutes les forces allemandes. Dans de pareilles conditions, l'armée de Metz n'eût eu qu'à rentrer dans la place ; mais que serait devenue l'armée de Châlons ? Il est vrai que les Allemands, mal renseignés sur les mouvements de l'armée française, pouvaient bien ne pas prendre les dispositions les plus promptes pour revenir à Metz, et qu'au lieu de se diriger par Troyon et Saint-Mihiel, c'est-à-dire par le chemin le plus court pour rejoindre le prince Frédéric-Charles, ils pouvaient se proposer d'arrêter l'armée de Châlons pendant sa route en se dirigeant eux-mêmes vers le nord. Et c'est justement le parti auquel s'est arrêté le grand état-major allemand, le 25 au soir. On sait, en effet, que le plan de M. de Moltke, dès qu'il apprit le mouvement de l'armée française, fut de concentrer une partie des forces allemandes sur Damvillers. D'après ses dispositions, quatre corps allemands devaient se trouver sur ce point le 28 août, sans compter ceux qu'on pouvait y attirer de Metz. Or, il est hors de doute que ces dispositions n'étaient pas capables d'arrêter l'armée française si celle-ci eût marché avec quelque rapidité. On peut voir, en effet, qu'occupant la Meuse le 26, l'armée de Châlons pouvait se trouver à Damvillers le 27, et, par conséquent, qu'elle avait un jour d'avance sur les troupes allemandes les plus avancées. Nous ferons observer, en outre, que ce point de Damvillers n'était pas sur le parcours le plus favorable pour l'armée française. Celle-ci devait s'efforcer d'éviter le plus longtemps possible les troupes allemandes, même sa cavalerie, qui, sans être en mesure de l'arrêter, pouvait cependant, en la harcelant, retarder sa marche. Par conséquent, au lieu de marcher par Damvillers, Etain et Conflans, l'armée française aurait dû cheminer par Mangiennes et Spincourt et déboucher de l'Ornes à hauteur de Briey.

Nous reconnaissons donc qu'en prenant une bonne direction et en marchant bien, l'armée française était en mesure d'éviter les troupes allemandes de l'armée de la Meuse et de la IIIe armée, si celles-ci, pour l'arrêter, remontaient vers le nord ; mais, d'un autre côté, il est bien évident que le plan primitif de M. de Moltke était susceptible de modifications et qu'il n'aurait pas manqué d'en changer les détails d'après les renseignements qu'il aurait recueillis le 26 et le 27. Or, dès le 26, la cavalerie allemande, dirigée sur Grand-Pré et Banthéville, aurait vu le 7e corps français en marche de Grand-Pré sur Dun. Si elle eût poussé plus au nord jusqu'à Buzancy, elle aurait vu d'autres troupes françaises également en marche vers la Meuse. Le jour même, M. de Moltke eût donc modifié ses dispositions et porté le plus de forces possibles sur Metz, soit par Etain et Conflans, soit par Fresnes et Mars-la-Tour. En suivant ces directions dès le 27, plusieurs corps allemands seraient certainement arrivés en quatre jours, c'est-à-dire le 30, à proximité de Metz, et des forces plus considérables le lendemain. Il faut encore remarquer que l'armée de Châlons ne pouvait déboucher de l'Ornes, le 30, qu'à la condition de ne pas trouver d'obstacles sur sa route. Or, il est certain que les deux corps envoyés de Metz à sa rencontre, lui auraient opposé une résistance acharnée, et, à supposer que l'armée française fût parvenue à en avoir raison, elle était cependant obligée de s'arrêter pour combattre et, par suite, de perdre le peu d'avance qu'elle pouvait avoir. Il y avait, il est vrai, une solution qui pouvait être très favorable à l'armée française et que l'on ne doit pas omettre, si l'on veut envisager la question sous toutes ses faces. C'était, au lieu de déboucher de l'Ornes vis-à-vis de Briey, de filer sur Thionville, d'y passer la Moselle et de marcher sur Metz par la rive droite. Pour cela, le corps le plus avancé de l'armée française aurait dû prendre position en avant de Briey le 29 au soir, et le lendemain tous les autres corps auraient filé sur Thionville, suivis du premier passant de la tête à la queue de la colonne, et l'armée aurait débouché sur la rive droite le 31.

Si ce mouvement réussissait, les Allemands ne pouvaient empêcher la jonction de ce côté de la Moselle; mais cette tentative pouvait être encore retardée par les corps envoyés de Metz, qui auraient peut-être prévenu les Français à Briey et même plus au nord.

Du reste, la jonction des deux armées françaises sur la rive droite n'était pas encore tout à fait le salut. On se trouvait, il est vrai, avec 250,000 hommes sur la ligne d'opérations des Allemands; mais eux-mêmes se trouvaient sur la nôtre avec plus de 400,000 hommes, et pour rétablir les communications des deux armées avec le cœur de leur pays, ce n'est pas du côté de nos adversaires que se seraient présentées les plus grandes difficultés.

Ils n'avaient qu'à marcher sur nous pour s'ouvrir le chemin de la Sarre. Mais, nous-mêmes, comment nous serions-nous reliés au cœur du pays? Après avoir réuni nos deux armées, prendre le parti de les replier sur Metz était la pire des solutions, qui ne pouvait amener que leur perte, et ce n'était pas la peine d'avoir voulu dégager Bazaine pour se laisser enfermer avec lui. Il n'y avait qu'un mouvement à tenter pour se tirer d'affaire. C'était, après la jonction, de courir sur les défilés des Vosges et de reprendre notre ligne d'opérations par l'Alsace en débloquant Strasbourg. Mais était-on certain de réussir dans cette opération? Même en admettant qu'on ait débouché de Thionville le 31 août et débloqué Metz le jour même, il est certain que les Allemands, réunis en masse sur la rive gauche et possédant les ponts de Novéant et de Pont-à-Mousson, auraient porté sur la rive droite, le 1er septembre, des forces considérables; et dans ces conditions nos troupes, fatiguées par les marches et combats des jours précédents, auraient-elles réussi à les prévenir sur les Vosges? La chose eût été fort douteuse, et si l'on ne réussissait pas, la situation de l'armée française était des plus critiques: le résultat de l'opération était si mauvais qu'on pouvait dire que le remède était pire que le mal.

En étudiant de près toute cette opération, on voit donc qu'en commençant le mouvement le 23 août, il fallait pour que l'armée française parvînt à réussir dans sa tâche, qu'une foule de chances fort douteuses vinssent à tourner en sa faveur; autrement, loin de sauver l'armée de Metz, elle risquait de se perdre avec elle.

On doit donc conclure que, dans ces conditions, le mouvement de l'armée de Châlons était imprudent et qu'il n'était pas sage de le tenter. Mais, faut-il admettre d'après ces considérations que l'idée de marcher sur Metz par le nord fût absolument impraticable ? Il suffit de réfléchir aux causes de l'impossibilité que nous venons de signaler pour voir qu'il n'en était pas ainsi, et, en même temps, pour se rendre compte des conditions à réaliser pour avoir de véritables chances de succès. En effet, cette impossibilité ne résulte que de ce fait qu'au moment où les Allemands ont eu connaissance de notre mouvement, ils n'étaient guère plus éloignés de Metz que nous-mêmes, quoique nous fussions parvenus à leur dérober trois marches. Il est clair que si, au moment où nous atteignions la Meuse, les Allemands s'étaient trouvés eux-mêmes déjà au camp de Châlons, alors, séparés de nous par quatre jours de marche, ils ne pouvaient plus nous atteindre; tel était donc le but que nous devions viser, et il est manifeste que pour réussir la première condition à réaliser était de retarder notre départ. Il fallait laisser avancer nos adversaires jusque près du camp, de manière que, par une sorte de chassé-croisé, nous puissions gagner du terrain sur la route de Metz, pendant qu'eux-mêmes continuaient à s'avancer dans la direction de Paris.

D'autres ont prétendu, et l'on peut même dire que c'est l'opinion généralement admise, que pour réussir dans la marche sur Metz, il fallait au contraire partir plus tôt; mais il est aisé de se convaincre que cette manière de voir n'est pas juste. Il faut d'abord remarquer que l'on ne pouvait pas se mettre en marche avant le 21, puisque l'armée de Châlons n'a été réunie au camp que le 20; mais supposons que le 21, au lieu de se retirer sur Reims, on ait pris la direction de Montmédy. On serait arrivé le 22 sur l'Aisne, le 23 sur le front Grand-Pré — Chêne-Populeux, et le 24 on pouvait atteindre la Meuse à Dun et à Stenay. Or, admettons que l'on ait dérobé à l'ennemi ces quatre premières marches; le 24 les Allemands, comme nous l'avons vu, occupaient les positions suivantes :

L'armée de la Meuse entre la Meuse et l'Aire près de Verdun à

Pierrefitte et Génicourt-en-Barrois; la IIIe armée entre le Saulx et la Marne à Bar-le-duc, Ligny, Saint-Dizier et Joinville. De ces positions l'armée de la Meuse pouvait joindre le prince Frédéric-Charles en 3 jours, c'est-à-dire plus vite que l'armée de Châlons, et l'arrivée d'une partie de la IIIe armée n'exigeait qu'un jour de plus; par conséquent, la jonction des deux armées françaises n'avait guère de chances de réussir [1].

Pour agir avec succès dans cette direction avant le 23 août, c'est beaucoup plus tôt qu'il aurait fallu partir, et il est certain qu'on pouvait obtenir des résultats heureux si, par exemple, on se fût arrêté à une semblable idée dès que le transport des troupes du 6e corps sur Metz fut coupé par les Prussiens, c'est-à-dire le 12 août. A ce moment on ne pouvait songer à faire concourir à cette opération le 1er corps ni le 5e, qui se trouvaient encore au sud de Toul entre la Moselle et la Meuse; mais on pouvait y employer les troupes qui ont formé le 12e corps, c'est-à-dire celles du 6e qui n'avaient pu aller jusqu'à Metz, l'infanterie de marine et la division Grandchamp. Il était facile de les réunir à Verdun pour le 15 août. En même temps on pouvait porter sur Montmédy tout le 7e corps, sauf la 1re division. On aurait eu ainsi dans cette journée les corps 12 et 7 à Verdun et à Montmédy; on pouvait les porter le 16 au delà de la ligne Étain — Longuyon et le 17 les réunir aux environs de Briey. Avec ces dispositions, il est certain que même avec les fautes commises le 16 à Rezonville, Bazaine n'aurait plus eu aucune raison de se replier sur Metz. Sachant que 50,000 hommes étaient à une journée de marche de son armée, il aurait marché le 17 sur Étain; et quand même il se fût replié sur Metz, la bataille du 18 se fût livrée dans de tout autres conditions; car au moment même où la garde et les Saxons marchaient sur Saint-Privat, ils auraient

[1] Le général Lebrun (page 41) est de ceux qui prétendent que l'armée française aurait dû partir le 21, de manière à arriver à Montmédy le 25 ou le 26. Il est certain que si l'on eut dissimulé complètement cette première partie du mouvement, rien n'aurait empêché l'armée française d'atteindre Metz; mais était-il probable que sa marche resterait cachée pendant 5 ou 6 jours, alors que, dès le 23, une division de cavalerie allemande était au nord de Verdun. Or, il suffisait que les Allemands fussent prévenus le 24 pour être en mesure de joindre à temps le prince Frédéric-Charles, non pas en marchant à notre suite sur Montmédy, mais en revenant directement sur Metz.

été assaillis sur leur flanc gauche par 50,000 hommes débouchant de l'Ornes par Auboué; la bataille était gagnée et l'on était maître le lendemain de reprendre avec toute l'armée de Metz le chemin de Montmédy.

Mais une pareille opération n'a aucun rapport avec ce que pouvait faire l'armée de Châlons proprement dite. Pour juger de ce dont elle était capable, il faut la prendre telle qu'elle était avec ses 4 corps d'armée et supposer aussi la situation telle qu'elle était à la suite des batailles livrées autour de Metz le 16 et le 18. Or, comme nous l'avons dit, l'armée de Châlons n'étant réunie que le 20, ne pouvait pas partir avant le 21, et, nous venons de le montrer, elle n'avait guère plus de chances de succès ce jour-là qu'en quittant Reims le 23. Nous le répétons donc, si le mouvement pouvait réussir ce n'était qu'à la condition de se mettre en route quelques jours plus tard. Alors, croyons-nous, en s'y prenant habilement on avait de sérieuses chances de succès.

A d'autres points de vue encore, il eût été avantageux de rester un peu plus longtemps au camp de Châlons. On pouvait profiter de ce délai pour achever l'organisation de l'armée, qui était loin d'être parfaite. Il convenait notamment de se débarrasser des régiments de marche qui ont compté au 1er et au 12e corps, et qui n'avaient pas la consistance suffisante pour participer à une opération difficile. Il valait mieux les laisser dans la région du camp, où ils auraient au moins rendu le service, en attirant l'attention de l'ennemi, de la détourner de la direction que nous devions suivre. En outre, on devait dès ce moment songer à mettre sur pied toutes les forces vives de la nation, car il était bien certain qu'alors même que l'on parviendrait à dégager l'armée de Metz, on ne serait pas encore en mesure de chasser les Allemands du territoire envahi; la jonction de nos deux armées ne nous aurait donné que 250,000 hommes contre 500,000. Mais si la France avait ouvert la campagne avec des forces insuffisantes, l'armée avait derrière elle des ressources très considérables, capables de la porter en quelques mois à un effectif égal à celui des Allemands; la question était de bien utiliser ces ressources et surtout de ne pas laisser détruire celles qui existaient déjà.

Pour l'infanterie, les formations à organiser étaient les 4es bataillons de nos régiments de ligne et les bataillons de mobiles; l'organisation de ces derniers était tout à fait imparfaite, et, pendant toute la durée du mois de septembre, on ne pouvait pas espérer les employer en campagne; il convenait donc de ne pas compter sur eux pour les prochaines opérations, et seulement de les réunir dans les places où ils auraient achevé leur organisation et développé leur instruction.

Mais il en était autrement des quatrièmes bataillons, au moins d'une partie d'entre eux, à la condition toutefois de bien s'y prendre pour en faire rapidement des troupes de quelque valeur. Or, ces bataillons ne devant comprendre que des hommes de la réserve, il fallait au moins leur donner de bons cadres, et pour cela il n'était pas suffisant de s'adresser aux dépôts, où l'on n'aurait trouvé que des officiers et des sous-officiers médiocres. Mais il y avait un moyen de rémédier à cet inconvénient : c'était de réduire les trois premiers bataillons de 6 à 5 compagnies, et de former avec les sixièmes compagnies le fond des quatrièmes bataillons. Elles auraient versé presque tous leurs hommes dans les cinq premières, tandis qu'on aurait maintenu au contraire leurs cadres au grand complet, et, reportés en arrière, ces cadres eussent été remplis avec des hommes de la réserve. De cette façon l'effectif des trois premiers bataillons laissés en présence de l'ennemi aurait peu diminué, et l'on aurait obtenu de suite trois bons cadres de compagnie pour chaque quatrième bataillon.

Ce procédé d'organisation n'était pas praticable avec les régiments de l'armée de Metz, puisque étant bloquée cette armée ne pouvait rien fournir; mais il l'était pour les régiments de l'armée de Châlons. On était donc obligé de prendre des dispositions différentes pour les régiments, suivant qu'ils appartenaient à l'armée de Metz ou à celle de Châlons; mais en somme l'opération était simple, ne comprenant que deux catégories. Pour les régiments de l'armée de Châlons les quatrièmes bataillons eussent compris d'abord, comme nous venons de le dire, les cadres des sixièmes compagnies des trois premiers. On y aurait versé, en les tirant des dépôts, 200 hommes par compagnie, et une fois ce chiffre atteint on aurait dédoublé ces compagnies de manière à avoir par bataillon 6 compagnies de 100 hommes, les dépôts fournissant le surcroît de cadres nécessaires. La sixième de ces compagnies eût été laissée en arrière, et les cinq autres eussent fourni un bataillon actif constitué comme les trois premiers.

Il eût été peut-être difficile d'organiser comme nous venons de le dire les quatrièmes bataillons dans tous les régiments de l'armée de Châlons, car certains d'entre eux n'auraient pu fournir les ressources suffisantes; c'étaient ceux du 1er corps et de la 1re division du 7e corps, cruellement éprouvés à Wœrth. Aussi nous pensons que pour ces régiments il eût mieux valu réduire les bataillons actifs de 3 à 2, en versant dans les 2 premiers tous les hommes du 3e, et reformer en arrière, non pas un quatrième bataillon, mais le 3e porté à 8 compagnies par l'adjonction des sixièmes compagnies des deux premiers.

Pour les régiments de l'armée de Metz, on ne pouvait opérer rapidement d'aussi bons résultats, et on se serait contenté d'organiser comme on aurait pu, avec chaque dépôt, un bataillon de 4 compagnies.

Quant à l'emploi à faire de ces quatrièmes bataillons, il eût été différent comme leur organisation. Ceux de l'armée de Metz, faiblement constitués, n'eussent pas été employés en campagne; on les aurait tous réunis à Paris pour former le fond de la garnison, qui, avec les mobiles de la capitale et ceux des départements voisins, eût dû être portée à un effectif d'environ 100,000 hommes.

Pour ceux de l'armée de Châlons, il convenait, d'après nous, de les réunir dans les places du Sud-Est, à Belfort, à Besançon, à Langres et à Lyon. Là ils auraient d'abord fourni de bonnes garnisons en achevant de s'instruire; puis, si l'armée de Châlons réussissait à dégager celle de Metz, et après s'être réunie à elle, parvenait à gagner les Vosges, une partie de ces bataillons réunis en avant de Langres eût été en mesure d'aider le gros de nos forces à reprendre une nouvelle ligne d'opérations qui, au moins pour quelque temps, aurait été forcément dirigée vers le Sud.

Pour la cavalerie, il n'y avait pas de nouvelles formations à faire pour les régiments de l'armée de Châlons; il suffisait de demander aux dépôts ce qu'ils pouvaient fournir pour renforcer les escadrons; mais pour les régiments de Metz on pouvait tirer de chaque dépôt un cinquième escadron d'un certain nombre d'hommes qu'on aurait réunis, partie sur la haute Saône, partie sur Paris.

Quant à l'artillerie, il fallait d'abord envoyer en arrière les cadres inutiles ayant perdu leur matériel à Wœrth.

Il se trouvait justement que les batteries du 1er corps appartenant aux régiments de Besançon (9e et 12e), les cadres ainsi renvoyés à leur dépôt seraient naturellement bien placés pour participer, après leur reconstitution, aux opérations en avant de Langres. En outre, on pouvait demander à tous les régiments montés 2 batteries nouvelles, par la transformation des batteries 3 et 4 en batteries montées. C'est ce qui a eu lieu en réalité.

En s'attachant ainsi à créer de nouvelles unités de combat, il y avait lieu en même temps de remanier l'organisation de certains corps d'armée. Le 1er notamment, privé des 2 régiments de marche qui y ont compté et de ses 3es bataillons, n'eût plus compris que 15 régiments [1] à 2 bataillons et des bataillons de chasseurs. Il convenait de le réduire de 4 à 3 divisions, uniformément constituées de la manière suivante :

1re brigade. { 1 bataillon de chasseurs,
1 régiment de zouaves,
1 régiment de tirailleurs.

2e brigade. | 3 régiments de ligne.

On pouvait, pendant qu'on étudiait la marche sur Metz en restant au camp, s'occuper utilement de toutes ces questions de réorganisation ; de sorte que le retard nécessaire pour le succès de l'opération que l'on avait en vue était encore avantageux sous le rapport de la mise en action de nos ressources.

Il est vrai qu'en retardant notre départ on rencontrait une nouvelle difficulté, celle de se dérober à l'ennemi en sa présence, difficulté qui était beaucoup moindre quand on en était séparé de cinq à six jours de marche. Et cependant ce n'était qu'à la condition de vaincre cette difficulté que l'on pouvait réussir. Or, la chose n'était pas impossible, à la condition de s'y prendre habilement. Il fallait d'abord débuter par une marche de nuit sur des routes qu'on aurait fait reconnaître les jours précédents ; il fallait ensuite laisser devant l'ennemi un corps assez nombreux pour le tromper, en attirant toujours son

---

[1] Le seizième régiment de ce corps d'armée (le 87e) était resté à Strasbourg.

attention sur son front, et, par exemple, sur les quatre corps qui composaient l'armée de Châlons, ne se mettre en marche qu'avec trois, en en laissant un devant l'ennemi. On objectera peut-être que par ce procédé on s'affaiblissait d'une manière sensible; mais il y avait un moyen d'éviter cet inconvénient: c'était de réunir à ce corps laissé devant l'ennemi le 13e corps, qui était en formation.

Ces deux corps auraient d'abord reculé devant les Allemands pour ne pas être accablés, et tandis que le 13e restait en sa présence, l'autre était embarqué près de Reims, et dirigé par Mézières sur Montmédy, de manière à rejoindre le reste de l'armée au moment où celle-ci débouchait de la Meuse.

La principale question à résoudre était de bien se déterminer sur le jour du départ. On n'était pas obligé d'attendre un contact complet comme celui qui existe la veille d'une bataille; il eût suffi seulement de retarder le départ de deux ou trois jours. On eût été renseigné par des reconnaissances journalières. Or, l'ennemi se trouvant le 25 en avant de Bar-le-Duc, n'aurait guère dépassé le 26 la ligne de Vitry — Sainte-Menehould, et aurait atteint le camp de Châlons le 27 au plus tôt. Dans ces conditions, qu'on aurait certainement pu connaître à peu près, on pouvait commencer le mouvement dans la nuit du 25 au 26, les corps destinés à y participer étant portés le 23 ou le 24 sur la Suippes, de Bétheniville à la route de Rethel, et ceux qui devaient couvrir le mouvement venant occuper le 23 ou le 24 les hauteurs de Nauroy—Moronvilliers, en laissant une division sur la gauche de la Vesle, vers les Trois-Puits, pour observer les débouchés de la montagne de Reims. On aurait ainsi atteint l'Aisne le 26 et la Meuse le 28. Si seulement on dérobait à l'ennemi les deux premières marches, on avait une avance suffisante pour le prévenir sur la route de Metz, car le 27 une partie des forces allemandes aurait atteint les environs du camp de Châlons. Il importait aussi de savoir si le corps destiné à rejoindre les autres par chemin de fer aurait le temps de s'embarquer à Reims avant l'arrivée des Allemands, et si le 13e corps eût été prêt assez tôt pour le couvrir.

Or, il est vrai que le 13e corps n'a été organisé qu'à la fin d'août, et qu'on ne pouvait lui faire jouer le rôle que nous venons de lui attribuer. Mais nous ferons observer qu'on pouvait disposer beaucoup plus tôt d'un 13e corps, si on l'avait organisé autrement. Il fallait pour cela y faire concourir d'abord les mobiles de Paris, qui, au nombre de 18 bataillons, auraient formé 3 brigades. On pouvait disposer de plus, dans le même but, des 4 régiments de marche qui comptaient aux 1er et 12e corps, et qui étaient bien plus capables de remplir le rôle de simples figurants que de participer à des opérations, non seulement actives, mais difficiles. On avait donc 5 brigades toutes formées, et il n'en restait plus qu'une à trouver[1]. Il était assez naturel de songer pour cela à la brigade de Civita-Vecchia, qui, pendant la retraite du 13e corps, aurait formé avec une division de cavalerie et quelques batteries une solide arrière-garde. Mais il y avait encore mieux à faire. En effet, il était peu raisonnable de débarquer une brigade à Reims, alors qu'on devait bientôt y embarquer un corps d'armée. Il eût été beaucoup plus logique de constituer cette arrière-garde du 13e corps avec des troupes de l'armée de Châlons. Or, on sait que le 5e corps n'avait que 2 divisions et demie; la 2e division était réduite à la seule brigade de Maussion. Il eût été convenable d'employer cette brigade au 13e corps et de porter directement sur Mézières la brigade de Civita-Vecchia, pour la faire compter plus tard au 5e corps. De plus, il eût été bon de laisser devant les Prussiens une cavalerie et une artillerie assez nombreuse.

Pour la cavalerie, on pouvait choisir, outre les 3 régiments du 5e corps, la division du 12e, réduite à 2 brigades par la réunion de la cavalerie légère aux chasseurs d'Afrique. Pour remplacer cette cavalerie, le 1er corps, qui avait 6 régiments, en aurait cédé 2 au 12e, et quant au 5e corps, on lui aurait destiné pour le rejoindre la brigade de Vendeuvre, qui, vers le 25, est venue remplacer la brigade Tilliard et la brigade Jolif-Ducoulombier, qui, d'abord destinée au 7e corps, a en réalité compté au 13e. Ces deux brigades de cavalerie auraient été portées directement sur Mézières avec la brigade de Civita-Vecchia.

Quant à l'artillerie, on pouvait encore la constituer par des

---

[1] Nous employons ainsi au 13e corps des troupes qui, d'après ce que nous avons dit plus haut, étaient destinées à Paris ou aux places du sud-est. Mais il n'y avait à cela aucun inconvénient, si l'on éloignait l'armée de Paris, et dans le cas contraire, on avait le temps de les ramener par les voies ferrées.

emprunts faits aux 5e et 12e corps. Le dernier de ces corps avait, on le sait, une très nombreuse artillerie, par la réunion de 11 batteries du 6e corps à celles qui lui avaient été primitivement destinées. Il y avait de cette façon au 12e corps 25 batteries. Rien n'empêchait d'en prendre quelques-unes pour le 13e corps; par exemple, les 4 batteries du 8e, les 2 batteries du 15e, la batterie du 4e et celle du 11e. La brigade de Maussion amenant les 2 batteries qui marchaient avec elle, on aurait pu, avec ces 10 batteries, constituer l'artillerie des divisions; pour former l'artillerie de réserve, on aurait pris celle du 5e corps. Pour remplacer cette dernière, on aurait encore porté directement sur Mézières 8 ou 10 batteries, choisies parmi celles qui, en réalité, ont compté au 13e corps. On aurait ainsi réuni à Mézières une division mixte, comprenant 1 brigade d'infanterie, 2 brigades de cavalerie, avec 8 ou 10 batteries destinées à rejoindre le 5e corps à Montmédy, en s'y portant de Mézières pendant que les 2 divisions Goze et Guyot de Lespart auraient été dirigées sur le même point par le chemin de fer.

De cette façon, on n'aurait eu à embarquer à Reims que ces 2 divisions sans impedimenta, car leurs convois pouvaient provisoirement marcher avec le 12e corps. Le mouvement n'eût exigé que 16 trains par division, soit en tout 32 trains, et par suite l'embarquement n'exigeant qu'environ 24 heures, ces divisions pouvaient rester très tard en avant de Reims.

Quant au 13e corps, comprenant, d'après ce que nous avons dit, 3 divisions, dont la brigade de Maussion, 7 régiments de cavalerie et 16 batteries, dont 2 à cheval, il était parfaitement en mesure de couvrir cet embarquement en résistant aux pointes avancées des avant-gardes allemandes.

L'ennemi, en effet, occupant le 25 ses positions en avant de Bar-le-Duc, ne pouvait être en force à Reims avant le 29. Par des reconnaissances journalières on aurait pu connaître à peu près ses mouvements, et, par conséquent, en commençant l'embarquement des divisions Goze et Guyot de Lespart le 27 au soir, on l'eût terminé avant que les Allemands n'eussent été en mesure d'y porter obstacle. En attendant, ces divisions, conjointement avec le 13e corps, couvraient le mouvement du reste de l'armée sur l'Argonne, et en s'y prenant bien on avait beaucoup de chances de dérober les deux premières marches.

Pour étudier l'opération d'une manière plus complète, partons les positions réellement occupées par l'armée de Châlons autour le Reims dans la journée du 22.

Le 23 on portait en avant les corps 7 et 1 sur la rive droite de a Vesle, le 7e de Prosnes à Bétheniville sur la Suippes, le 1er le Nogent-l'Abbesse à Pont-Faverger, les divisions de cavalerie Margueritte et Bonnemains sur la Vesle, à la droite du e corps.

Dans cette journée, les corps 5 et 12 gardaient leurs positions ux Ormes et à La Neuvillette, sauf que leur cavalerie était portée ur la Vesle aux environs de Sillery.

Le 24, les corps 1 et 7 appuient seulement un peu à gauche, le manière à se concentrer à Bétheniville et Pont-Faverger.

Le même jour, le 5e corps se porte en avant en remontant la Vesle, sauf la brigade de Maussion qui reste avec le 13e corps en ormation.

La division Goze avec la cavalerie, avec celle du 12e corps et batteries, vient occuper les Petites-Loges et Sept-Saulx; la division Guyot de Lespart, avec 7 batteries, rejoint à Prosnes les ivisions de cavalerie Margueritte et Bonnemains.

Enfin, le 12e corps quitte les environs de Reims pour venir 'établir sur la route de Rethel entre la Suippes et la Retourne, 'Isle à Bergnicourt.

Pendant ce temps, le 13e corps se forme, une division aux 'rois-Puits, les 2 autres vers Beine, chacune avec leur artillerie ivisionnaire.

Après avoir exécuté ces mouvements préparatoires pendant es journées du 23 ou du 24, on pousse dans la matinée *du 25* ne grande reconnaissance jusqu'au delà du camp de Châlons, ù l'on se porte en 2 colonnes : à droite, la cavalerie du 5e corps, elle du 12e et la division Goze, à gauche les divisions Margueitte, Bonnemains et Guyot de Lespart.

D'après la position réelle des corps allemands, il est probable ue cette reconnaissance aurait donné des nouvelles un peu précises des mouvements de l'ennemi. On aurait appris certainement, par ce moyen et par d'autres, que les corps allemands pprochaient et que, le lendemain 26, on avait des chances de es trouver en force en deçà de la ligne Vitry—Sainte-Menehould. Pour bien s'éclairer, on n'aurait pas dû hésiter à attaquer la cavalerie ennemie, certain que l'on pouvait être qu'en cas d'échec on trouverait une protection efficace dans l'appui des divisions Goze et Guyot de Lespart. On aurait dû conclure du résultat de cette reconnaissance que le moment était venu de mettre en marche les corps réunis sur la Suippes. Dans l'après-midi du 25, ils auraient commencé leur mouvement pour se porter, le 7e à Machault, le 1er à Juniville et le 12e au delà de Rethel, sur la route du Chêne-Populeux.

Le lendemain *26*, les corps 7 et 1, se remettaient en mouvement à 2 heures du matin afin de passer l'Aisne de très bonne heure, l'un à Vouziers, l'autre à Semuy et Voncq. De cette façon, les reconnaissances allemandes même poussées le 26 au nord de la Suippes, n'auraient plus trouvé personne entre cette rivière et l'Aisne et, par conséquent, n'auraient très probablement rien su du mouvement que l'on venait d'exécuter.

Après avoir passé l'Aisne, les deux corps français se seraient ensuite portés l'un jusqu'à la bifurcation des routes de Grand-Pré et la Croix-aux-Bois, l'autre de Voncq jusqu'à Quatre-Champs.

Quant au 12e corps, déjà au delà de Rethel depuis la veille, il pouvait partir un peu plus tard pour occuper dans la journée le Chêne et Tourteron.

Pendant ce temps, les divisions d'infanterie et de cavalerie portées la veille au camp de Châlons se repliaient en descendant la Vesle et la Suippes. A droite, la division Goze, avec la cavalerie du 5e corps, venait réoccuper les Petites-Loges; à gauche, la division Guyot de Lespart et la division de cavalerie du 12e corps revenaient sur Prosne; enfin, les divisions Margueritte et Bonnemains, partant à la pointe du jour, se retiraient sur Bétheniville dans la matinée de manière à être en mesure, après un repos de toute la journée, de marcher sur l'Aisne pendant la nuit suivante. En même temps, 2 des divisions du 13e corps venaient occuper les hauteurs de Nauroy et Moronvilliers entre Prosnes et Bétheniville, tandis que la 3e restait aux Trois-Puits.

Enfin, dans cette journée du 26, la division mixte d'infanterie et de cavalerie réunie à Mézières les jours précédents avec 8 batteries, se portait sur Sedan.

Le 27, les 3 corps 7, 1 et 12 continuaient leur mouvement, mais en marchant lentement de manière à ménager les troupes, afin de pouvoir leur demander un grand effort pour les jours suivants; de manière aussi à être en mesure de se retirer si l'on avait de bonnes raisons de croire que le mouvement que l'on avait commencé offrait de grands dangers. Le 7e corps, gagnait seulement Grand-Pré, laissant dans la matinée une division à Vouziers jusqu'à l'arrivée de la cavalerie Margueritte et Bonnemains, le 1er corps atteignait Buzancy, le 12e s'établissait du Chêne-Populeux à Stonne. Quant à la cavalerie Margueritte et Bonnemains, ayant quitté Bétheniville à une heure du matin et ayant marché sans arrêt, elle atteignait Vouziers vers 6 heures, s'y reposait après avoir passé l'Aisne, et l'après-midi se portait aussi sur Grand-Pré avec la dernière division du 7e corps. Le même jour, les troupes de Mézières se portaient de Sedan sur Carignan.

En même temps, les troupes laissées en avant de Reims se conformaient aux mouvements des Allemands. Il est probable que dans cette journée, n'ayant encore affaire qu'à la cavalerie, elles auraient pu conserver les positions de Nauroy et de Moronvilliers.

Dans tous les cas, la division Goze quittait les Petites-Loges, s'arrêtait aux Trois-Puits et, l'après-midi, se portait sur Reims pour commencer son embarquement dans la soirée. C'était dans cette soirée du 27 qu'il fallait prendre un parti définitif. Il est probable que, par suite des précautions que nous venons d'indiquer, l'ennemi n'aurait rien su de ces deux premières marches. Il n'avait guère de chances d'être averti que par des nouvelles du dehors, comme il l'a été dans la réalité, mais seulement trois jours après notre départ de Reims. Or, il est clair qu'un mouvement comme celui que nous étudions, exige pour réussir le secret le plus complet.

Jusqu'au 25, le maréchal, le ministre et l'empereur seuls devaient être prévenus, les chefs de corps eux-mêmes n'avaient pas besoin de rien connaître plus tôt.

De plus, on ne devait rien négliger pour induire l'ennemi en erreur. Ainsi, le 22 il avait été convenu, alors que la retraite sur Paris était admise en principe, que l'empereur adresserait une lettre au maréchal, et que celui-ci répondrait pour exciter l'ardeur de la nation à lutter à outrance sous les murs de la capitale. Il est clair qu'en prenant le parti d'aller à Metz, on devait plus que jamais écrire ces lettres sans en changer le sens. On eût trompé, il est vrai, le pays en même temps que les Prussiens, mais cette supercherie était bien permise en présence du but à atteindre. De plus, l'empereur et le maréchal devaient rester en avant de Reims le plus longtemps possible, en s'y faisant voir fréquemment.

Le maréchal pouvait, sans inconvénient, y séjourner jusqu'au 27 inclusivement, après avoir donné le 25 des instructions précises à ses chefs de corps et désigné l'un d'eux pour le remplacer temporairement, dans le cas de difficultés imprévues. Après avoir expédié ses ordres dans l'après-midi du 27 pour la journée du lendemain, le maréchal pouvait quitter Reims à minuit, de manière à débarquer à Faux, au delà de Rethel, vers deux heures du matin, et arriver ensuite au Chêne-Populeux, au quartier général du 12e corps; après y avoir séjourné une heure, pour prendre des renseignements sur la situation, il repartait à 6 heures et arrivait, vers 8 heures, au quartier général du 1er corps, à Buzancy. Là il se trouvait au centre de ses troupes et en mesure d'en diriger tous les mouvements. Le parti étant pris définitivement d'aller à Metz, on devait, à partir du 28, marcher aussi vite que possible. Les ordres pour cette journée devaient être : pour le 7e corps, ayant avec lui les divisions Margueritte et Bonnemains, de partir pour Dun, à 4 heures du matin, en poussant des reconnaissances jusqu'à Varennes; pour le 12e corps, de partir également de bon matin et de se diriger sur Stenay pour y passer la Meuse. Quant au 1er corps, il eût été convenable de retarder son départ et de le laisser dans la matinée autour de Buzancy, de manière à être en mesure de le porter au secours du 7e si celui-ci eût rencontré l'ennemi dans sa marche de Grand-Pré sur Dun. Étant, du reste, le plus rapproché de la Meuse, il pouvait se contenter, dans la matinée, de diriger ses premières divisions sur Remonville et Bayonville, et aurait été encore en mesure de gagner l'après-midi le fleuve, qu'il aurait passé vers Sassey-sur-Meuse, entre Dun et Stenay.

Du côté de Reims, le 13e corps avait une division aux Trois-Puits, les deux autres à Nogent-l'Abbesse et Berru; la division Guyot de Lespart quittait Prosnes dans la matinée et commençait le soir son embarquement, de manière à arriver le lendemain à Longuyon, où la division Goze serait venue la rejoindre ainsi que la division mixte portée le 28 de Carignan sur Montmédy.

Pendant cette journée du 29, les trois autres corps continuaient leur mouvement sur la Moselle. Comme nous l'avons dit, il ne fallait pas plus de 4 jours pour aller de la Meuse à Thionville, même en subissant quelques retards, car de Dun à Thionville, par Mangiennes, Landres et Briey, il y a environ 80 kilomètres, distance qu'une troupe franchirait aisément en 3 jours si elle marchait en toute sécurité. En admettant 4 jours, nous tenons compte des obstacles qui pouvaient se présenter pendant l'opération; on pouvait donc compter atteindre Thionville le 1er septembre; on y passait la Moselle le 2 et l'on marchait sur Metz par la rive droite le même jour. Nous croyons que par cette manière d'opérer on pouvait espérer joindre l'armée de Metz, et ensuite échapper avec elle à l'étreinte des Allemands. En effet, en dérobant seulement deux marches à l'ennemi, c'est-à-dire celles du 26 et du 27, celui-ci ne faisait demi-tour que le 28. Or, le 27 au soir le gros de l'armée allemande était sur la ligne Suippes — Châlons. Il lui fallait trois jours pour regagner la Meuse, au sud de Verdun, et un jour de plus si elle voulait marcher plus au nord. Même dans le premier cas, elle n'y était rendue que le 30, et, par conséquent, ne pouvait atteindre la Moselle que le 3 septembre et la passer en forces seulement le 4. Or, Metz ayant été débloqué le 2, rien ne s'opposait, les jours suivants, à ce qu'après avoir coupé les communications de l'ennemi nous ne fussions en mesure de gagner les Vosges et de débloquer Strasbourg. On aurait dû, du reste, ne porter dans la direction de cette place qu'une partie de nos forces, environ deux corps de l'armée de Châlons; le reste prenait le chemin d'Épinal, par Château-Salins et Lunéville, et pouvait toujours, au pis aller, trouver son salut en gagnant l'Alsace par les défilés de Sainte-Marie-aux-Mines et du Bonhomme, et ensuite revenir par Belfort et Besançon.

Nous concluons donc de cette étude que l'opération d'aller de Reims sur Metz n'était pas déraisonnable; elle offrait certainement de grandes difficultés, mais elle n'était pas irréalisable, à la condition d'y mettre de l'habileté et une énergie qui n'excluait pas la prudence. Et en effet, une fois sur l'Aisne et l'Argonne, rien ne s'opposait, si l'on savait l'ennemi prévenu, de se retirer en descendant l'Aisne, par Rethel; n'aurait-on commencé le mouvement de retraite que le 29, rien ne pouvait nous empêcher d'atteindre l'Oise, vers La Fère, et encore à ce point de vue le 13e corps laissé devant l'ennemi nous eût été fort utile, en nous donnant d'abord quelques renseignements sur ses mouvements, et ensuite en défendant l'Aisne au moins contre les avant-gardes allemandes. En cas de succès, qu'aurait dû faire ce corps dès que l'ennemi eût fait demi-tour? Le diriger à sa suite ne pouvait donner aucun résultat; il valait bien mieux l'embarquer pour le porter sur Langres et Épinal, où, renforcé des troupes qu'on aurait pu tirer de Belfort, Besançon, Langres, Lyon et même Paris, il nous eût encore rendu le service de nous aider à revenir par les Vosges pour reprendre notre ligne d'opérations sur le sud. Tout cela était possible, et la meilleure manière de vaincre les difficultés était de bien se rendre compte de leur nature; l'opération, pour réussir, demandait à être méditée pendant plusieurs jours. C'était encore une raison pour ajourner le départ. Mais, nous ne saurions trop le répéter, on n'est parti si vite que parce qu'on croyait Bazaine sorti, et qu'il semblait urgent de lui tendre la main, et la grave faute a été justement de continuer le mouvement après avoir, par des considérations, il est vrai, raisonnables, perdu plusieurs jours, mais alors que cette perte de temps nous enlevait toutes nos meilleurs chances. Malheureusement le maréchal de Mac-Mahon avait commencé par rejeter le principe de cette marche; il n'y a été entraîné que peu à peu, et par des motifs très divers, en portant dans les mouvements de son armée l'indécision qui existait dans son esprit.

Mais on doit reconnaître que si dès le 20 août on se fût arrêté à l'idée de cette marche, en prenant tout le temps nécessaire pour l'étudier et la préparer, on avait de grandes chances d'atteindre le but.

Il faut remarquer, du reste, que si l'on eût pris de suite ce parti, il n'y avait aucune raison de commencer par se replier du camp de Châlons sur Reims.

Nous avons supposé, dans ce qui précède, ce mouvement exécuté, pour nous rapprocher davantage de la réalité, mais il eût mieux valu rester au camp de Châlons le plus longtemps possible. On pouvait même se porter en avant de la ligne Suippes—Châlons pour reprendre au plus vite le contact avec les troupes allemandes. Il y a justement de Somme-Vesle à Auve de bonnes positions que l'on aurait pu occuper sans inconvénient jusqu'au 24. Le lendemain on disposait sur la Suippe les corps qui devaient marcher sur l'Aisne, pendant que le 5e se repliait sur le camp et que le 13e s'organisait autour de Reims. Ce mouvement se serait exécuté à peu près comme nous l'avons indiqué, mais ces dispositions avaient, croyons-nous, l'avantage de mieux tromper l'ennemi, et en même temps de rétrécir le champ de ses explorations. Il est certain, en effet, qu'en nous voyant reculer lentement devant lui, l'ennemi se serait moins méfié qu'en constatant d'abord une brusque retraite que rien ne motivait, puis une marche en avant dont il aurait peut-être trouvé les raisons en étant amené à les rechercher; d'autre part, en lui abandonnant toute la région du camp dès le 21, on lui rendait beaucoup plus aisée l'exploration du pays jusqu'à Vouziers. Il n'y avait donc qu'avantage à rester quelques jours de plus au camp de Châlons, tant au point de vue de l'achèvement de l'organisation de l'armée qu'à celui de la préparation de la marche sur Metz.

Toutefois, nous croyons que, même après la retraite sur Reims, le mouvement était encore très possible, et, dans tous les cas, qu'à la condition d'être prudent et vigilant il n'y avait aucun danger sérieux à tenter l'opération. Examinons ce qui pouvait arriver suivant que l'ennemi aurait eu connaissance de notre mouvement, le 1er, le 2e ou le 3e jour. S'il était prévenu le 1er jour, que nous supposons le 26, nous avions le contact de sa cavalerie au plus tard le lendemain, alors que nous occupions la ligne Grand-Pré—Stone. En constatant sa présence, nous prenons le parti de nous retirer, et l'ennemi n'a aucun moyen même de gêner notre retraite. S'il ne connaissait notre mouvement que le 2e jour, il est probable que nous n'aurions retrouvé nous-mêmes son contact que le 28, pendant que nous nous portions de l'Argonne à la Meuse, mais alors nous avons au moins 2 jours d'avance sur lui s'il veut nous suivre; car occupant la veille la ligne Suippes — Châlons, ses corps les plus rapprochés de nous atteindront tout au plus l'Aisne le 28. Toutefois, ce cas est le plus défavorable; il exige de notre part une marche très rapide à partir du 28. Mais si l'ennemi n'est prévenu qu'un jour plus tard, alors le succès est certain, même en marchant tout à notre aise; car il faut bien remarquer que chaque jour d'erreur de plus augmentait l'avance de notre armée de 2 marches, parce que l'ennemi non-seulement se retourne un jour plus tard, mais qu'en même temps il a marché un jour de plus dans le sens opposé. On voit donc, ainsi que nous l'avons déjà dit, qu'en commençant le mouvement dans la nuit du 25 au 26, c'était bien le 27 qu'il fallait prendre un parti définitif. Si dans cette journée on apercevait la cavalerie ennemie, il fallait se retirer dès le lendemain; si, au contraire, on ne rencontrait les Allemands nulle part, on pouvait continuer à marcher sur la Meuse. C'est pour cela aussi que dans l'exécution de cette opération, qui devait demander une huitaine de jours, c'était la journée du 27 qu'il fallait choisir pour donner aux troupes un demi-repos, en les faisant seulement avancer de quelques kilomètres.

Nous sommes donc d'avis que le succès de la marche de l'armée de Châlons sur Metz était loin d'être impossible, et pour le nier *à priori* avant tout examen approfondi, il ne suffit pas de dire que ce mouvement était contraire à tous les principes, et par exemple que l'armée française avait à exécuter une marche de flanc et qu'elle risquait de perdre sa ligne d'opération. Sans doute la marche de Reims sur Montmédy était une marche de flanc; mais de pareils mouvements ont amené plus souvent la victoire que la défaite. C'est toujours par une marche de flanc que Frédéric prenait ses dispositions pour livrer bataille et, de plus il exécutait cette manœuvre à proximité de l'ennemi.

Il est vrai qu'elle a amené la défaite de l'armée prussienne à Kollin, mais en revanche, dans la même année, elle a produit les victoires de Prague et de Leuthen. C'est par une marche de flanc que Villars avait sauvé la France à Denain. Le mouvement de Napoléon sur le Danube en 1805 est en réalité une marche de flanc; et plus récemment encore c'est par une marche de flanc qu'en 1859 l'armée française a été conduite à Magenta. C'est qu'en réalité c'est par une pareille manœuvre que l'on doit chercher, le plus souvent, à déborder l'armée ennemie.

Il est vrai qu'en l'exécutant on livre ordinairement sa ligne d'opération, mais il n'en résulte aucun inconvénient si l'on peut en reprendre une autre. C'est ce qui eut lieu notamment en 1859, pendant que l'armée franco-sarde marchait d'Alexandrie sur Novare, et c'est ce qui devait avoir lieu également en 1870 pendant que l'armée de Châlons se portait de Reims sur Montmédy. Tant que cette armée était dans la région du camp, elle avait sa ligne d'opération sur Paris; mais en marchant vers le nord-est elle pouvait aisément prendre sa nouvelle ligne sur la région du nord et en tirer ses approvisionnements par la ligne ferrée d'Hirson, Mézières et Montmédy. Il est vrai encore qu'une fois au delà de la Meuse, l'armée française risquait de perdre cette nouvelle ligne, car on pouvait la couper du nord, après l'avoir coupée d'abord de la direction de Paris, et cette situation était une conséquence forcée du mouvement sur la Moselle. Mais l'armée française ne devait rester entre la Meuse et la Moselle que 4 jours, et pour ce court laps de temps rien n'était plus facile que de lui créer le long de la frontière belge une base d'opération provisoire, très suffisante pour assurer ses mouvements pendant quelques journées.

D'abord et pendant la période préparatoire on ramenait le parc de l'armée à Mézières; ensuite, le jour où la tête de colonne atteignait Montmédy on dirigeait sur ce point par la voie ferrée du nord, un nouvel échelon d'approvisionnements; le jour suivant on occupait Longuyon, où se trouve la bifurcation du chemin de fer de Longwy, on dirigeait sur cette place un 3e échelon de vivres et de munitions; enfin, un jour plus tard on agissait de même pour Thionville. Par ce moyen l'armée française privée, après le passage de la Meuse, de toute communication certaine avec le cœur de la France, pouvait trouver dans ces trois places de Montmédy, Longwy et Thionville [1], les moyens de vivre pendant plus de 15 jours et de

[1] Le rôle que nous assignons à ces trois places est un des plus importants que les places fortes aient à remplir pendant une grande guerre. C'est ainsi qu'elles facilitent les opérations, car en allégeant les convois elles rendent les armées plus mobiles. Elles doivent être, comme l'a dit Napoléon, des oasis dans un désert, où des armées qui tiennent la campagne doivent toujours trouver de quoi vivre et de quoi combattre. Ce sont des parcs fixes destinés à ravitailler les parcs mobiles.

Cette manière de concevoir le rôle des places me paraît faire partie des livrer plusieurs batailles, et en réalité il ne lui fallait que 4 jours pour exécuter son mouvement. Elle avait même dans ces conditions, au point de vue de son ravitaillement, un avantage considérable sur les armées allemandes qui, tirant leurs ressources de Sarrebrück ou de Saverne, ne pouvaient les recevoir que par un chemin très long, contournant la place de Metz au sud. En outre, après le passage de la Moselle et la jonction avec l'armée de Metz sur la rive droite, les communications des armées ennemies se trouvaient compromises, et le premier soin des Allemands eût été de les reprendre. Mais, de notre côté, si nous n'eussions pas été assez forts pour nous y opposer, rien ne pouvait nous empêcher en même temps de gagner les Vosges et de prendre définitivement une nouvelle ligne d'opérations sur le sud-est de la France.

Nous croyons donc, en somme, que le mouvement de l'armée de Châlons vers Metz n'offrait pas de graves dangers, mais à la condition d'avoir été soigneusement préparé, surtout bien étudié sous toutes ses faces et ensuite exécuté avec vigueur et précision. Mais c'est là la condition de toutes les opérations militaires un peu délicates. On doit bien apprécier, en pareille circonstance, tous les avantages de l'initiative et toutes les incer-

---

principes les plus essentiels de l'art de la guerre ; mais il faut reconnaître que l'on a en France des idées tout opposées.

On lit, par exemple, dans le *Service en campagne* (page 235) : « *En territoire national, le commandant d'une armée qui opère dans le voisinage d'une place ne peut toucher aux approvisionnements de guerre et de bouche formant la dotation normale de cette place.* » Je n'hésite pas à dire qu'une pareille prescription est déplorable et grosse de conséquences désastreuses. Qu'on suppose, par exemple, l'armée de Châlons, à la suite d'un suprême effort, arrivant, le soir du 1er septembre, à Mézières, les vivres et les munitions de cette place lui eussent sans doute été nécessaires pour continuer sa retraite.

Par l'exécution de l'article du règlement que je signale on l'aurait empêchée de se sauver. Aussi nous voudrions qu'à la place de cet article on mît le suivant qui en est exactement l'opposé : *Le commandant d'une armée qui opère dans le voisinage d'une place a toujours le droit,* SOUS SA RESPONSABILITÉ, *d'y puiser les vivres et les munitions dont il peut avoir besoin. Il ne doit le faire qu'en cas de nécessité, mais ne pas hésiter lorsque le salut de son armée dépend d'une semblable mesure.* Il est possible qu'en agissant de la sorte, le général mette une place dans l'impossibilité de se défendre, mais il aura sauvé son armée, et il vaut mieux perdre 10 places qu'une armée ; car les places n'ont par elles-mêmes qu'une valeur secondaire, elles ne sont utiles qu'autant qu'elles servent aux opérations des armées. Les principes opposés sont la contrepartie de l'art de la guerre.

titudes et les hésitations que des mouvements imprévus produisent chez l'adversaire. En réalité, les Allemands en se retournant contre l'armée de Châlons, n'ont pas marché avec une précision parfaite. Si l'on considère les lignes de marche de leurs corps d'armée, on voit que beaucoup d'entre elles ne sont pas les plus directes qu'il fallait suivre pour nous atteindre. Cela tient à ce que nos adversaires n'avaient pas, à beaucoup près, des renseignements complets sur nos mouvements. Aussi, est-il bien possible que, même en commençant le 21 ou le 23, la marche de l'armée française, quoique imprudente, eût réussi, si, dès le premier jour, elle avait été exécutée franchement avec l'intention bien arrêtée d'aller à Metz. Ce qui est bien certain, et nous croyons l'avoir nettement montré, c'est que cette marche ne devait pas par elle-même conduire à un désastre. Ce n'est, en réalité, que par une série de fautes d'exécution que notre armée s'est perdue; car, nous l'avons vu, jusqu'au 31 elle avait le moyen de se sauver, et le jour même de la bataille elle avait encore des chances d'échapper à une ruine complète, sans la malheureuse intervention du général de Wimpffen.

Dans tous les cas, il ne faut pas conclure de ce qui est arrivé que l'idée même de la marche sur Metz par la frontière du nord fut déraisonnable; on doit penser, au contraire, que mieux étudiée et mieux exécutée, elle avait de sérieuses chances de succès, et quant aux dangers qu'elle présentait, il était très possible de les éviter.

Voilà ce que nous nous étions proposé de montrer, par la discussion précédente. Mais maintenant d'autres questions se présentent encore à notre esprit. L'armée de Châlons devait-elle se proposer d'aller à Metz? Etait-ce là la tâche que l'on devait lui donner à remplir pour défendre au mieux le territoire national? Et, en outre, en admettant qu'elle dût se proposer Metz comme objectif, la marche par le nord était-elle la plus avantageuse? N'y avait-il pas une autre manière de s'y prendre pour arriver au même résultat? Telles sont les questions qu'il nous reste à traiter pour terminer notre étude.

VII.

LE VRAI RÔLE DE L'ARMÉE DE CHALONS.

Sous l'influence de la catastrophe de Sedan, on a généralement pensé, non seulement dans le public étranger aux questions militaires, mais aussi dans l'armée, que la cause première du désastre de l'armée de Châlons résidait dans l'idée même de marcher sur Metz; qu'en cherchant à réaliser cette idée, on courait au-devant d'une perte certaine; que, d'ailleurs, Bazaine n'avait pas besoin de secours pour se tirer d'affaire, et par conséquent que l'armée aux ordres du maréchal de Mac-Mahon, au lieu de se compromettre en essayant de dégager celle de Metz, avait une tout autre tâche à remplir : c'était de se retirer sur Paris, en se joignant aux défenseurs dejà réunis sous les murs de la capitale. Alors, dit-on, non seulement l'armée de Châlons ne se serait pas perdue, mais en restant debout elle eût arrêté l'invasion prussienne sur la Seine, et le premier résultat d'une pareille détermination eût été d'empêcher l'investissement de Paris. Telle est la manière de voir généralement répandue en France.

Un écrivain qui, tout en étant étranger à l'armée, a traité longuement des questions militaires, a encore écrit tout récemment [1] que si les 110,000 hommes que le maréchal de Mac-Mahon a conduits à Sedan, étaient revenus camper sous Paris, sur les positions de la rive gauche de la Seine, l'ennemi n'aurait pu tenter, sans témérité folle, l'investissement complet de la place; et l'auteur ne craint pas de dire que c'est là une vérité qu'aucune personne compétente ne contestera.

Eh bien ! sauf à passer pour incompétent, non seulement je la conteste, mais j'affirme qu'il n'est pas possible d'émettre une opinion plus erronée, ni plus dangereuse pour l'avenir. S'il y a une chose certaine pour nous, autant qu'on peut être certain d'un fait que l'on ne peut prouver matériellement, c'est, au contraire, que si l'armée du maréchal de Mac-Mahon s'était retirée

---

[1] TÉNOT, *Les Nouvelles défenses de la France.*

sur Paris, avec la résolution de ne s'en éloigner à aucun prix, elle y aurait été bloquée comme celle de Bazaine à Metz. Un peu d'attention ne peut laisser le moindre doute à ce sujet. Admet-on, oui ou non, que l'armée de Châlons, même portée à 160,000 hommes par les renforts qu'elle aurait pu recevoir en se retirant sur Paris, eût été en mesure de résister aux armées prussiennes en rase campagne? Je crois que la réponse à cette question n'est pas douteuse, les Allemands disposant de forces encore très supérieures. Or, ce point admis, il est évident que la proximité de Paris n'augmentait en rien les moyens de résistance de l'armée française, à moins qu'elle ne reculât jusqu'à recevoir des forts un appui direct en se plaçant sous leur protection.

Or, pour tirer parti de ces ouvrages, on pouvait soit s'adosser au camp retranché, soit y appuyer seulement une aile. En s'y adossant, on pouvait résister avec succès à une attaque des Allemands; mais ceux-ci se seraient bien gardés d'attaquer l'armée française dans ces conditions, leur but étant seulement de les rejeter sur la ligne des forts. Mais je demande comment l'armée française rejetée sur Paris aurait empêché l'investissement? Je reconnais qu'elle aurait pu le retarder de quelques jours, parce que, ayant à redouter une sortie de plus de 100,000 hommes, l'ennemi n'aurait pu s'étendre autour de la place que peu à peu et en élevant, pour sa propre protection, des fortifications solides.

J'admets aussi que l'armée française aurait pu conserver indéfiniment les hauteurs de Châtillon, qui se trouvent en avant du front sud [1].

Mais là se bornaient les avantages que l'on pouvait retirer de la présence de l'armée: retarder l'investissement d'une huitaine de jours et élargir quelque peu la ligne de blocus au sud de la place. Or, il est certain que ces avantages auraient été plus que compensés par la perte de l'armée qui, une fois renfermée, n'aurait plus été d'aucune utilité pour la défense du pays.

---

[1] Du reste, ces hauteurs eussent encore été conservées avec les troupes qui ont formé réellement la garnison de Paris, si nos ingénieurs militaires, au lieu de s'appliquer à faire de la maçonnerie, s'étaient attachés à élever des ouvrages de fortification d'un usage pratique. L'ouvrage du général Ducrot donne des indications très nettes à ce sujet.

Voilà ce qui serait arrivé en s'adossant à Paris soit à l'est, soit au sud. Or, le cas où l'on n'y aurait appuyé qu'une aile ne diffère pas beaucoup du précédent. En effet, l'ennemi, très supérieur en nombre, aurait facilement débordé l'aile opposée, et, par ce mouvement, aurait obligé l'armée à pivoter en arrière sur l'aile appuyée, de manière à venir s'adosser sur les forts. Dans tous les cas, dès qu'on tenait à être attaché à la place, il était certain qu'on finirait par y être rejeté, puis bloqué, et enfin réduit à capituler faute de vivres.

Tout autres eussent été les résultats qu'on pouvait atteindre, si l'armée française, tout en se retirant sur Paris, ne s'était pas proposée de rester liée à tout prix à la place.

Elle pouvait encore, dans ces conditions, retarder l'investissement autant et peut-être plus qu'en s'y appuyant directement, et prendre ensuite une position sur le flanc de la ligne d'opérations de l'ennemi, d'où elle aurait gêné ses mouvements autour de Paris bien autrement qu'en s'y laissant enfermer.

Cette question est assez grave pour que nous l'examinions d'un peu plus près.

L'armée de Châlons comprenait quatre corps d'armée, les corps 1, 5, 7 et 12; de plus, on organisa dans la capitale deux nouveaux corps, 13 et 14, qui auraient été à peu près constitués au moment où l'armée de Châlons serait arrivée sous Paris.

Or, malgré ce renfort, il est certain que l'armée française eût été obligée de reculer sur la place, et que la seule manière de retarder l'investissement consistait à disputer le passage de la Seine soit en amont, soit en aval de Paris.

D'après ces idées, on pouvait prendre les dispositions suivantes :

Laisser sur la rive droite, sur la ligne des forts depuis Charenton jusqu'à Saint-Denis, les deux corps 13 et 14 de nouvelle formation, et se porter sur la rive gauche avec les quatre corps venus de Châlons. Ces corps auraient pris les positions d'attente suivantes :

Un corps à Villeneuve-Saint-Georges, la gauche appuyée à la place pour observer l'ennemi en amont, un corps vers Saint-Germain, la droite appuyée au mont Valérien pour observer l'ennemi en aval, les deux autres corps dans une position centrale de Versailles à Palaiseau, pour être en mesure d'appuyer, suivant les circonstances, l'un ou l'autre des deux premiers corps. En prenant ces dispositions, il fallait se tenir prêt à prendre l'offensive à la première tentative de passage de l'ennemi. On aurait pu l'attaquer soit d'un côté, soit de l'autre, avec au moins trois corps, c'est-à-dire avec plus de 90,000 hommes, et, dans cette situation, il est certain que les Allemands n'auraient réussi dans leur entreprise qu'à la condition d'y mettre du temps et d'y employer toutes leurs forces. Une fois le passage réussi, l'armée française, loin de s'attacher à Paris, se serait retirée soit dans la direction d'Orléans, soit dans celle du Mans, suivant que par la bataille elle aurait été débordée par la gauche ou par la droite. Dans tous les cas, rien ne l'aurait empêchée, au bout de quelques jours, de revenir sur le premier de ces deux points, et je demande si, en présence d'une armée de 120,000 hommes à Orléans, capable d'être renforcée de toutes les nouvelles levées de la France, les Allemands auraient pu faire en sécurité le blocus de Paris. Voilà comment l'armée de Châlons en se retirant su Paris pouvait en retarder l'investissement d'une manière utile et en évitant de se perdre elle-même.

Il est à peu près certain qu'en agissant de la sorte, l'armée française, libre de ses mouvements, capable de se porter tantôt sur la haute Seine, tantôt du côté opposé, certaine, en outre, d'être renforcée de 25,000 hommes tous les huit jours, eût été bientôt en mesure de rendre impossible la continuation du blocus, en supposant qu'elle n'ait pas réussi à l'empêcher.

Mais pendant ce temps, que serait devenue l'armée de Metz ? Il est vrai que ceux qui prétendent que la présence de l'armée de Châlons à Paris suffisait pour en empêcher le blocus, affirment également que l'armée de Metz pouvait se sauver toute seule; mais, tout cela est de la pure théorie, et avant de produire de pareilles affirmations, on devrait au moins les appuyer de quelques exemples. Or, où est l'armée bloquée qui se soit délivrée d'elle-même? Qu'on en cite un seul exemple. Pour moi, je voudrais bien qu'on me le signalât, n'en connaissant pas un seul jusqu'à présent.

L'histoire militaire montre que toutes les armées bloquées n'ont pu se sauver qu'avec l'aide d'une armée de secours. Depuis Vercingétorix jusqu'à nos jours, il n'y a pas d'exemple du contraire; on peut être sûr qu'il en sera de même dans l'avenir. Et la raison en est, au fond, bien simple. L'armée qui perd la liberté de ses mouvements n'a plus les moyens de prendre l'offensive dans des conditions favorables. Le jour où, sous prétexte de sortir de la place où elle s'est laissé enfermer, elle attaque les lignes de l'ennemi, elle perd tous les avantages que lui donnait la proximité des ouvrages, avantages exclusivement de résistance et non d'attaque. Au contraire, elle se trouve devant des lignes fortifiées capables également d'une résistance prolongée qui permet à l'agresseur de réunir ses forces sur le point attaqué. Du reste, si l'armée avait le moyen de rompre la ligne d'investissement, c'est qu'elle avait eu celui de l'empêcher de se former. Plutôt que de chercher à briser ses liens, elle eût beaucoup mieux fait d'éviter de se laisser enserrer, ce qui eût été beaucoup plus facile. Nous admettons donc que l'armée de Metz n'avait aucune chance de se sauver d'elle-même, et d'autant moins qu'elle aurait attendu plus longtemps.

Or, cette armée renfermait la meilleure partie des forces de la France. L'abandonner à elle-même, c'était sacrifier cet élément si précieux de notre résistance, et quand même les 150,000 hommes qu'elle comprenait eussent été capables de tenir bon pendant deux ou trois mois, il était certain que le jour de la capitulation viendrait, et alors que l'armée allemande, retenue jusqu'à ce moment autour de Metz, deviendrait disponible et serait en mesure de détruire, à notre préjudice, l'équilibre des forces en présence autour de Paris. Dégager l'armée de Metz, au contraire, c'était se donner le moyen, par ce seul fait, d'avoir rapidement des forces égales à celles des Allemands.

Dès que cette armée eût été reliée au cœur de la France, il eût été facile de la porter en quelques jours à un effectif de plus de 200,000 hommes bien encadrés, en en laissant encore une trentaine de mille dans la place de Metz. On peut donc dire que le salut de la France dépendait de celui de l'armée de Bazaine; et comme nous ne pouvons pas supposer un seul instant que cette armée ait pu d'elle-même revenir en France, nous devons admettre que le vrai rôle de l'armée de Châlons était de la dégager.

Nous concluons donc de ces considérations que cette armée devait, avant tout, éviter de se laisser enfermer dans Paris et rester libre de ses mouvements, d'abord parce que c'était la meilleure manière d'empêcher le blocus de la capitale, et ensuite parce que cette armée devait se proposer Metz pour objectif final de ses opérations. Le souvenir de Sedan ne peut pas suffire pour modifier ces conclusions. Quand même l'opération eût été périlleuse, il aurait fallu la tenter, parce que la France ne pouvait être délivrée que si cette opération réussissait. Mais il faut bien remarquer que si Metz devait être un objectif final, il n'était pas nécessaire de l'atteindre immédiatement. Si l'armée de Bazaine livrée à elle-même ne pouvait éviter de capituler, elle pouvait cependant résister au moins deux mois, et même probablement un mois de plus, à la condition que son chef, dès les premiers jours, prît toutes les mesures capables de prolonger sa résistance.

On avait donc du temps pour étudier et préparer la grande opération que l'armée de Châlons devait exécuter, et on pouvait attendre une occasion favorable. Il fallait d'abord se demander quelle direction il convenait de suivre. Celle qui se présentait le plus naturellement est celle que l'armée de Châlons a réellement choisie. Si on l'adoptait, on pouvait s'y porter presque immédiatement. C'est ce mouvement que nous avons longuement discuté dans le chapitre précédent, et nous avons montré qu'il était réalisable, à la condition d'avoir été bien étudié, soigneusement préparé et vigoureusement exécuté. Toutefois, il faut reconnaître que même avec les meilleurs préparatifs et la plus énergique exécution, ce mouvement n'était pas exempt de tout danger.

Il est manifeste qu'on allait livrer sa ligne d'opérations à un certain moment, sans être certain d'en retrouver une autre, et, par conséquent, que l'on risquait de se mettre dans une situation très critique, d'où il serait peut-être bien difficile de sortir sans de graves dommages. Avec quelques circonstances heureuses, on pouvait réussir, on avait même de grandes chances de réussir ; mais si tout tournait contre nous, on pouvait se perdre sans sauver l'armée de Metz. Nous comprenons donc bien que cette idée de la marche sur Metz par le nord ait été difficilement admise par bien des militaires ; malgré les grands résultats qu'elle pouvait amener, nous admettons très bien qu'en présence du péril à courir, on ait hésité à la tenter.

Cependant la jonction des deux armées françaises de Metz et de Châlons était une nécessité impérieuse de la situation. Or, nous le répétons, cette jonction ne pouvait se faire que sur la Moselle.

Dans la réalité Bazaine aurait pu sortir par la rive droite, entre le 25 août et le 1er septembre, et gagner les Vosges par Château-Salins; mais, ainsi que nous l'avons déjà fait remarquer, cela ne tenait qu'à la répartition des forces allemandes autour de Metz, et cette répartition n'avait pour cause que le mouvement de l'armée de Châlons qui, tout en étant loin de Metz, montrait son influence rien qu'en tentant de s'approcher de la Moselle.

Si, au contraire, l'armée de Châlons se retirait sur Paris, les armées allemandes n'ayant plus à redouter son arrivée, étaient parfaitement en mesure d'arrêter toute tentative de sortie de l'armée de Metz.

Il fallait donc absolument marcher sur Metz pour sauver Bazaine, et c'est pour cela que malgré les dangers de la marche par le nord, nous sommes d'avis qu'il aurait fallu s'y résoudre, si elle eût été la seule praticable, en ayant soin, bien entendu, de ne négliger aucune des conditions nécessaires au succès de l'opération.

Mais il y avait un autre moyen d'aller à Metz; c'était d'abord de se retirer dans la région de Paris, de s'appliquer à y attirer l'armée du prince royal; puis, tout en cédant le terrain, de revenir dans les Vosges par les voies ferrées, en se dérobant aux forces que l'on avait devant soi. C'était là une opération de longue haleine qui demandait une préparation de plusieurs semaines; mais nous croyons qu'en y mettant l'habileté et la patience nécessaires, le succès était fort probable.

C'est ce que nous nous proposons de démontrer par une étude attentive de la situation des armées et aussi des ressources que nous pouvions mettre en œuvre. Il faut bien remarquer, en effet, que l'organisation de ces ressources était le principal élément de notre salut. C'était une question sur laquelle il fallait porter une attention incessante, et puisque l'opération dont nous venons de parler demandait une longue préparation, il fallait la faire coïncider avec la réorganisation de l'armée.

Nous avons déjà indiqué quelles devaient être, à notre avis, les bases essentielles de cette réorganisation : former les quatrièmes bataillons, en distinguant ceux de l'armée de Metz de ceux de l'armée de Châlons, et pour ces derniers prendre les sixièmes compagnies des trois premiers pour former les noyaux du quatrième.

Pour le 1er corps et la première division du 7e, qui avaient fait de grandes pertes à Wœrth, réduire pour le moment les régiments à deux bataillons actifs, et reconstituer les troisièmes à huit compagnies. Remanier en même temps la constitution des corps d'armée, notamment en ramenant le 1er corps de quatre à trois divisions de onze bataillons, et en se débarrassant des régiments de marche qui ont compté au 1er et au 12e corps.

A ce dernier point de vue, on peut remarquer que le 1er corps n'était pas le seul n'ayant pas une formation normale.

Au 5e corps, la division L'Abadie se trouvait réduite à une brigade par le mouvement de la brigade Lapasset sur Metz.

Au 12e, la division Lacretelle n'aurait plus compris que trois régiments après le départ de ses deux régiments de marche.

Enfin, au 7e corps, la première division eût été réduite à neuf bataillons par le départ des 4 troisièmes bataillons.

Si l'on avait dû donner à l'armée de Châlons une organisation définitive, le mieux eût été avec ces trois divisions incomplètes, d'en former deux seulement, et pour cela de prendre un régiment à la division Lacretelle pour porter la première division du 7e corps à douze bataillons et réunir les deux autres à la brigade de Maussion pour reformer au 12e corps une troisième division complète. De cette façon les quatre corps de l'armée de Châlons eussent compris chacun trois divisions, sauf le 5e qui n'en aurait plus eu que deux.

Mais avec le projet de réunir la plus grande partie de cette armée dans les Vosges, il valait mieux laisser au moins pour un temps les corps tels qu'ils étaient, afin d'éviter des remaniements trop fréquents. On ne pouvait, en effet, transporter d'un seul coup cette armée du nord dans l'est ; il fallait le faire peu à peu et de manière à tromper le prince royal le plus longtemps possible en laissant devant lui des troupes de tous les corps.

Par suite de ces mouvements, la composition des forces laissées dans le voisinage de Paris variant sans cesse, il n'y avait aucun avantage à commencer par leur donner une organisation qui n'eût été bonne qu'à la condition d'être définitive. La division Lacretelle et la brigade de Maussion auraient dû être dans les dernières troupes à laisser autour de Paris, et de cette façon les 5e et 12e corps n'auraient eu dans les Vosges que deux divisions ; mais il y avait un moyen d'en organiser une nouvelle qui eût compté provisoirement à l'un de ces deux corps pendant la durée des opérations sur la Moselle : c'était d'y employer la brigade de Civita-Vecchia en la transformant en une division. A cet effet, on aurait d'abord formé ses 2 régiments à 4 bataillons, comme tous ceux de l'armée de Châlons, puis on les aurait dédoublés, de manière à avoir 4 régiments à 2 bataillons.

Ensuite, pour donner à ces régiments un 3e bataillon, on eût demandé un bataillon à chacun des 4 régiments laissés en Afrique. On aurait eu ainsi rapidement une division bien constituée sur un pied normal.

Cette division aurait pu être formée à Lyon, de manière à participer au mouvement offensif sur Metz.

Dans la cavalerie, il y aurait peut-être eu lieu de remanier l'organisation de l'armée de Châlons ; par exemple, en diminuant la cavalerie des corps 1 et 12, de manière à avoir une 3e division de cavalerie de réserve.

Enfin, pour l'artillerie, il eût fallu modifier sa répartition dans les corps, de manière à réunir autant que possible les batteries d'un même régiment.

Je reconnais qu'on avait dès le début tenu compte de cette considération ; mais cependant on l'avait négligée dans bien des cas. Ainsi l'artillerie montée du 1er corps provenait presque tout entière des régiments 9 et 12 ; cependant il y avait à la réserve 2 batteries du 6e, tandis que 2 batteries du 12e comptaient à la réserve du 7e corps. L'artillerie du 5e corps comprenait surtout des batteries des régiments 2 et 6 (Grenoble), mais il y avait à la réserve 1 batterie du 10e et 1 batterie du 14e ; l'artillerie surtout du 12e corps était constituée sans esprit d'ordre.

Il fallait porter remède à ces défectuosités ; c'était une question très simple à résoudre, et en le faisant il fallait aussi s'efforcer de former les groupes divisionnaires avec les batteries provenant de la même région que les régiments auxquels elles étaient adjointes.

Tous ces remaniements pouvaient être faits en quelques jours au camp de Châlons, avant qu'on eût eu à redouter l'attaque de l'ennemi ; car pour renvoyer en arrière les cadres des 6es compagnies, les régiments de marche, les cadres d'artillerie inutiles, on disposait de trois lignes ferrées à partir de Reims : celle d'Epernay ; celle de Soissons et celle de Laon.

Après s'en être débarrassé, l'armée eût été réduite à peu près de 20,000 hommes, c'est-à-dire qu'elle eût compté 120,000 hommes au lieu de 140,000; mais en réalité elle n'eût guère été affaiblie, et en conservant presque autant de force, elle eût été rendue plus maniable.

Même avec l'idée de marcher sur Metz par le nord, nous croyons qu'il y aurait eu avantage à la réorganiser comme nous venons de le dire; mais c'était certainement une nécessité avec l'idée de s'y diriger par le sud. Une des conditions de la réussite était, en effet, de laisser devant l'ennemi le plus longtemps possible une force respectable, de manière à lui dissimuler notre mouvement sur les Vosges. Or, malgré cette précaution nécessaire, l'armée destinée à marcher sur Metz n'eût pas été affaiblie, grâce aux dispositions que nous venons d'indiquer; car les troupes laissées dans la région de Paris eussent été remplacées par toutes celles qui seraient sorties de Langres, de Besançon, de Belfort et de Lyon. C'est dans ces places, en effet, qu'auraient dû se former, comme nous l'avons dit, les nouveaux 4es bataillons et les 3es bataillons réorganisés. A Langres, 15 bataillons du 1er corps; à Belfort, 4 bataillons de la 1re division du 7e corps; à Besançon, 8 4es bataillons des deux autres divisions; à Lyon, ceux du 5e corps. C'eût été ensemble 35 bataillons qui, avec la brigade de Civita-Vecchia dédoublée comme nous l'avons dit, auraient formé près de 40,000 hommes.

Pendant que ces renforts se formaient, 'armée de Châlons allait être obligée de reculer devant les Allemands, et après les dispositions relatives à l'organisation de ces renforts, la question de la retraite était la première à résoudre. Dans quelle direction fallait-il l'exécuter?

Devait-on marcher droit sur Paris entre la Marne et l'Aisne, ou bien fallait-il marcher plus au nord ou plus au sud, c'est-à-dire par la Seine ou par l'Oise?

A notre avis, la retraite directe sur Paris n'offrait aucun avantage, car la capitale n'avait pas besoin de l'armée pour se défendre.

Ayant une garnison de 100,000 hommes, dont presque tous les 4es bataillons de l'armée de Metz, elle n'avait rien à redouter des entreprises des Allemands, surtout tant que l'armée de Châlons serait dans son voisinage.

En revanche, la retraite sur Paris n'eût pas été sans inconvénient pour la réalisation de nos projets ultérieurs.

En effet, l'ennemi en nous suivant n'eût pas manqué de pousser sa nombreuse cavalerie à droite et à gauche et bien au delà de notre front d'opérations. A gauche, notamment, il aurait atteint et dépassé la Seine, poussé des pointes dans la direction de la Loire, et surtout détruit les chemins de fer dont nous devions nous servir pour ramener une partie de nos forces dans l'Est. Il fallait donc détourner son attention de cette région sud-est de Paris, et pour cela ne pas se retirer sur la capitale même, éviter à plus forte raison de se diriger sur la Loire, et par conséquent prendre le parti de se retirer du camp de Châlons d'abord sur l'Aisne, puis sur l'Oise.

Cette retraite pouvait s'exécuter lentement; elle devait comprendre plusieurs phases: d'abord se retirer du camp de Châlons sur l'Aisne, et ensuite de l'Aisne sur l'Oise.

Pendant cette opération, la place de Soissons avait un rôle important à jouer.

D'abord, c'était sur cette place que l'armée devait s'appuyer pendant son mouvement sur l'Aisne.

Ensuite, elle devait pivoter en y maintenant sa droite, tandis que la gauche se retirait en arrière sur Laon. Il est vrai que cette place de Soissons, dont les propriétés stratégiques sont multiples, ne pouvait remplir complètement son rôle qu'à la condition de se prêter aux manœuvres de l'armée. Or, cette place était dominée de toutes parts, on pouvait craindre que les troupes, en s'y retirant, n'y fussent bousculées en désordre; d'autre part, il eût été difficile d'en déboucher, au moment où il aurait été avantageux de le faire. Or, il ne s'agissait pas de faire une retraite sans combattre, mais bien d'être décidé à profiter de toutes les circonstances favorables pour faire tête à l'ennemi. C'est pour cet objet que la place de Soissons avait un grand rôle à jouer, et il eût été désirable qu'elle fût organisée de manière à servir aux manœuvres de l'armée. Mais rien n'empêchait de suppléer dans une certaine mesure à l'insuffisance de ses fortifications. Il était facile d'y créer en quelques jours une sorte de tête de pont sur les hauteurs de la rive gauche de l'Aisne; le pays s'y prêtait admirablement. Soit au sud-ouest, soit au sud-est, le terrain qui avoisine Soissons présente dans son ensemble un demi-cercle de positions faciles à fortifier; or, il ne faut pas longtemps pour mettre de pareilles positions en état de défense. En une nuit on peut élever des retranchements sérieux pour couvrir de l'artillerie ou de l'infanterie; en 36 heures on construit des batteries solides, et en 8 jours on peut organiser d'une manière formidable la résistance d'une position bien choisie [1].

L'armée de Châlons pouvait elle-même fournir une grande partie du personnel nécessaire à l'organisation de ces retranchements.

Comme nous l'avons fait remarquer, le 12e corps comprenait une énorme quantité d'artillerie, 25 batteries, et il n'était pas nécessaire de lui en conserver un aussi grand nombre. On pouvait lui en prendre quelques-unes, par exemple les 4 batteries du 8e régiment, les 2 du 15e, celle du 4e et celle du 11e.

La principale partie des cadres avec tous les servants eussent été transportés sur Soissons par les voies ferrées, tandis que leur matériel y eût été dirigé plus lentement par les voies ordinaires. Toutes ces batteries provenant de garnisons peu éloignées, Paris, La Fère, Douai, pouvaient en recevoir de suite un complément de servants indispensables pour l'organisation des batteries à construire, et aussi le matériel nécessaire pour les armer; de sorte qu'à l'arrivée des conducteurs toutes ces batteries eussent pu être dédoublées, chacune d'elles fournissant une batterie à pied pour servir les pièces de position, et une batterie montée pour servir le matériel de campagne amené du camp de Châlons.

Du reste, pour activer ces travaux et relier les batteries par des tranchées, on pouvait encore trouver dans l'armée de Châlons un nombreux personnel.

Il suffisait pour cela de diriger sur Soissons, en même temps que les batteries que nous venons d'indiquer, les régiments de marche qui comptaient au 1er et au 12e corps, en extrayant toutefois, s'il y en avait, les bataillons appartenant à l'armée de Châlons, lesquels auraient dû, comme nous l'avons dit, être envoyés dans les places du sud-est. Les autres appartenant à l'armée de Metz seraient restés à Soissons tant que l'armée aurait demeuré

[1] Mais pour cela il faut s'y prendre comme les Turcs à Plewna et non pas comme les Français au sud de Paris.

dans le voisinage de cette place, puis auraient été dirigés sur Paris.

Par ces moyens on pouvait organiser, au sud de Soissons, une position très forte s'appuyant par ses deux extrémités à l'Aisne, avant que les Allemands n'eussent été en mesure de s'y présenter.

Ceux-ci, en effet, en marchant avec toute la rapidité possible, ne pouvaient atteindre Soissons avant le 1er septembre. En prenant le parti que nous indiquons le 20 août, on avait donc dix jours pour organiser la défense [1].

Sûre de cet appui, l'armée de Châlons pouvait se retirer sans se presser sur l'Aisne : le 12e corps sur Soissons, pour occuper la position fortifiée et surveiller l'Aisne jusqu'à l'embouchure de la Vesle et aussi au-dessous de Soissons; le 5e sur l'Aisne, depuis l'embouchure de la Vesle jusqu'à Beaurieux; le 1er sur Berry-au-Bac; le 7e sur Neufchâtel.

Pour compléter ces dispositions, il eût été bon d'occuper la forêt de Compiègne, de manière à surveiller le cours inférieur de l'Oise et à protéger le plus longtemps possible le chemin de fer de Tergnier à Paris. On pouvait consacrer à cet objet le gros de la cavalerie avec 3 ou 4 batteries du 12e corps et la division Lacretelle, les 2 autres divisions de ce corps étant largement

---

[1] Les propriétés stratégiques de Soissons sont multiples. C'est surtout pour résister à une invasion par le nord que cette place a été construite; mais comme on vient de le voir, elle avait un grand rôle à jouer dans la retraite de l'armée de Châlons sur l'Aisne. Elle eût été encore utile, si cette armée se fût retirée directement sur Paris, car dans ce cas elle protégeait sa gauche. Les propriétés de cette position sont aujourd'hui les mêmes qu'il y a quinze ans; aussi est-il profondément regrettable que dans la réorganisation de nos frontières, on n'ait pas construit à Soissons une grande place à cheval sur les rives de l'Aisne. On a mieux aimé élever de Reims à La Fère une série d'ouvrages qui n'ont aucune valeur stratégique, et qui, outre qu'ils ne rendront aucun service, exigeront pour leur propre défense une centaine de mille hommes, complètement immobilisés; une bonne place à Soissons eût été des plus utiles aux opérations de nos armées et n'eût demandé qu'une garnison de vingt à vingt-cinq mille hommes. Avec le système si malheureusement adopté en France, il est à craindre que les mouvements des armées ne soient subordonnés à la fortification, tandis qu'au contraire la fortification ne doit être faite que pour faciliter les mouvements des armées. C'est le renversement de l'art de la guerre. On a élevé partout des ouvrages à tort et à travers, en se mettant au point de vue étroit des ingénieurs, tandis qu'on aurait dû se guider d'après des considérations stratégiques; mais pour cela il fallait posséder quelques notions de stratégie.

suffisantes, avec une brigade de cavalerie légère et une dizaine de 4es bataillons, pour défendre la position de Soissons.

Ainsi établie sur l'Aisne, l'armée française n'avait rien à redouter, et même elle pouvait espérer quelque succès si l'ennemi eût voulu passer l'Aisne devant elle; car il lui était possible de concentrer entre l'Aisne et les hauteurs de Craonne et Corbeny, les corps 1, 5, 7, avec le gros de la cavalerie, et même d'amener sur ce point quelques troupes du 12e corps, embarqué à Soissons ou à Compiègne et venant rejoindre le reste de l'armée par Laon.

En présence de ces dispositions, l'ennemi aurait cherché sans doute à nous déborder par la droite ou par la gauche; mais ni l'un ni l'autre de ces mouvements n'était redoutable.

En descendant l'Aisne au delà de Soissons, les Allemands auraient eu pour but de nous couper de Paris; mais il ne fallait pas s'inquiéter de cette opération, le principe de nos mouvements étant justement qu'on pouvait s'écarter de Paris sans aucun inconvénient; et si les Allemands portaient le gros de leurs forces dans cette direction, ce pouvait être le moment de remonter brusquement l'Aisne jusqu'à Rethel et de se porter sur Metz par le nord. Si, au contraire, l'ennemi menaçait notre gauche en passant l'Aisne en forces vers Neufchâtel, c'était le cas de pivoter, comme nous l'avons dit, sur Soissons, en repliant notre gauche sur Laon. Ensuite on abandonnait la ligne Laon — Soissons pour se porter sur l'Oise et passer cette rivière à Noyon, Chauny et La Fère.

C'était le moment de l'évacuation de cette position, que l'on devait choisir pour commencer l'embarquement des troupes destinées à être dirigées sur les Vosges.

L'embarquement devait se faire dans l'ordre suivant :

1° Les 3es bataillons des 2e et 3e divisions du 7e corps, avec l'artillerie de la 1re division, pour être portés, les bataillons sur Besançon, les batteries sur Belfort (1 jour).

Au départ de ces troupes, la 1re division eût été dissoute, ses quatre régiments étant répartis dans les deux autres divisions pour y remplacer les 3es bataillons.

2° Les 3es bataillons du 5e corps, sauf pour la brigade de Maussion, avec les batteries de cette brigade et 2 batteries de la réserve, pour être dirigées sur Dijon (1 jour).

Au départ de ces troupes, la brigade de Maussion eût été dissoute et répartie dans les deux autres divisions.

3° La division Grandchamp et l'infanterie de marine tout entières, avec leur artillerie, une partie de l'artillerie de réserve et la division de cavalerie; ces troupes devaient être débarquées à Dijon (2 jours).

4° Les 1ers et 2es bataillons de la 1re division du 7e corps, pour les diriger sur Belfort (1 jour).

5° Les 2es bataillons du 5e corps avec les batteries divisionnaires, pour les porter sur Gray (1 jour).

6° Les 2es bataillons du 1er corps avec une partie de l'artillerie, les brigades de cavalerie Septeuil et Michel et la division Margueritte, pour les porter sur Langres (2 jours).

7° Les 2es bataillons des 2e et 3e divisions du 7e corps, avec l'artillerie et la cavalerie de ce corps, pour les débarquer entre Vesoul et Épinal (1 jour).

Pour l'exécution de ces mouvements, on se servait aussi longtemps que possible des lignes de Soissons à Paris et de Tergnier à Paris; puis, au delà de la capitale, des lignes de Lyon par Dijon et par le Bourbonnais, et même de la ligne d'Orléans jusqu'à Bourges; mais dès que ces voies fussent devenues impraticables, on n'eût pas été empêché pour cela de continuer l'opération.

Il y avait, en effet, un chemin détourné, beaucoup plus long, il est vrai, que le chemin direct, mais que nous pouvions suivre sans la moindre inquiétude, malgré les progrès de l'ennemi. C'était celui qui, partant de Tergnier, tourne à 30 ou 40 lieues de Paris, par Amiens, Rouen, Le Mans, Tours, Bourges, Chagny.

Sans doute c'était allonger d'une manière considérable le trajet des troupes en chemin de fer; mais la difficulté du transport de troupes ne réside pas dans la longueur du trajet, mais seulement dans l'embarquement et le débarquement du matériel et des chevaux. Or, rien n'eût été changé à ce point de vue, et ce n'est pas une augmentation de vingt-quatre heures dans la durée du parcours qui pouvait empêcher le succès de l'opération.

On voit, en effet, par ce que nous venons de dire, qu'il fallait environ 9 jours pour l'embarquement de toutes ces troupes, et par conséquent 12 jours au maximum pour leur transport; dans ces conditions, un jour de plus ou de moins était de peu d'importance ; il fallait seulement subordonner les mouvements des premiers arrivés aux dates de débarquement des derniers trains.

En même temps que toutes les troupes dont nous venons de parler eussent été ainsi transportées dans les Vosges, d'autres seraient venues les rejoindre de Lyon par la ligne de Besançon.

C'eût été d'abord les 4es bataillons du 5e corps (2 divisions) qui, débarquant à Besançon, se seraient portées sur Gray pour rejoindre les 3es et 2es bataillons, les uns venant de Dijon, les autres débarquant à Gray même.

Ensuite la division de Civita-Vecchia, qui aurait été portée directement sur Gray, suivie d'une brigade de cavalerie tirée d'Afrique et de nouvelles batteries provenant de Grenoble, de Valence et de Toulouse.

De cette façon, on aurait concentré à Gray tout le nouveau 5e corps, différant de l'ancien en ce que les 4es bataillons auraient remplacé les 1ers, la division de Civita-Vecchia la division L'Abadie, et une brigade de cavalerie venue d'Afrique l'ancienne cavalerie du 5e corps laissée avec les 1ers bataillons entre l'Oise et la Somme.

Par cette voie de Lyon à Besançon, on eût encore amené la 2e brigade de cavalerie du 7e corps, laissée jusqu'à ce moment à Lyon, et qui de Besançon se serait portée à Vesoul et Épinal.

Enfin, pendant la période de préparation on se serait servi de cette voie, ainsi que de celle de Lyon à Dijon, pour remplir de vivres et de munitions les places de Langres, de Besançon et de Belfort.

En somme, par les moyens que nous venons d'indiquer, on aurait réuni dans les régions des Vosges quatre corps d'armée, formant ensemble une force d'environ 120,000 hommes.

Après les mouvements par voie ferrée, il eût fallu les porter tous à hauteur de Langres, pour les employer ensuite dans une action commune.

A cet effet, le 12e corps, comprenant 2 divisions d'infanterie, une de cavalerie et une forte artillerie, se portait de Dijon, son point de débarquement, sur Langres.

Le 1er corps, après le débarquement des 2es bataillons et leur réunion aux 3es, était formé en 3 divisions en avant de Langres, avec une partie de sa cavalerie et la division Margueritte.

Le 5e corps, réuni à Gray, comme nous l'avons dit, avec une brigade de cavalerie venue d'Afrique, se portait de là sur Jussey.

Enfin, les troupes du 7e corps, venant de Besançon, de Belfort, ou débarquant à Vesoul, étaient dirigées sur Épinal et Mirecourt par les deux routes de Saint-Loup et de Luxeuil.

Les mouvements devaient être combinés de telle sorte que les quatre corps arrivassent en même temps, le 12e au delà de Langres sur la route de Chaumont, le 1er sur la route de Neufchâteau, le 5e à Jussey, le 7e à Vesoul et à Luxeuil.

Bien entendu, en indiquant ces dispositions, nous admettons que rien de la part de l'ennemi n'est capable de gêner nos mouvements, car si nous supposions qu'on peut le rencontrer en forces à proximité de notre front, nous ne laisserions pas nos quatre corps dispersés sur une étendue de 30 lieues.

Mais si déjà l'ennemi avait eu des forces considérables à nous opposer, c'est que l'opération aurait eu peu de chances de réussir.

Or, il nous semble qu'on pouvait avoir de bonnes raisons d'espérer qu'il en fût autrement. En effet, la réunion de fortes garnisons dans les places de Langres et de Belfort n'eût pas été suffisante pour attirer son attention.

Du reste, il faut remarquer que par le changement de front que nous venons d'indiquer, la région au nord de Paris n'était pas complètement dégarnie.

Après les mouvements que nous avons indiqués, il restait encore de ce côté les 1ers bataillons du 1er, du 5e et du 7e corps, sauf ceux de la 1re division de ce dernier corps.

Il restait, en outre, la brigade de Maussion et la division Lacretelle tout entière.

Ensuite, 3 régiments de cavalerie du 1er corps (brigade Nansouty), la cavalerie du 5e corps (3 régiments), et la division de cuirassiers Bonnemains.

Enfin, toute l'artillerie provenant du 6e corps et attribuée ensuite au 12e (11 batteries) et un certain nombre de batteries de chacun des trois autres corps.

C'eût été, en somme, une force d'environ 50,000 hommes, comprenant la valeur de 4 divisions d'infanterie, 10 régiments de cavalerie et environ 25 batteries.

On pouvait les organiser en deux corps d'armée comprenant

chacun deux divisions et trois régiments de cavalerie, avec la division Bonnemains et une réserve générale d'artillerie.

Ces 50,000 hommes, tout en évitant de se compromettre, pouvaient imposer à l'ennemi en lui livrant de sérieux combats d'arrière-garde.

Sans doute une partie des mouvements par voie ferrée n'aurait peut-être pas pu lui être dissimulée; mais, pour les premiers, il pouvait penser qu'ils étaient destinés à renforcer la garnison de Paris, et, quant aux derniers, il est probable qu'en raison du grand détour exécuté, il n'en aurait eu aucune connaissance.

Nous croyons donc qu'on avait de grandes chances de réussir à cacher à l'ennemi la réunion de nos forces dans les Vosges, et que probablement il n'en aurait eu connaissance que quand nos corps marchant sur Metz eussent été à proximité de Toul. C'est en effet sur ce point qu'à notre avis, dans l'exécution de cette grande opération, il eût fallu porter son premier effort.

Pour débloquer cette place, il fallait y diriger avec toute la vitesse possible les 1er et 12e corps, venant de Langres, pendant que les 5e et 7e corps eussent appuyé le mouvement à droite en marchant entre la Meuse et la Moselle.

C'était l'arrivée à Langres des 2e bataillons du 1er corps qui devait déterminer le commencement de cette marche. Or, en y comprenant une partie de la cavalerie (brigades Septeuil et Michel), les batteries divisionnaires et les bataillons de chasseurs restés jusqu'à ce moment dans le Nord, c'eût été une quarantaine de trains dont on eût facilement opéré le débarquement en deux jours, ainsi qu'on l'a déjà remarqué.

Le premier jour on débarquait la cavalerie et l'artillerie à Langres même, où elles restaient le lendemain pour se reposer; le deuxième jour était destiné aux bataillons d'infanterie, et chacun d'eux, en débarquant, était réuni à son 3e bataillon sortant de Langres et était dirigé l'après-midi à 8 ou 10 kilomètres sur la route de Neufchâteau.

Le jour suivant, le 1er corps, formé en 3 divisions de 11 bataillons avec artillerie et cavalerie, se mettait en route. De Langres à Toul, il n'y a pas plus de 100 kilomètres, distance qu'il était possible de franchir en trois jours.

Le premier jour on atteignait Bourmont, le deuxième Martigny, au-delà de Neufchâteau, le troisième Toul. En même temps, le 12ᵉ corps marchait le premier jour sur Saint-Blin, le deuxième sur Maxey-sur-Vaise, au sud de Vaucouleurs, et le troisième sur Toul.

Pour cette dernière journée, les deux corps devaient se mettre en route à 2 heures du matin, de manière à arriver de bonne heure à proximité de Toul, se mettre en communication avec la place, et avoir encore le temps d'attaquer l'ennemi après avoir pris un peu de repos. Le 1ᵉʳ corps, arrivant par Blenod, marchait droit sur Toul et Ecrouves, tandis que le 12ᵉ, venant de Vaucouleurs, essayait de déborder l'ennemi par Foug et Lucey. Nous croyons que par cette marche rapide on avait des chances d'attaquer avec avantage le corps allemand chargé de l'investissement de Toul, avant qu'il eût pu être secouru par des troupes venues de Metz. Il faut, du reste, observer que dans de pareilles circonstances, où la vitesse a une importance capitale, on ne doit pas s'occuper des traînards. Alors même que sur 50,000 hommes, on eût dû en laisser 10,000 en arrière, il fallait marcher avec le reste sans hésitation; les retardataires auraient rejoint le jour suivant.

Sans doute il semble, à première vue, que les chances de succès eussent été encore plus grandes, si l'on eût dirigé également sur Toul les deux autres corps de l'armée.

Mais il faut remarquer d'une part qu'il est presque impossible de faire exécuter de pareilles marches à toute une armée de plus de 100,000 hommes; que, de plus, par suite de l'arrivée successive des 4ᵉˢ, des 3ᵉˢ et des 2ᵉˢ bataillons, inconvénient inévitable pour réussir à dissimuler le mouvement, il fallait quelque temps pour remettre un ordre complet dans les corps; et par conséquent que si l'on eût essayé de diriger simultanément les quatre corps sur Toul, on eût perdu d'un côté ce qu'on gagnait de l'autre. Pour ces raisons, nous pensons qu'il valait mieux opérer comme nous venons de le dire, et n'employer au déblocus de Toul que deux corps, le 12ᵉ tout constitué depuis huit jours, et le 1ᵉʳ facile à recomposer par la seule réunion des 3ᵉˢ bataillons aux 2ᵉˢ.

Si, du reste, ces deux corps eussent été arrêtés par des forces allemandes venues de Metz, ils n'auraient pas pour cela été compromis; car en rétrogradant par Blenod dans la direction de Neufchâteau, ils pouvaient le jour suivant recevoir l'appui des 5ᵉ et 7ᵉ corps.

Ces deux corps, tout en marchant un peu plus lentement, devaient cependant s'avancer sur la Moselle en même temps que le 1er et le 12e; le 5e se dirigeant de Jussey par Lamarche et Châtenois, arrivait à Colombey pendant que le 7e, marchant en deux colonnes, gagnait Vézelize et Charmes. D'ailleurs, si l'on se trouvait arrêté à Toul par des forces considérables, c'était le cas de filer rapidement par Nancy et Lunéville, de manière à gagner Metz par la Seille en évitant Toul.

Nous pensons, du reste, que dans tous les cas c'était cette direction qu'il fallait suivre pour opérer la jonction avec Bazaine, et que même après le déblocus de Toul, c'était par la rive droite de la Moselle qu'il fallait marcher sur Metz.

Poursuivons le développement de cette première hypothèse.

En débloquant Toul, notre but devait être justement d'attirer de ce côté l'attention de l'ennemi, de manière à pouvoir plus facilement déboucher de la Meurthe sur la Seille les jours suivants.

Dans ce but, le lendemain du déblocus les 1er et 12e corps seraient restés autour de Toul, d'abord pour s'y reposer et ensuite pour s'y fortifier, le 1er s'établissant du Mont-Saint-Michel jusqu'au-delà d'Ecrouves, le 12e à Foug, surveillant tous les débouchés du côté de la Meuse; en même temps le 5e corps s'avançait de Colombey sur Toul et se concentrait dans la boucle de la Moselle entre Gondreville et Villey-le-Sec, pendant que le 7e corps gagnait Pont-Saint-Vincent et Bayon.

Dans cette position l'armée n'avait rien à redouter; car s'il y avait lieu de le faire elle pouvait, en 24 heures, se concentrer autour de Toul pour livrer bataille, sauf la division de Bayon; aussi pouvait-on y rester un jour de plus, de manière à bien se remettre de la fatigue des jours précédents et se retrouver en mesure de faire de nouveaux efforts.

Le jour suivant le 7e corps et le 5e se portaient au-delà de la Meurthe, qu'ils passaient à Lunéville, à Nancy et à Frouard; le 12e suivait le 5e, en passant derrière le 1er, qui restait autour de Toul.

Enfin, les corps 7e, 5e et 12e marchaient sur Metz par les routes de Château-Salins et de Nomény, pendant que le 1er, laissant seulement une forte garnison à Toul, gardait la Moselle de Toul à Frouard. Le lendemain du jour où le 5e corps s'éloignait de Toul, on pouvait espérer faire la jonction; car le premier jour ce corps bien reposé pouvait faire 30 kilomètres et arriver, par Champigneulles et Bouxières-aux-Dames, à Sivry et Serrière, à quelques kilomètres de Nomény; le jour suivant le corps passait la Seille à la pointe du jour, et comme Nomény n'est pas à plus de 25 kilomètres de Metz, on pouvait se joindre vers le milieu de la journée aux troupes sorties de la place vers Verny, qui n'en est qu'à 10 kilomètres.

C'était au 5e corps que revenait le rôle principal dans cette opération; mais les corps 7 et 12 devaient l'y aider. A droite, 2 divisions du 7e corps, arrivant par la route de Nancy, devaient passer la Seille vers Létricourt et de là gagner la route de Metz à Château-Salins vers Solgne. A gauche, le 12e corps débouchait de Frouard et venait s'établir entre la Seille et la Moselle, jusqu'à hauteur de Pont-à-Mousson.

Quant au concours de l'armée de Metz, il nous semble que l'on était en droit d'y compter, ayant pu sans doute entrer depuis longtemps en relations avec elle par le Luxembourg et Thionville. On l'eût prévenu du jour probable du déblocus de Toul, afin que pendant notre marche sur ce point, elle pût faire une forte démonstration sur la rive gauche, et aussi de notre mouvement sur la Seille, afin qu'elle pût se disposer à repasser en masse sur la rive droite, au moment où l'armée de Châlons déboucherait de la Seille.

Telle était donc la seconde phase de l'opération : le déblocus de Metz après celui de Toul. Mais là ne devaient pas encore s'arrêter nos projets : après avoir dégagé Metz, il fallait songer à Strasbourg.

Pour cela, dès le lendemain de la jonction avec Bazaine, on dirigeait sur Saverne la 1re division du 7e corps resté le jour précédent entre Lunéville et Château-Salins; on la faisait suivre des 2 autres divisions de ce corps; on dirigeait sur le même point le 1er corps resté entre Toul et Frouard, et pour celui-là on aurait peut-être pu employer la voie ferrée de Nancy jusqu'à Sarrebourg, si les Allemands eussent omis de la détruire.

Il eût été bien avantageux de s'en servir, ne fût-ce que pour une seule division, de manière à arriver au col de Saverne avant que l'ennemi n'eût eu le temps de l'occuper en forces [1].

---

[1] Je ne fais ici qu'un exposé sommaire de tous ces mouvements, mais je

Si l'on réunissait les deux corps 1 et 7 à Saverne, ils étaient suffi- ınts pour dégager Strasbourg ; mais ce n'était pas les seules ›rces que l'on pût faire concourir à cette opération.

---

iis dire que je les ai étudiés de beaucoup plus près, étant bien convaincu que s conceptions stratégiques n'ont de valeur que lorsqu'on a approfondi tous s détails d'exécution.

Ce n'est qu'à cette condition que l'on peut être certain qu'un plan d'opéra- on est praticable, et ce n'est souvent qu'en poussant les calculs jusqu'au ›ut que l'on s'aperçoit de certaines impossibilités.

Je crois inutile de m'arrêter ici sur tous ces détails ; j'indiquerai cependant ımment j'entends que le mouvement sur Strasbourg devait s'exécuter après jonction avec Bazaine.

Je suppose qu'ayant quitté Langres le 15 septembre, on ait débloqué Toul 17 et Metz le 21. Le 22, la 1re division du 7e corps est portée sur Mézières, s deux autres divisions sur Château-Salins, le 1er corps est réuni entre rouard et Nancy.

Je suppose encore que le chemin de fer soit praticable de Frouard à Sarre- ›urg ; dans ces conditions on embarque la 1re division du 1er corps dans la uit du 22 au 23, de façon que les trains se succèdent de demi-heure en demi- eure, et que le premier train arrive à Sarrebourg à 3 heures du matin. L'ordre e marche doit être le suivant :

1 bataillon de chasseurs à	3 heures.	Avant-garde avec un général de brigade.
1 escadron de cavalerie à	3 h. 1/2.	
1 régiment à 2 bataillons à	4 heures et 4 h. 1/2.	
1 batterie divisionnaire à	5 heures.	
1 escadron de cavalerie à	5 h. 1/2.	Première fraction du gros avec général de division.
1 régiment à 2 bataillons à	6 heures et 6 h. 1/2.	
2 batteries divisionnaires à	7 heures et 7 h. 1/2.	
1 régiment à 2 bataillons à	8 heures et 8 h. 1/2.	
1 escadron de cavalerie à	9 heures.	Deuxième fraction du gros avec général de brigade.
1 régiment à 2 bataillons à	9 h. 1/2 et 10 heures.	
2 batteries de l'artillerie de réserve à...........	10 h. 1/2 et 11 heures.	
1 régiment à 2 bataillons à	11 h. 1/2 et midi.	
1 escadron de cavalerie à	midi et demi.	

L'avant-garde se met en marche à 7 heures et arrive à Phalsbourg à 11 heures. lle en repart à 2 heures et arrive à Saverne à 5 heures du soir.

La première fraction du gros quittant Sarrebourg à 10 heures, atteindra ussi Saverne dans la soirée.

Le dernier groupe s'arrêtera à Phalsbourg et ira sur Saverne le lendemain matin.

On voit ainsi que le soir du 23 les deux tiers de la division peuvent occuper averne. Les deux autres divisions suivront le mouvement. En même temps, ı 1re division du 7e corps est à Sarrebourg le 23 et à Saverne le 24, suivi à n jour de distance par les deux autres divisions, de sorte que le 26 les ›rps 1 et 7 peuvent déboucher de Saverne, pendant que les 1ers bataillons u 1er corps arrivent par Schirmeck et Molsheim.

Dans ces conditions, il est probable que, dès le 24 ou le 25, les Allemands uraient levé le siège sans attendre le choc des troupes françaises. Dans tous ›s cas, on devait, dès le 24 au matin, envoyer une colonne sur Strasbourg, fin de signaler à la garnison, par le bruit du canon, l'arrivée d'un secours.

En effet, dès le commencement de la marche de Langres sur Toul, il n'y avait plus de raison de chercher à tromper plus longtemps l'armée du prince royal; dès lors on pouvait encore attirer dans l'Est les dernières troupes laissées devant lui dans le Nord.

D'abord, les 1ers bataillons du 1er corps, avec la brigade Nansouty et ce qui restait d'artillerie de ce corps, eussent été dirigés sur Épinal, et de là sur Strasbourg par le col de Schirmeck.

Si le déblocus eût réussi, tous les éléments du 1er corps eussent été réunis dans cette place. On l'eût reconstitué, comme au début, à 4 divisions, et laissant l'une d'elles pour former la garnison, les 3 autres eussent été employées à tenir la campagne.

Quant aux autres troupes laissées au nord de Paris, on pouvait après les 1res bataillons du 1er corps embarquer la division Lacretelle et la brigade de Maussion; celles-là eussent été débarquées à Neufchâteau, d'où elles se seraient portées sur Toul, de manière à y rejoindre les éléments de leurs divisions sortant de Metz. Enfin, les 1ers bataillons des corps 5 et 7, avec la cavalerie du 5e et la division Bonnemains, revenaient les dernières, ou bien encore pouvaient être employées d'abord à suivre le prince royal en retraite, après s'être joints à des troupes sorties de Paris.

On voit par ce que nous venons de dire que même après le déblocus de Toul, diverses troupes auraient dû être débarquées à Neufchâteau, et pour cela être amenées par Chaumont; il eût donc été utile de protéger ce nœud de voies ferrées contre les tentatives de la cavalerie ennemie. Or, nous avions les moyens de pourvoir à ce soin. En effet, nous n'avons pas utilisé dans la formation de l'armée des Vosges les 4es bataillons du 12e corps, que l'on devait organiser partie à Lyon, partie à Paris. Rien n'empêchait de les diriger sur Langres aussitôt après le mouvement des 2es bataillons du 1er corps. On pouvait y joindre les 4es bataillons de la division L'Abadie, quelques batteries et un certain nombre de 5es escadrons des régiments de cavalerie de l'armée de Metz, et former ainsi un corps mixte de 10,000 à 12,000 hommes qui de Chaumont aurait protégé les mouvements par voie ferrée jusqu'à Neufchâteau. On en eût profité d'abord pour diriger sur ce point un petit parc de grosse artillerie organisé à Besançon, et qui de Neufchâteau eût été porté sur Toul, ce qui aurait permis de nettre cette place en bon état de défense par une occupation olide du Mont-St-Michel, où l'on eût organisé quelques batteries l'instar des batteries de siège. C'est également sous la protecion de ce corps que seraient arrivées plus tard la division ,acretelle et la brigade de Maussion.

Aurait-on eu le temps d'exécuter toutes ces opérations avant e retour du prince royal?

Cela dépendait évidemment du moment où il aurait été révenu.

Il lui fallait au moins 12 jours pour revenir de l'Oise sur la loselle.

Or, la marche de Langres à Toul demandait 3 jours, comme ous l'avons vu, ensuite 2 jours de repos et 2 jours pour marcher ur Metz, enfin 4 jours pour débloquer Strasbourg; cela faisait n tout 11 jours.

Cette dernière opération était donc terminée à peu près au ioment où le prince royal revenait à hauteur de Toul, en upposant que le demi-tour de ses troupes eût commencé le our où nous quittions Langres; s'il eût commencé plus tard, 'eût été autant de gagné pour nos opérations sur les communications des Allemands; si, au contraire, le prince royal eût été révenu plus tôt, peut-être n'aurait-on pas eu le temps de marcher ur Strasbourg.

Mais malgré l'intérêt que présentait cette place, on eût déjà btenu un résultat de grande importance rien qu'en dégageant armée de Metz. Or, on pouvait à la rigueur y arriver 6 jours près le départ de Langres, en restant un jour de moins autour e Toul, ce qui était fort possible, pour peu qu'on eût été pressé. i l'on eût eu moins de temps, on obtenait toujours ce résultat e ramener la guerre à la frontière et d'éloigner les Allemands e Paris.

Mais tout appréciable que fût ce résultat il n'était pas suffisant i l'on ne dégageait pas l'armée de Metz; car, on ne saurait trop e répéter, c'était du salut de cette armée que dépendait celui de ı France.

Mais nous croyons qu'avec de l'habileté on avait bien des hances d'atteindre ce but. Il faut même remarquer qu'avec seulement 6 ou 8 jours devant soi à partir du départ de Langres, il 'était pas impossible de débloquer Strasbourg, car si l'on n'eût pu y marcher par Saverne sans se compromettre, on pouvait toujours y arriver par Schirmeck, et les troupes qui y auraient été employées auraient pu revenir ensuite par l'Alsace sur Belfort, couvertes par le gros des forces françaises établies entre Langres et Épinal. Pour examiner l'ensemble de la situation, il faut encore se demander ce qu'aurait pu faire le prince Frédéric-Charles.

Nous ne croyons pas que seul il eût pu empêcher la jonction de nos deux armées; il aurait donc dû songer d'abord à sa propre sécurité. Pour cela il pouvait, à la première nouvelle de notre marche sur Toul, reporter toutes ses forces sur la rive droite de la Moselle, en nous laissant faire la jonction sur la rive gauche.

Mais c'eût été abandonner complètement le prince royal; il est vrai que de cette façon, il nous aurait sans doute empêché de débloquer Strasbourg, mais cet avantage ne compensait pas l'inconvénient qu'il y avait à laisser les deux masses allemandes séparées par toutes nos forces réunies, ce qui pouvait nous donner l'occasion de les battre successivement.

Après la jonction de nos deux armées, nous pouvions, en effet, si le prince Frédéric-Charles se fût porté sur la rive droite, l'y suivre, le rejeter sur la Sarre ou sur les défilés des Vosges, puis revenir sur la Meuse au devant du prince royal. Aussi nous croyons que dans le cas où notre opération aurait réussi le prince Frédéric-Charles, au lieu de se porter sur la rive droite, serait resté sur la rive gauche de la Moselle, derrière l'Ornes, et que là, occupant de fortes positions, il aurait attendu le prince royal revenant par Dun et Stenay.

Il est vrai que c'était abandonner complètement ses communications; mais la supériorité numérique des Allemands leur permettait de le faire pour quelques jours, car une fois réunis ils auraient eu encore au moins 100,000 hommes de plus que nous, et, par conséquent, ils auraient eu certainement le moyen de revenir sur la frontière, malgré tout ce que nous aurions pu faire pour les en empêcher. Aussi n'aurions-nous pas dû porter aussi loin nos prétentions; mais si l'on réussissait seulement à débloquer Toul, Metz et Strasbourg, et surtout à dégager l'armée de Bazaine, c'était déjà un assez beau résultat dont on pouvait se contenter pour le moment, en attendant que, par un nouvel accroissement de nos forces, nous fussions en mesure de rejeter définitivement l'ennemi au delà de la frontière.

Nous tenons à faire remarquer, du reste, que nous n'affirmons pas que les mouvements pouvaient et devaient forcément s'exécuter comme nous venons de l'indiquer; les études comme celles que nous venons de faire ne peuvent que montrer ce qui est possible, c'est-à-dire mettre en relief ce que l'on peut appeler *les propriétés stratégiques* du théâtre des opérations, et non pas indiquer d'une manière certaine comment on devra en tirer parti; car les mouvements à exécuter ne dépendent pas seulement de la configuration du pays, mais aussi de la situation des forces ennemies, dont on n'est pas maître et que, de plus, il est souvent difficile de bien connaître; mais ce n'est qu'à la condition d'avoir une connaissance approfondie de ces propriétés stratégiques, qu'on peut être en mesure de les utiliser pour le mieux en raison des circonstances.

Si l'on résume les considérations que nous venons de présenter en les combinant avec les précédentes, on voit que l'armée de Châlons ayant pour but final de ses opérations de dégager Metz, pouvait y tendre de deux manières, soit par le nord, soit par le sud; que la première manière était plus rapide mais plus périlleuse, la seconde plus lente et plus certaine; et que surtout on pouvait se disposer à employer l'une ou l'autre suivant les circonstances.

Ainsi rien ne s'opposait à ce que l'on commençât une marche sur l'Aisne et l'Argonne en se portant dans la direction de Montmédy. Une fois ce mouvement exécuté, si l'on avait trompé l'ennemi, on pouvait courir directement sur Metz; mais si l'on avait à redouter son atteinte, on pouvait, au contraire, se retirer avec l'intention de revenir en chemin de fer dans les Vosges.

Avec cette manière d'opérer, on attirait presque toutes les forces du blocus de Metz sur la rive gauche, Bazaine pouvait alors sortir de lui-même, et, pour l'y aider, il n'était plus besoin de toute l'armée de Châlons, mais très probablement seulement d'une soixantaine de mille hommes qu'on aurait transportés sur Langres et Épinal en peu de jours, ayant, dans les conditions que nous supposons, la certitude de pouvoir utiliser les voies ferrées qui partent de Paris; mais il faut bien remarquer qu'on ne pouvait espérer cette sortie de Bazaine qu'à la condition de faire une feinte sur Montmédy, et que si l'on eût commencé par se retirer sur Paris, on ne pouvait compter joindre l'armée qui était à Metz qu'en y allant soi-même.

D'après ces idées, on voit que, après les premiers mouvements exécutés réellement par l'armée de Châlons, si le 28 elle se fût mise en retraite comme le voulait le maréchal de Mac-Mahon, on était dans les meilleures conditions pour réussir; en trois ou quatre jours on atteignait Laon et Tergnier; deux corps s'y embarquaient et pouvaient être réunis entre Langres et Épinal vers le 5 septembre.

De son côté, Bazaine, en s'y prenant habilement, pouvait sortir par la rive droite vers le 1er septembre et se trouver vers le 4 aux environs de Lunéville. On l'aidait à continuer sa retraite et l'on ramenait la guerre à la frontière.

D'une manière ou de l'autre, le but était de dégager l'armée de Metz et de réunir toutes les forces dans l'Est. Nous le répétons, c'était là tout ce qu'on pouvait espérer pour le moment, et si l'on avait réussi, il importait, avant d'aller plus loin, de faire succéder à cette série d'opérations, si heureuses qu'elles eussent été, une période de réorganisation.

C'était là une nécessité résultant de la grande infériorité avec laquelle nous étions entrés en campagne.

Il fallait reformer tous nos corps dont les éléments étaient dispersés, constituer pour les régiments de Metz un 4e bataillon par régiment comme pour l'armée de Châlons, porter toutes les compagnies à 150 hommes, réunir les 4es bataillons de chaque régiment, ne former les divisions qu'avec 3 régiments, de manière à ne pas dépasser le chiffre de 12 ou 13 bataillons (bataillons de chasseurs compris), sauf à réunir les 4es bataillons de ces régiments pour former un régiment provisoire, jusqu'à ce que l'organisation des gardes mobiles eût permis, en les fondant dans les régiments de ligne, de les dédoubler tous.

Pendant cette période, suivant immédiatement le déblocus de Metz, l'armée aurait dû s'établir : la gauche à Toul et Vaucouleurs, la droite sur la Meurthe, de Nancy à Lunéville, ayant seulement à l'extrême droite deux corps près de Strasbourg, l'un pour occuper le col de Saverne, l'autre à Brumath surveillant les débouchés du Palatinat.

Il importait, en effet, de couvrir Strasbourg, de manière à

permettre d'en organiser la défense, ce qui demandait de grands travaux.

Pendant ce temps, les Allemands, privés de leurs communications, n'auraient peut-être songé qu'à les reprendre, n'ayant pas les moyens, faute de munitions, de livrer plusieurs batailles. Nous pouvions les harceler pendant leur retraite, mais en évitant de nous compromettre dans une bataille décisive. Si, au contraire, une fois réunis, ils se fussent portés contre nous, il fallait se résigner encore à céder le terrain, non pas sans combattre, mais en luttant pied à pied pendant qu'on se retirait dans la direction de Langres et de Besançon. Dans cette éventualité, les deux corps laissés autour de Strasbourg auraient dû abandonner cette place, et venir rejoindre le gros de l'armée par le col de Schirmeck et Épinal.

C'était là tout ce qu'on pouvait faire, car c'eût été une grande illusion de croire, à la fin de septembre, que l'on était en mesure de battre toutes les forces de l'Allemagne réunies en une seule masse. Mais n'était-ce déjà pas un magnifique résultat que d'avoir débloqué nos places de la frontière, et surtout d'avoir dégagé l'armée à Metz ? C'est ce résultat surtout qui eût été le plus considérable, car, à lui seul, il suffisait à transformer la situation, non pas en nous permettant de chasser l'ennemi du jour au lendemain, mais en nous donnant, avec l'espérance, les moyens d'y réussir un peu plus tard.

L'armée bloquée à Metz était comme une force perdue pour la France, et cette perte était d'autant plus regrettable, que c'était la meilleure partie de l'armée française, et c'est pour cela que Bazaine avait commis une si grave faute en s'y retirant le 17 août, au lieu de s'en éloigner à tout prix. C'était là, nous l'avons dit, la plus grande faute de toute la guerre et la véritable origine de tous nos malheurs; mais plus les conséquences devaient en être funestes, plus il est vrai de dire qu'une fois cette faute commise, nous devions chercher à la réparer par tous les moyens possibles.

Or, nous ne saurions trop le répéter, il ne fallait pas compter que l'armée de Metz, une fois bloquée, se sauvât d'elle-même, et, par conséquent, il n'y avait qu'un moyen de la sauver, c'était d'aller la joindre sur la Moselle. C'était là le vrai rôle de l'armée de Châlons. Il est vrai que c'est en essayant de dégager l'armée de Metz qu'elle s'est perdue elle-même. Mais, nous l'avons montré, la catastrophe dans laquelle elle s'est engloutie n'a pas pour cause le principe de cette opération, mais bien une série de faux mouvements que, jusqu'au dernier jour, il était possible d'éviter. Aussi, malgré le triste résultat de cette tentative, nous pensons encore que l'armée de Châlons n'avait pas d'autre tâche à remplir. Et ce que nous nous sommes efforcé de démontrer, c'est qu'à la condition de bien s'y prendre, on avait de grandes chances de réussir même en marchant par le nord, mais surtout qu'en se dirigeant par le sud, grâce aux propriétés de nos voies ferrées, le succès était à peu près certain.

ÉPILOGUE.

Notre tâche est à peu près terminée; nous avons essayé de montrer par quelle série de fautes l'armée française a été peu à peu conduite à sa perte, et sur qui devait retomber la responsabilité de cette catastrophe.

Nous avons ensuite étudié en lui-même le mouvement sur Metz que notre armée voulait exécuter; nous avons fait voir qu'il était loin d'être irréalisable, et que, du reste, c'était de son succès que dépendait avant tout le salut de notre pays.

En résumant toutes les considérations que nous avons présentées, on peut dire d'abord que la première faute commise par l'armée de Châlons a été l'abandon prématuré du camp, alors que le séjour ne pouvait en être dangereux que cinq ou six jours plus tard. On doit reconnaître en même temps que les conséquences de cette faute ont eu peu d'importance, et qu'il était très facile de la réparer les jours suivants;

Ensuite que ce fut une erreur grave de se mettre en marche pour tendre la main à l'armée de Metz, alors que rien dans les dépêches qu'on avait reçues, et notamment dans celle qui a déterminé ce mouvement, ne devait faire croire que Bazaine fût en route, ou même en mesure de s'y mettre. Cette erreur ne devait entraîner non plus aucun désastre si, quand elle fut reconnue, on s'était mis en retraite vers l'ouest;

Qu'en prenant au contraire la résolution de persister à marcher sur Metz après avoir perdu trois ou quatre jours dans l'Argonne, on courait au devant du danger, auquel chaque jour il devenait plus difficile d'échapper; et enfin qu'en s'arrêtant à Sedan au lieu de courir sur Mézières, sans perdre de temps, on rendait certain le désastre qui depuis plusieurs jours était menaçant. Cette dernière faute, la plus grave, doit être imputée exclusivement au commandant en chef. Il n'a rien vu de l'orage qui se formait autour de lui, rien fait pour s'y soustraire en essayant de se mettre à l'abri, et quoique diverses circonstances dont il ne peut être responsable, telles que sa blessure dans les premières heures de la bataille et la malheureuse intervention du général de Wimpffen, aient contribué sans doute à précipiter la catastrophe et à la rendre plus complète, il est certain que cette dernière faute du chef de l'armée en est la cause immédiate, car quoiqu'il arrivât après l'inaction du 31 et de la nuit suivante, l'armée ne pouvait échapper sinon à une capitulation, du moins à une véritable désorganisation.

Cette conclusion n'atténue en rien le jugement sévère que l'histoire devra porter sur ceux qui, guidés avant tout par des considérations de dynastie, ont poussé le maréchal au milieu du danger qu'il avait d'abord parfaitement entrevu, au milieu duquel il s'est laissé entraîner, et qu'il aurait certainement évité s'il eût persisté dans ses premières résolutions.

Et quant à l'idée même du mouvement sur Metz, nous pensons non seulement que ce n'était pas une faute, mais au contraire qu'il était absolument commandé par la situation générale des armées; mais il n'y avait pas lieu de se mettre en marche d'une manière si précipitée, et de plus il y avait plusieurs manières d'exécuter cette opération; et, même en admettant que la marche par la frontière du nord ne fût pas la meilleure, non seulement elle ne devait pas conduire à un désastre pour peu qu'on y mît quelque prudence, mais nous pensons même qu'elle offrait des chances de succès très sérieuses, à la condition d'être l'objet d'une étude approfondie et d'être ensuite exécutée avec autant d'habileté que de vigueur.

Ce n'est donc pas l'idée même d'aller à Metz qui est la cause du désastre de notre armée, mais seulement les procédés employés pour la mettre à exécution; le plus grand malheur a été d'avoir pendant l'opération deux idées absolument différentes, d'être parti avec l'intention de tendre la main à Bazaine, ce qui permettait de marcher très lentement, et puis après avoir subi les conséquences de cette marche lente, de vouloir aller à Metz, lorsque ce mouvement exigeait une extrême rapidité; car, tout bien considéré, il n'est pas certain que même en partant le 23 dans le but d'aller à Metz, mais à la condition de marcher très vite, on eût pu réussir; mais après avoir perdu trois jours, le succès de l'opération était impossible, et l'armée française n'avait qu'à se retirer. Ce n'est qu'en voulant persister dans cette opération et par un manque absolu de clairvoyance et d'activité que l'armée a été conduite à sa perte.

Mais en dehors des causes particulières et immédiates de la

capitulation de Sedan, il y a les causes générales et lointaines, qui n'étaient autres que l'état même de l'armée française. Si les troupes n'étaient pas suffisamment exercées à l'emploi de leurs nouvelles armes, leurs chefs surtout étaient inhabiles à les conduire, et d'autant plus qu'ils approchaient davantage des degrés les plus élevés de la hiérarchie. La connaissance des principes les plus essentiels de l'art de la guerre, l'esprit d'initiative qui est la qualité la plus nécessaire pour bien les appliquer, manquaient absolument aux chefs de notre armée. De là, la véritable raison de notre infériorité, et la cause de toutes les défaites que nous éprouvions sans interruption depuis le commencement de la campagne.

Je sais qu'il y a une manière bien plus simple d'expliquer nos défaites et qui dispense de toute analyse des événements. C'est de dire tout uniment que nous avons été battus, parce que nous avions moins d'hommes et moins de canons que nos adversaires. La masse se rattache facilement à des explications de ce genre, parce que, outre qu'elle n'exige aucune étude, elle froisse moins le sentiment national ; malheureusement elle n'a aucun rapport avec la réalité. Croit-on par exemple que l'histoire militaire offre beaucoup de situations aussi avantageuses que celles que nous avions le 6 août à Forbach? Les 2e et 3e corps pouvaient se réunir en quelques heures sur le champ de bataille.

On pouvait, l'après-midi, attaquer avec 70,000 hommes, et l'ennemi n'en avait pas la moitié à nous opposer. La défaite n'a eu pour cause que l'incurie des chefs des 2e et 3e corps.

Et que dire de la bataille de Rezonville?

Pendant toute cette journée, nous avons eu des forces doubles de celles des Allemands, et cependant nous n'avons pas eu la victoire, parce que Bazaine n'a rien compris à la bataille et que ses chefs de corps n'ont pas eu l'initiative suffisante pour le suppléer dans sa tâche.

L'infériorité numérique n'est donc pas la vraie cause de nos défaites.

On peut en dire autant de l'infériorité de notre armement : mais à ce sujet on doit d'abord remarquer que si nos canons étaient inférieurs à ceux des Allemands, nos fusils étaient bien supérieurs aux leurs. Du reste, il suffit de se reporter aux résultats des premières batailles pour se convaincre que notre armement nous permettait de lutter contre nos adversaires. Depuis Wœrth jusqu'à Beaumont, nous n'avons perdu que 40,000 hommes atteints par le feu, tandis que les Allemands en avaient déjà près de 60,000 hors de combat [1].

Il est vrai que dans plusieurs circonstances les prisonniers que les Allemands nous faisaient augmentaient sensiblement les chiffres de nos pertes ; mais ce n'était là que le résultat de la défaite, que souvent on eût pu éviter par une meilleure direction des opérations.

Il n'est donc pas exact de dire que l'infériorité de nos moyens a été la cause principale de nos désastres [2]. Ils n'ont été amenés que parce que l'armée dans son ensemble n'était pas suffisamment instruite, et surtout parce qu'elle n'avait pour la conduire que des chefs médiocres.

Si notre cavalerie avait eu l'habitude de nous éclairer, nous n'aurions été surpris ni à Rezonville, ni à Wissembourg, ni à

---

[1] Voici le tableau des pertes des deux armées depuis Wœrth jusqu'à Beaumont :

	Français.	Allemands.
A Wœrth	5,000	10,000
A Forbach	1,800	4,000
A Borny	3,500	5,000
A Rezonville	16,500	16,000
A Saint-Privat	12,000	20,000
A Beaumont	1,800	3,500
	40,600	58,500

Je ne tiens pas compte de la bataille de Sedan, qui, en raison des circonstances particulières de la lutte, ne peut pas servir à apprécier les moyens de combat des deux armées.

[2] Le général Lebrun, lui aussi, a terminé l'ouvrage dont nous avons déjà plusieurs fois parlé par un *Epilogue* dans lequel il recherche les causes générales de nos défaites. On y retrouve les raisons banales du petit nombre de nos soldats et de l'infériorité de nos bouches à feu, mais rien au sujet de l'incapacité de la direction. Cependant si cet épilogue ne renferme pas la véritable explication de notre faiblesse, on peut dire qu'on la trouve partout dans le reste de l'ouvrage, et qu'à ce point de vue il n'aura pas été complètement inutile. Quand on constate, en effet, qu'un de nos chefs de corps d'armée a pu, quinze ans après les événements, écrire un pareil livre, dans lequel il montre à chaque page qu'il n'a encore rien compris à ce qui s'est passé, où il n'a tenu aucun compte des faits relevés par le procès Bazaine ni par l'ouvrage du grand état-major allemand qui, pour lui, sont non avenus; lorsqu'on sait, en outre, que l'auteur de ce triste livre passait pour être un des meilleurs généraux de l'armée française, on voit très clairement pourquoi nous avons été battus. L'explication est suffisante; il n'est pas besoin d'en chercher d'autre.

Wœrth. Si nos généraux avaient été bien pénétrés de cette idée autrefois commune dans notre armée, qu'il faut courir au canon quand on n'a pas de motifs bien définis de faire le contraire, les quatre divisionnaires du 3e corps seraient arrivés sur le champ de bataille de Forbach et les Prussiens eussent été jetés dans la Sarre.

Si nos généraux n'avaient été imbus des idées les plus fausses sur le rôle des camps retranchés, idées prônées par les officiers du génie, dont on devrait toujours se méfier parce qu'ils sont à peine militaires, et que surtout dans ce cas on devait repousser parce qu'elles sont en complète contradiction avec les opinions de tous les grands capitaines, le maréchal Bazaine n'aurait pas cherché avant tout à rester attaché à Metz. En se laissant diriger par des vues opposées, il est très probable qu'il aurait gagné complètement la bataille de Rezonville; surtout après cette bataille, il se serait empressé de marcher sur la Meuse au lieu de revenir sur Metz.

C'étaient les mêmes défectuosités qui venaient de se montrer pendant les opérations de l'armée de Châlons. Avec tant soit peu d'initiative et avec cette conviction qu'à la guerre on n'a de succès qu'en provoquant le combat et non pas en le subissant toujours, le général Bordas, le 26 août, n'aurait pas évacué Grand-Pré devant quelques cavaliers prussiens; en les attaquant, au contraire, il aurait su ce qu'il avait devant lui et n'aurait pas trompé ses chefs par des rapports erronés.

Le général de Failly, le 27, ne serait pas resté inactif devant Buzancy.

Les instructions qu'il avait reçues n'auraient pas empêché un général prussien de prendre l'offensive et de voir clair dans la situation en refoulant au loin la cavalerie adverse. Le général Douay ne se serait pas laissé imposer par quelques cavaliers, le 29, pendant sa marche de Boult-aux-Bois sur Stône, ralentissant sa marche à tel point qu'il crut devoir s'arrêter à Oches au lieu de gagner Stône. En portant au moins ses convois au delà de ce nœud de routes, il n'eût pas été gêné comme il le fut dans sa marche du lendemain par une file de 15 kilomètres de bagages. Avec un peu de vigilance, le général de Failly n'eût pas été surpris à Beaumont et aurait appris l'approche des Prussiens autrement qu'en voyant tomber des obus sur la tente de quelques officiers. Enfin, une simple étude de la carte et du terrain eût montré, le 31, toute l'importance du défilé de la Falizette. Même avec l'idée de se reposer le 1er septembre, il devait être de la plus élémentaire prévoyance de ne pas laisser cette porte ouverte aux Allemands. C'est donc par une série de fautes et de négligences que l'armée française se trouvait toujours dans des conditions désastreuses pour lutter contre les Allemands. En un mot, nous étions battus parce que les Allemands savaient faire la guerre et que nous ne nous en doutions pas. Aussi peut-on dire que pour tout observateur sagace notre défaite était certaine avant l'ouverture des hostilités. Sedan et Metz sont les moyens particuliers par lesquels notre puissance militaire a été anéantie. Mais si l'on eût évité ces désastres, on serait arrivé par d'autres procédés au même résultat final. Sedan était dans la logique de la situation aussi bien qu'Iéna 60 ans plus tôt. Les maréchaux Lebœuf, Bazaine et Mac-Mahon sont responsables de nos malheurs, parce que les circonstances les ont placés à notre tête ; mais tel était l'état général de l'armée française qu'à part une ou deux exceptions, ses autres chefs n'étaient pas capables de mieux faire et n'auraient pas mieux fait s'ils eussent été appelés à diriger les opérations [1].

Quelle était la cause de l'infériorité de l'armée française et surtout de celle du commandement? Pour les troupes, on doit dire que l'instruction n'était insuffisante que parce qu'elle était mal dirigée.

Si l'infanterie n'était pas rompue à la tactique qu'exige l'emploi des armes modernes, si l'artillerie n'était pas exercée au réglage du tir, si la cavalerie ne connaissait pas le service d'exploration ou de sécurité, c'est qu'on ne les leur avait pas appris. Non pas qu'on eût entre les mains de mauvais règlements, mais il n'y avait pas de sanction aux études sérieuses. C'est aux inspections générales

---

[1] On a rapporté récemment dans divers journaux que l'empereur Napoléon III hésitait beaucoup à faire la guerre. Il croyait la France prête *matériellement*, mais il ne voyait pas *un seul homme* capable de diriger les opérations. Quand on sera dégagé des passions politiques qui pervertissent bien des jugements, nous sommes convaincu que le dernier mot de l'histoire sera à peu près conforme à cette appréciation. Certainement nous n'avions pas les moyens d'obtenir dès le début des succès décisifs, mais nous pouvions lutter pied à pied sur la frontière, en attendant la complète organisation des forces nationales.

que l'on juge les troupes et leurs officiers. Or, on ne s'y occupait que de revues de détail et de quelques manœuvres de parade. Ces troupes n'apprenaient que ce qu'on leur demandait de savoir et n'étaient jamais exercées à tout ce qui touche à la vraie guerre. Il en était de même des officiers de tout grade ; et comment en aurait-il été autrement?

Quand on embrasse la carrière militaire comme toute autre, c'est avec la perspective d'un brillant avancement. Or, pourquoi les officiers auraient-ils travaillé, lorsqu'il était notoire qu'il n'y avait aucun rapport entre les récompenses et le travail ou le mérite des officiers? Savoir, comme lieutenant, réciter le littéral de la théorie sans broncher; être réputé, comme capitaine, très soigneux; dans la tenue de ses hommes et de sa comptabilité; avoir surtout de belles relations et peut-être encore davantage cette souplesse de caractère qui conduit à tout approuver de ce que font les chefs, sans jamais faire appel à la réflexion ni à l'esprit d'initiative; voilà tout ce qu'on exigeait des officiers subalternes pour les pousser rapidement aux grades supérieurs.

Il faut remarquer, du reste, que, pour bon nombre d'hommes, cet esprit de subordination n'est pas seulement la marque d'une nature disciplinée; bien des supérieurs, en rencontrant des subordonnés toujours prêts à leur dire : « Vous avez raison, » ne pouvaient s'empêcher de leur accorder naïvement une grande intelligence, pour avoir su si bien apprécier leurs chefs à leur vraie valeur.

Quelques-uns avaient obtenu leur avancement en passant 10 ou 15 ans dans les bureaux du ministère, se complaisant dans la routine et dans la paperasse, restant étrangers aux vraies questions militaires et fermés à tous les progrès.

Les plus méritants s'étaient signalés par une action d'éclat en Afrique ou au Mexique, et il n'en avait pas fallu davantage pour les conduire au sommet de la hiérarchie. Loin de nous l'idée de vouloir rabaisser ces qualités de vaillance et même de surveillance journalière; elles sont trop essentielles pour la conduite des petites et même des grandes unités, pour qu'on ne les recherche pas chez ceux qui les commandent. Il faut cependant reconnaître qu'elles se distinguent profondément de celles qu'exigent les grades élevés.

On semblait croire, au contraire, que pour être digne des plus hautes positions, il suffisait, dans chaque grade, de remplir avec zèle son service quotidien, et qu'en acquérant le grade on obtenait, en même temps, la capacité nécessaire pour l'exercer. On peut l'affirmer, c'était le cas de presque tous les chefs de l'armée française, et c'est pour cela qu'ils étaient au-dessous de leur tâche; car mettre à la tête d'une armée des officiers par cette seule raison qu'ils ont été d'excellents capitaines, même de brillants colonels sachant très bien présenter leur régiment pour une inspection générale, c'est absolument comme si, sous prétexte de récompenser les meilleurs instituteurs de nos communes, on allait les chercher pour en faire des professeurs au Collège de France. Il y a pour les officiers deux sortes de connaissances très nettement distinctes : les unes s'acquièrent par la pratique journalière du métier, mais on ne peut arriver à posséder les autres que par un travail personnel incessant, de longues lectures et de profondes méditations. Si les premières sont suffisantes pour conduire une compagnie, un escadron ou une batterie, même un régiment ou une brigade, les autres sont indispensables pour diriger les opérations des armées. Or, celles-là ne se trouvent pas dans les règlements ; les y chercher, c'est vouloir apprendre la mécanique céleste dans un traité d'algèbre élémentaire.

Lorsqu'un géomètre ou un astronome se propose d'arriver au sommet de la science, il étudie Newton, Lagrange et Laplace, Poinsot et Cauchy. Celui qui veut briller dans les lettres s'initiera à la littérature de la Grèce et de Rome ; il ornera son esprit des chefs-d'œuvre des auteurs français, des Bossuet et des Corneille, des Molière et des Voltaire. Celui qui veut s'adonner à la philosophie approfondira les systèmes de Platon et d'Aristote, de Descartes et de Liebnitz, de Kant et de Hegel. Ce n'est pas en s'en tenant aux éléments de l'algèbre et de la géométrie, aux règles de la grammaire française ou aux premiers principes de la logique, qu'ils peuvent espérer briller parmi leurs contemporains.

Les règlements militaires, les théories, ne sont que la grammaire des officiers; ceux qui s'en tiennent là sont impropres aux grands commandements. Il ne faut même pas croire que les parties élevées de l'art de la guerre puissent s'apprendre dans les écoles. Si bien faits que soient les cours (et trop souvent ette condition n'est même pas remplie), un professeur ne peut amais être qu'un guide; il peut vous mettre sur la voie, mais ce u'il faut apprendre surtout, c'est à marcher seul.

Ce n'est pas à Brienne que Bonaparte a appris à commander ne armée; c'est dans la solitude qu'il se préparait à la camagne de 1796 et à celle de 1805. Rien ne pourra jamais suppléer au travail personnel, et l'on peut affirmer que ceux-là seuls euvent être dignes de grands commandements qui auront médité es exemples et les écrits des grands capitaines. Or, la réputation 'être un travailleur n'était pas à beaucoup près une recommanation pour un officier, et si par hasard, à la suite d'études séeuses, il s'attirait l'épithète de savant, c'en était fini de son vancement. Jugé par le fait même incapable de conduire des 'oupes, il était relégué dans des situations effacées, d'où il ne ii était plus possible de sortir. Il arrivait même que des chefs acharnaient d'autant plus contre des officiers laborieux qu'ils aient eux-mêmes plus ignorants et plus inertes. Il y a des ommés tellement encrassés de paresse, qu'ils ne peuvent suprter ceux qui travaillent, semblables à ces malheureux déguellés que l'aspect de gens bien vêtus remplit de haine et d'envie. our se venger de la supériorité de leurs subordonnés, ils leur onnaient les plus mauvaises notes, destinées à les suivre penınt toute leur carrière et dont ceux-ci ne pouvaient plus se)érer, quoi qu'ils fissent.

En somme, tout était fait pour arrêter l'avancement des offiers de mérite, et l'armée française, en 1870, présentait ce caracre particulier, qui est la vraie cause première de nos malheurs, ie la moyenne des généraux n'y était pas supérieure à la oyenne des capitaines. Je sais que l'on fait quelquefois cette ıjection : que si de bonne heure les officiers étaient encouragés étudier les parties élevées de l'art de la guerre, ils seraient en ème temps amenés à négliger leurs fonctions de chaque jour. nous semble que cette objection n'est pas bien sérieuse et que, plus souvent, elle ne prouve chez ceux qui la font qu'une vériɔle impuissance. Semblables au renard de la fable, ils n'afctent de dédaigner les études qui sortent du commun que rce qu'ils n'y peuvent pas atteindre. On peut fort bien s'y livrer ec assiduité, tout en sachant comme les autres conduire une mpagnie, une batterie ou un bataillon. Et si l'on vient dire que toutes ces études sont inutiles chez un jeune officier, et qu'il lui suffira de s'y mettre quand il approchera des hautes positions, nous répondrons que rien n'est plus erroné; l'intelligence humaine, comme tous les organismes, a besoin d'être exercée pour conserver ses propriétés; si on la néglige, elle se rouille, et lorsqu'un officier aura passé vingt ans de sa vie sans penser, ni lire ni réfléchir, le jour où il voudra se servir de son intelligence trop longtemps délaissée, il n'y trouvera plus les ressources nécessaires pour armer son esprit des connaissances qu'exige son nouveau grade.

Il n'est, du reste, pas à craindre que l'on vienne à manquer de bons officiers subalternes en encourageant les hautes études militaires. On peut être certain que, même avec une énergique impulsion, un très petit nombre seulement s'y livrerait, parce qu'il n'en est que très peu qui y soient aptes. Il ne faut pas s'y tromper, il n'y a certainement pas en France, pas plus que dans tout autre pays, dix hommes capables de commander une grande armée; mais on doit reconnaître en même temps qu'il n'est pas nécessaire d'en posséder un aussi grand nombre. Si l'on suppose actuellement nos forces réparties en 4 armées, il suffit de 4 généraux en chef avec un généralissime et un major-général. Si l'on formait 5 armées, il faudrait un général en chef de plus. En somme 6 au 7 généraux d'un mérite supérieur sont seulement nécessaires; mais c'est déjà un nombre relativement considérable; dans aucun pays il n'en a jamais existé autant à un même moment. La question est de les trouver, et pour cela il faut les rechercher de bonne heure, car les qualités nécessaires à un chef d'armée sont non pas de métier, mais de nature. C'est pour cela que tous les grands capitaines se sont révélés dans leur jeunesse. Ce n'est pas en passant par tous les grades qu'on acquiert ces qualités; ceux qui doivent les avoir les montrent au début de leur carrière.

Je ne veux pas dire qu'en les distinguant on doive à vingt-cinq ans en faire des généraux; mais après les avoir remarqués, on doit les utiliser dans une tâche où d'autres ne pourraient qu'échouer misérableemnt. C'est ainsi qu'ont été choisis les chefs de l'armée allemande, et c'est pour cela que sans qu'il y ait à sa tête un homme véritablement de génie, le commandement y était cependant exercé d'une manière supérieure. Nos chefs, au contraire, arrivés presque tous par de petits moyens, n'ont montré que de petites capacités et ne se sont pas trouvés aptes à lutter contre leurs adversaires. Il y avait cependant en France des hommes capables de diriger nos armées; on l'a bien vu quand Chanzy fut appelé à la tête de l'armée de la Loire, alors malheureusement que la partie était déjà perdue. Pour les trouver avant nos désastres, il eût fallu exercer son choix d'une manière incessante et judicieuse. Il eût fallu des hommes comme M. de Moltke et l'empereur d'Allemagne, s'appliquant avant tout à recruter le haut personnel de l'armée, en n'ayant en vue que le bien de l'État.

Ce n'était donc que par suite de mauvais choix que les rares qualités nécessaires aux grands commandements manquaient aux chefs de notre armée, et seulement par une mauvaise direction que la masse des officiers de tout grade étaient au-dessous de leur tâche.

Une qualité manquait par dessus tout dans notre armée : c'est l'esprit d'initiative. L'initiative fait la force des armées autant que la discipline. Si l'initiative exagérée dans les rangs inférieurs est de nature à détruire la discipline, elle est, au contraire, la condition indispensable d'une direction intelligente. S'il n'est pas de qualité plus nécessaire, il n'en était pas de plus rare dans l'armée française. Quant au sentiment de l'offensive, il n'existait aucunement chez nous en 1870, et cependant c'est l'esprit même de la guerre. En subordonnant tous ses mouvements à ceux de l'ennemi on est certain d'être pris au moins quelquefois en défaut, et cela suffit pour arriver finalement à la défaite, alors même que l'on aurait résisté d'abord avec succès. Et, en somme, on peut dire que si l'instruction des troupes était insuffisante, ce que l'on peut appeler l'éducation militaire des officiers était nulle. Voilà pourquoi nous avons toujours manqué la bonne occasion à Forbach, à Rezonville, et plus tard à Orléans, en nous laissant amener au contraire par notre inertie aux situations les plus périlleuses.

« Ce sont les petits esprits, dit l'archiduc Albert, qui en temps « de paix excellent dans les détails, s'occupent du matin au soir « de minuties, sont inexorables sur l'uniformité absolue de la « tenue, les alignements [1] et le maniement des armes, en inter-

[1] Aujourd'hui les alignements ont un peu moins d'importance que par le

« venant à chaque instant dans les fonctions de leurs subor« donnés. Ils acquièrent par là une réputation imméritée, « rendent le service un fardeau; mais ils sont surtout funestes « en empêchant les caractères de se former et en arrêtant l'avan« cement des officiers capables et fiers. Qu'une guerre éclate, et « ces petits esprits, épuisés par leurs occupations de détail, sont « incapables d'aucun effort; ils échouent misérablement. C'est « là l'éternelle histoire. »

Il est certain, en effet, que c'est l'histoire de l'armée française avant 1870, aussi bien que celle de l'armée autrichienne avant 1866. Nous serions heureux de croire qu'il en est tout autrement de notre armée de 1885, mais nous n'oserions l'affirmer. Dans ces derniers temps, nous avons élevé bien des ouvrages de fortification, fondu bien des canons, construit bien des chemins de fer; l'instruction technique de nos troupes a fait des progrès réels : nos fantassins savent mieux se déployer pour le combat, nos cavaliers mieux pousser une reconnaissance, nos artilleurs mieux régler leur tir; mais est-il bien certain que sous le rapport de l'éducation militaire nous ayons fait de sérieux progrès ?

Nos chefs sont-ils bien pénétrés des principes fondamentaux relatifs à la conduite des armées? C'est en les choisissant surtout qu'il importe de ne pas commettre d'erreur; et pour trouver les hommes capables d'occuper ces hautes fonctions, il faut y regarder de bien près, car, nous le répétons, c'est tout juste si la France les possède. Mais si au lieu de choisir judicieusement on prend à peu près au hasard, ou bien si au lieu de s'enquérir des qualités militaires on se laisse diriger par des considérations politiques, on a bien des chances de mettre à la tête de l'armée des hommes incapables de la conduire. Si, de plus, des avocats, des journalistes, des ingénieurs, aussi présomptueux qu'ignorants, veulent se mêler de diriger les opérations, alors on peut dire que non seulement tout est compromis, mais que tout est perdu. Voilà donc les premiers soins d'un gouvernement qui veut être

---

passé; mais on leur a substitué *le point initial, les graphiques de marche et autres chinoiseries*, dont on use et abuse sans discernement. Les petits esprits dont parle l'archiduc Albert en font leurs délices, et y trouvent en même temps l'occasion de leur triomphe; car, en dehors de ces *jeux innocents* il n'y a plus de salut pour les officiers de l'armée française.

prêt à entamer une grande guerre, et cette tâche, si elle est la plus importante, est aussi la plus difficile.

En outre, en ce qui concerne l'esprit de l'armée, y est-on bien affranchi de toutes les fâcheuses doctrines qui nous ont été si funestes en 1870?

Est-on bien convaincu de l'impuissance de la guerre défensive en général et du danger des camps retranchés en particulier? L'esprit d'initiative, le sentiment de l'offensive, ont-ils été développés parmi nos officiers?

Si toutes ces qualités nous manquaient encore, les perfectionnements apportés à nos moyens de défense ne seraient pas suffisants pour nous sauver; car c'est avant tout parce qu'elles nous faisaient défaut il y a quinze ans, que nous sommes allés à Sedan.

Paris. — Imprimerie L. Baudoin et Ce, rue Christine, 2.

MOUVEMENTS DES CORPS ALLEMANDS DANS LA MATINÉE DU 1er SEPTEMBRE 1870 ET POSITIONS DES ARMÉES A 9H DU MATIN.

Echelle de $\frac{1}{100.000}$

0 1000 2000 3000 4000 5000 6000 7000 8000 9000 10.000 Mètres

0 1 2 3 4 5 6 7 8 9 10 Kilomètres

 Paris Imp. Monrocq — L. BAUDOIN et Cie. Editeurs

Tableau de la marche des forces allemandes du 20 août au 1er septembre 1870.

DATES.	CAVALERIE.						ARMÉE DE LA MEUSE.			IIIe ARMÉE.					
	SAXONNE.	GARDE.	5e DIVISION.	6e DIVISION.	4e DIVISION.	2e DIVISION.	XIIe CORPS.	GARDE.	IVe CORPS.	1er BAVAROIS.	2e BAVAROIS.	Ve CORPS.	XIe CORPS.	WURTEMBERGEOIS.	VIe CORPS.
20 août.	Jeandelize.	Pannes.	Briey.	Ville-sur-Yron.	[illegible]	Neufchâteau.	Conflans.	Mars-la-Tour.	Commercy.	Void.	Ligny.	Demange.	Gondrecourt.	Houdelaincourt.	Maxey.
21 —	Hattonville.	St-Maurice-sous-les-Côtes.	Étain.	Fresnes.	Id.	Id.	Jeandelize.	Hannonville.	Id.	Id.	Id.	Id.	Id.	Id.	Id.
22 —	Id.	Saint-Mihiel.	Id.	Id.	Id.	Id.	Id.	Id.	Id.	Id.	Id.	Id.	Id.	Id.	Id.
23 —	[illegible]	Fresnes-au-Mont.	Fresnes.	Génicourt.	Saint-Dizier.	Gondrecourt.	[illegible]	Saint-Mihiel.	[illegible]	Saint-Aubin.	Bar-le-Duc.	Stainville.	Montiers.	Stainville.	Gondrecourt.
24 —	Marville.	Vaubecourt.	Dombasle.	Fourmancourt.	Vitry.	Vassy.	[illegible]	Pierrefitte.	Génicourt-les-Barrois.	Tronville.	Id.	Couvonges.	Saint-Dizier.	Sandrupt.	Joinville.
25 —	Clermont.	Le Chemin.	Sainte-Menehould.	Vieil-Dampierre.	La Chaussée.	Chavanges.	Dombasle.	Triaucourt.	Laheycourt.	Bar-le-Duc.	Chermont.	Heiltz-le-Maurupt.	Perthes.	Sermaize.	Vassy.
26 août.	Banthéville.	Dombasle.	Autry.	Tahure.	Châlons.	Aulnay.	Varennes.	Dombasle.	Fleury.	Érize-la-Petite.	Triaucourt.	Id.	Heiltz-l'Évêque.	Id.	Thiéblemont.
27 —	Nouart.	Banthéville.	Grand-Pré.	Monthois.	Suippes.	Vitry.	Dun-Murvaux.	Montfaucon.	Germonville.	Nixéville.	Dombasle.	Sainte-Menehould.	Givry.	Vieil-Dampierre.	Charmont.
28 —	Andevanne.	Bayonville.	Id.	Vouziers.	Vouziers.	Suippes.	Id.	Bantheville.	Montfaucon.	Varennes.	Vienne.	[illegible]	Courtémont.	Virginy.	Sainte-Menehould.
29 —	Nouart.	Buzancy.	Attigny.	Id.	Id.	[illegible]	Nouart.	Buzancy.	Bantheville.	Saint-Juvin.	Cornay.	Grand-Pré.	Monthois.	Grand-Pré.	Vienne.
30 —	Létanne.	Beaumont.	Tourteron.	Le Chesne-Populeux.	Semuy.	[illegible]	Mouzon.	Beaumont.	Pré-Mouzon.	Raucourt.	Sommauthe.	La Besace.	Stonne.	Verrières.	Vouziers.
31 —	Douzy.	Carignan.	Id.	Poix.	Donchery.	Chémery.	Douzy.	Carignan.	Id.	Remilly.	Raucourt.	Chéhéry.	Donchery.	Flize.	Attigny.
1er sept.	Sedan.	Sedan.	Id.	Id.	Sedan.	Donchery.	Sedan.	Sedan.	Sedan.	Sedan.	Sedan.	Sedan.	Sedan.	Vivier-au-Court.	Id.

Ces mouvements comprennent deux périodes : la première, du 20 au 25, pendant laquelle l'ensemble des forces allemandes suit la direction de Paris ; la seconde, du 26 au 1er septembre, pendant laquelle ces forces changent de direction pour marcher vers le nord contre l'armée de Châlons.

CARTE DES OPÉRATIONS DE L'ARMÉE DE CHÂLONS, ET DES IIIe ET IVe ARMÉES ALLEMANDES,
Du 23 au 28 Août 1870.

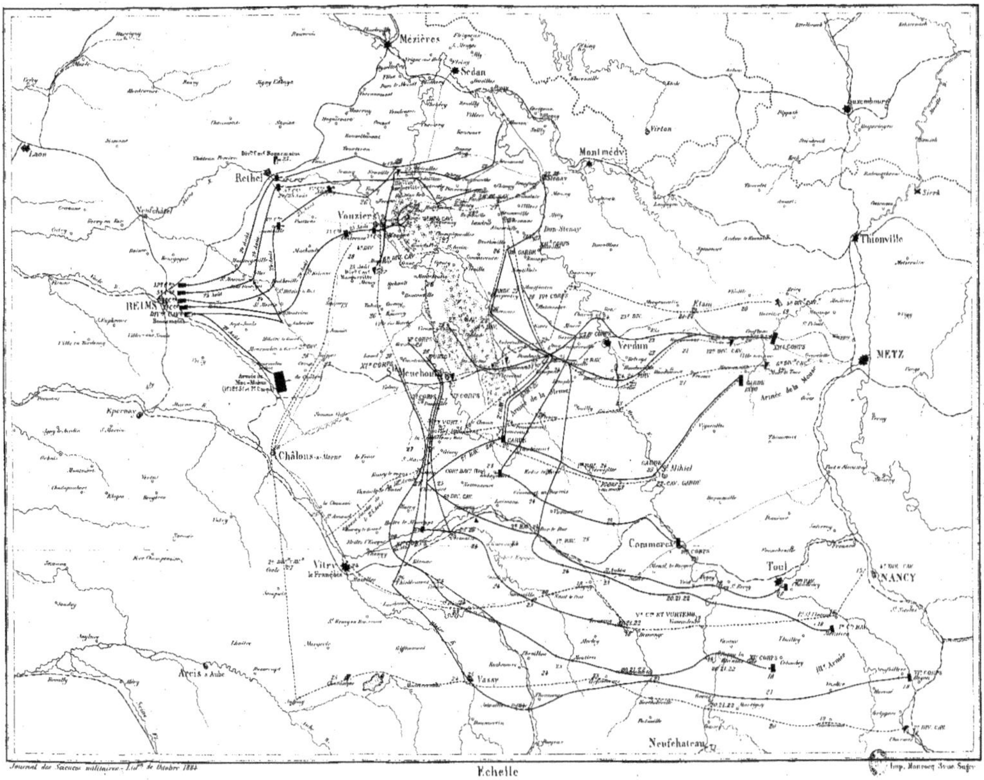

Mézières
Sedan
Montmédy
Luxembourg
Laon
Rethel
Vouziers
Thionville
REIMS
Verdun
METZ
Epernay
Châlons-s-Marne
St Mihiel
Commercy
Toul
NANCY
Vitry le Français
Arcis s. Aube
Vassy
Neufchateau

Journal des Sciences militaires – Livr[on] de Octobre 1884

Echelle

0 10 20 30 40 50 KM.

Imp. Monrocq 3 r. de Suger

POSITIONS DES ARMÉES, LE 30 AOÛT 1870, AU SOIR

…rnal des Sciences Militaires - Février 1885. Paris Imp. … L. BAUDOIN et Cie, Éditeurs

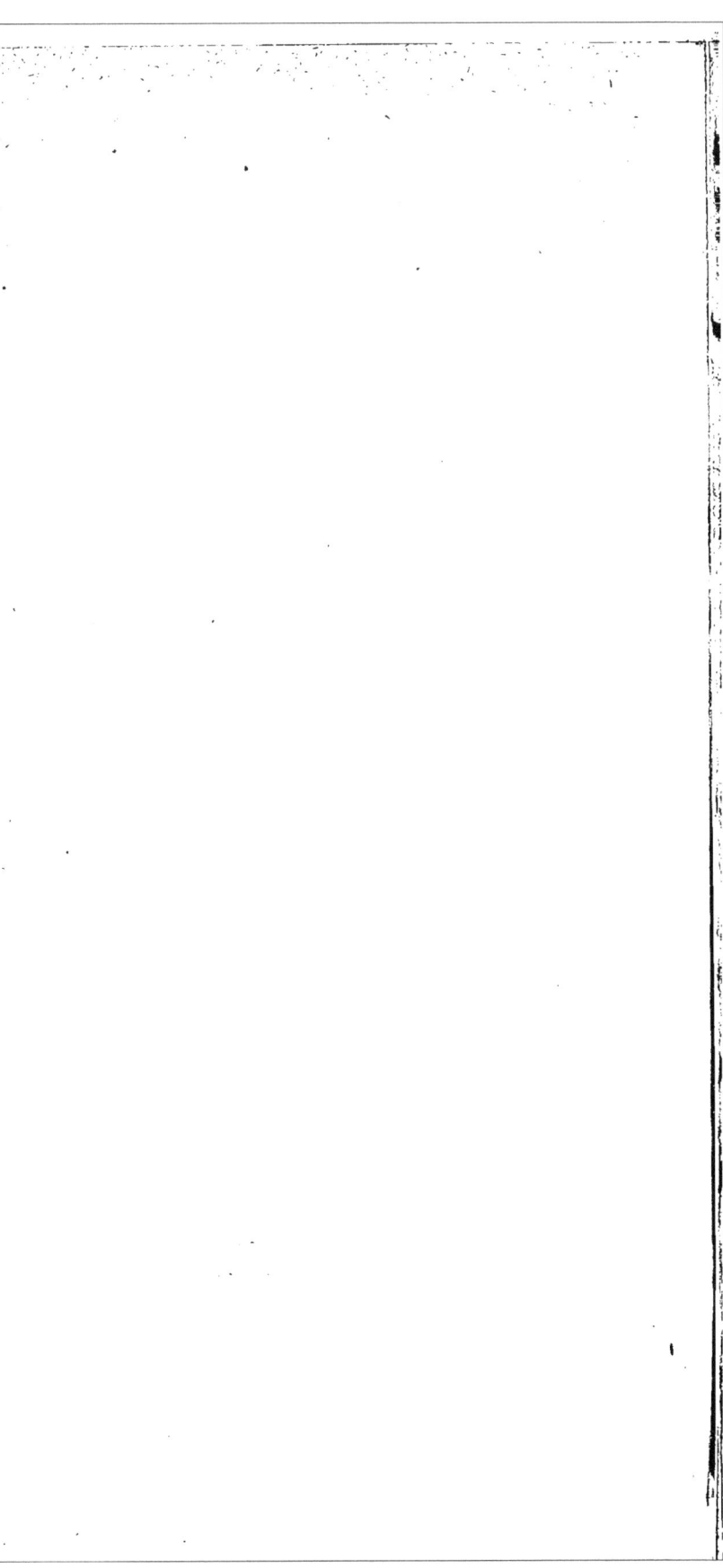

PARIS. — IMPRIMERIE L. BAUDOIN ET Cᵉ, RUE CHRISTINE, 2.

www.ingramcontent.com/pod-product-compliance
Lightning Source LLC
Chambersburg PA
CBHW051919160426
43198CB00012B/1955

* 9 7 8 2 0 1 3 0 1 6 8 6 5 *